国家出版基金项目
NATIONAL PUBLICATION FOUNDATION

全面建设社会主义现代化国家研究丛书（第1辑）

丛书主编　颜晓峰

建设现代化经济体系

冯新舟　阎维洁　著

天津大学出版社
TIANJIN UNIVERSITY PRESS

图书在版编目(CIP)数据

建设现代化经济体系 / 冯新舟，阎维洁著. —天津：天津大学出版社，2022.11

（全面建设社会主义现代化国家研究丛书 / 颜晓峰主编 . 第 1 辑）

ISBN 978-7-5618-7383-0

Ⅰ. ①建… Ⅱ. ①冯… ②阎… Ⅲ. ①中国经济—经济体系—研究 Ⅳ. ①F123

中国版本图书馆CIP数据核字（2022）第250521号

JIANSHE XIANDAIHUA JINGJI TIXI

出版发行　天津大学出版社
地　　址　天津市卫津路92号天津大学内（邮编：300072）
电　　话　发行部：022-27403647
网　　址　www.tjupress.com.cn
印　　刷　北京盛通印刷股份有限公司
经　　销　全国各地新华书店
开　　本　710mm×1010mm　1/16
印　　张　12.75
字　　数　245千
版　　次　2022年11月第1版
印　　次　2022年11月第1次
定　　价　32.00元

总　序

2020 年是全面建成小康社会的决战决胜之年，也是从全面建成小康社会向全面建设社会主义现代化国家迈进的历史转折之年。“继续在人类的伟大时间历史中创造中华民族的伟大历史时间”，这是习近平总书记在2020 年春节团拜会上为当代中国共产党人标定的时代坐标、确定的时代使命。全面建设社会主义现代化国家，就是中华民族在这一“伟大历史时间”进行的伟大历史实践。2020 年初突如其来的新型冠状病毒肺炎疫情（以下简称新冠肺炎疫情）给中国和世界其他国家的发展带来前所未有的冲击，但中华民族从来都是在磨难中成长、从磨难中奋起的，人类社会从来都是在危机中嬗变、从危机中转型的，现代化的潮流势不可挡、青山难遮。由天津大学社会主义现代化研究中心组织撰写、天津大学马克思主义学院院长颜晓峰担任丛书主编、天津大学出版社出版的“全面建设社会主义现代化国家研究丛书”（第 1 辑）正是配合开启全面建设社会主义现代化国家新征程，探索新课题、服务新实践，为全面建设社会主义现代化国家提供理论支持的研究成果。

现代化是资本主义产生以后，在科技革命、产业革命、社会革命、思想革命的推动下，一些国家出现的从社会生产到社会生活、从社会结构到社会机制、从社会精神到社会文化的整体性转型，是世界近代以来持续推进、逐步拓展、不断深化的“历史向世界历史转变”的进程，同时又是在矛盾积累、危机孕育、时局动荡中调整变革的进程。马克思、恩格斯深刻揭示了资本驱动的现代化内在的尖锐矛盾，批判了现代化进程中对生产力的破坏和对工人的奴役，同时也肯定了资本主义生产第一次创造出为实现社会全面进步、人的全面发展所必需的财富和生产力。在马克思、恩格斯看来，社会主义是在继承资本主义文明成果的基础上对资本主义的否定和改造，是在各个领域创造出高于和优于资本主义现代化的新型现代化。马克思在《哥达纲领批判》中阐述的共产主义社会高级阶段，包含消灭旧式分工，消灭脑力劳动和体力劳动对立，劳动成为生活的第一需要，个人的全面发展，集体财富的源泉充分涌流等，这些都是社会主义现代化的本质内涵。十月革命后，苏联等社会主义国家在各自的社会主义建设过程中，探索了社会主义的高级阶段或发达阶段（即现代化阶段）的目标、标准和途径，开始了社会主义现代化实践和思想的双重进程，但因种种历史原因，有的遭遇挫折，有的半途而废。

建设社会主义现代化国家，是中华人民共和国成立后我们党的不懈追求。中华人民共和国成立后，我们党把科学社会主义理论同中国现代化实际相结合，多次提出社会主义现代化的建设目标、主要内容和实现步骤，开始了建设社会主义现代化的艰辛探索。改革开放以来，几代中国共产党人开拓创新、接力攀登，持续探索“建设什么样的社会主义现代化国家，怎样建设社会主义现代化国家”的问题，把科学社会主义理论同建设社会主义现代化实际相结合，开创了中国特色社会主义现代化道路。中国特色社会主义现代化道路，从世界历史的坐标看，是在世界现代化几百年的历程中，在主要资本主义国家现代化进程已经完成的基础上开辟的一条新型现代化道路。从当代世界的坐标看，是在广大发展中国家追求现代化的艰难起飞中，从中国国情出发开辟的一条新路，从而给世界上那些既希望加快发展又希望保持自身独立性的国家和民族提供了全新选择，贡献了中国智慧和中国方案。中国的现代化道路不仅是自己的道路，而且具有世界意义；不仅具有中国特色，而且反映世界趋势。更为重要的是，我们要建成的是社会主义现代化国家，是有着独特本质、内涵、优势、特色的社会主义现代化国家。再经过 30 年左右的奋斗，我国全面建成富强民主文明和谐美丽的社会主义现代化强国，其世界历史意义不亚于十月革命，是中国共产党对科学社会主义的最重要贡献。

党的十九大开启了全面建设社会主义现代化国家的新征程，这是马克思主义指引中国共产党近百年历程新的伟大革命，是科学社会主义在中国新的伟大创举，是马克思主义基本原理同新时代具体实际相结合新的伟大实践。面对新的使命任务，必须进行从历史到未来、从理论到实践、从全局到局部、从战略到方法的系统深入研究。习近平新时代中国特色社会主义思想，从理论和实践的结合上系统回答了“新时代坚持和发展什么样的中国特色社会主义、怎样坚持和发展中国特色社会主义”这一重大时代课题。“全面建设什么样的社会主义现代化国家、怎样全面建设社会主义现代化国家”，则是对这一重大时代课题的深入和展开。深入研究这一课题，需要从以下三个方面整体推进。

一是社会主义现代化的历史研究。社会主义现代化是世界现代化进程的客观要求，特别是社会主义历史进程的必然趋势。历史研究是社会主义现代化研究的基础，包括实践史和思想史。党的十九大开启了全面建设社会主义现代化国家新征程，必将把社会主义现代化的实践和思想提到一个前所未有的历史高度。随着习近平新时代中国特色社会主义思想不断发展，社会主义现代化思想在其理论体系中必然具有更加突出的地位。

二是社会主义现代化的领域研究。现代化是全面的现代化。全面建设社会主义现代化国家，本身就要求现代化的总体性，不能单打独斗。同时，社会主义现代化是由各个领域的现代化构成的，需要将总体研究与局部研究相结合，从各个领域的现代化研究入手，深化对全面建设社会主义现代化规律的探讨。我们党在追求现代化的进程中，曾提出“四个现代化”的构想。随着党对建设中国特色社会主义总体布局认识的拓展，“四个现代化”显然已不足以涵盖现代化的基本领域。因此，要深入研究社会主义经济、科技、政治、国家治理、文化、社会、教育、生态、国防、党建、人的全面发展乃至公共卫生治理等领域的现代化建设。

三是社会主义现代化的问题研究。社会主义现代化研究离不开大量的实证研究，运用数据分析，构建科学模型，提供决策支持。同时，理论是研究的纲和魂，实证研究离不开理论研究。要以社会主义现代化为对象，对其中的重大问题作出理论说明和论证，从而逐步加深对社会主义现代化建设规律的认识。理论研究越严谨扎实、深刻彻底，对社会主义现代化建设规律的认识就越全面准确，全面建设社会主义现代化国家的进程就越顺利，目标就越有把握实现。全面建设社会主义现代化国家的新征程，是中华民族伟大复兴的壮丽篇章，是马克思、恩格斯设想的人类社会美好前景在中国大地的生动展现，是马克思主义在新的伟大实践中大发展的极好契机。

天津大学与中国现代化的历史紧密相连。天津大学建校于1895年，前身为北洋大学堂，是中国近代高等教育史上建校最早的高等学府。第二次鸦片战争后，学校所在地天津被开辟为通商口岸，近代工业、贸易、金融、交通、教育发展起来，天津成为中国开始现代化的先行地、近代城市的领先者。这为学校吸收世界现代化的文明成果提供了丰厚土壤，同时学校也是天津乃至中国近代教育、科技、思想、文化发展的贡献者。北洋大学堂开办之初即设立工程、矿务、机器和律例四门学科，以兴学强国为使命，以培养现代人才为目标。学校创建早期培养出的人才中，王宠佑成为中国现代炼锑技术的开创者，马寅初成为著名经济学家、教育家、人口学家，刘瑞恒成为中国近代公共卫生事业的创建者，秦汾成为中国著名数学家，齐璧亭成为中国近代知名的教育家、女子师范教育奠基人，等等。中国共产党早期的重要领导人之一、中国共产主义青年团的创始人之一张太雷，1915年考入北洋大学法科。中华人民共和国成立后，1959年党中央公布了第一批16所全国重点大学，天津大学名列其中。改革开放后，1995年学校成为“211工程”首批重点建设大学，2000年学校被确定为国家“985工程”重点建设的高水平研究型大学。进入新时代，2017年学校成为首批“双一流”建设高校。学校围绕建设“综合性、研究型、开放式、国际化”的世界一流大学总体目标，秉持“中国特色、世界一流、天大品格”的核心理念，传承“兴学强国、实事求是、严谨治学、爱国奉献、矢志创新”的天大品格，努力培养一流人才、建设一流队伍、打造一流学科、贡献一流学术、营造一流环境，推进“强工、厚理、振文、兴医”学科布局，聚焦国家重大战略需要，聚焦世界科技发展前沿，面向国民经济主战场，培养全面发展的高素质创新人才，为全面建设社会主义现代化国家作出天大的贡献。这些贡献就包括依托学校的历史传统、学科优势、人才资源，充分利用天津大学社会主义现代化研究中心这个平台和基地，创作出更有质量水准、更符合全面建设社会主义现代化国家理论需要的多学科成果。

“全面建设社会主义现代化国家研究丛书”（以下简称“丛书”），自党的十九大后开始策划、组织撰写，经各位作者和编辑的共同努力，第 1 辑现出版发行。“丛书”（第 1 辑）的选题主要围绕全面建设社会主义现代化国家的系统布局，对全面建设社会主义现代化国家的主要领域进行全面深入、通俗易懂的描述，为高校师生、党员干部、理论工作者及广大读者提供系列理论读物。“丛书”是开放式、渐进式的，将跟踪全面建设社会主义现代化国家新征程的进展，依据主创者、出版方、作者对这一新的伟大社会实践的新认识，拓展范围、深化研究，丰富题材、提高品位，继续推出新的选题，出版新的著作，与实现第二个百年奋斗目标的发展阶段同行，与全面建设社会主义现代化国家实践中的重大问题共生，与国内外相关研究的前沿成果互鉴。我们诚邀校内外的专家学者一起参与这套丛书的撰写，一起推进社会主义现代化的研究，不负时代、不负使命。

李家俊　天津大学党委书记

金东寒　天津大学校长

2020 年 6 月

目　录

第一章　建设现代化经济体系的重大意义和深刻内涵……………………… 1

第一节　我国经济已由高速增长阶段转向高质量发展阶段…………… 2
第二节　建设现代化经济体系的重大意义……………………………… 8
第三节　建设现代化经济体系的基本内涵………………………………11
第四节　建设现代化经济体系的主要任务………………………………17
第五节　建设现代化经济体系的国际经验和教训………………………25

第二章　深化供给侧结构性改革……………………………………………30

第一节　深化供给侧结构性改革的重大意义……………………………30
第二节　深化供给侧结构性改革的总体思路和重点……………………36
第三节　深化供给侧结构性改革的主要任务……………………………41

第三章　加快建设创新型国家………………………………………………52

第一节　加快建设创新型国家的重大意义………………………………52
第二节　加快建设创新型国家的方向……………………………………64
第三节　加快建设创新型国家的重点任务………………………………68

第四章　实施乡村振兴战略…………………………………………………75

第一节　实施乡村振兴战略的重大意义…………………………………75
第二节　实施乡村振兴战略的总体要求、目标任务和基本原则………85
第三节　实施乡村振兴战略的主要举措…………………………………90

第五章　实施区域协调发展战略…………………………………………… 100

第一节　实施区域协调发展战略的理论和历史溯源………………… 100
第二节　实施区域协调发展战略的重大意义………………………… 109

第三节　实施区域协调发展战略的目标和思路…………………… 113
第四节　实施区域协调发展战略的主要举措…………………… 116

第六章　加快完善社会主义市场经济体制…………………… 125

第一节　市场与政府关系是经济学研究的基本问题…………… 125
第二节　世界主要经济发展模式中的市场与政府关系分析…… 129
第三节　我国社会主义市场经济理论与实践探索……………… 139
第四节　新时代加快完善社会主义市场经济体制的要求……… 157

第七章　推动形成全面开放的新格局………………………… 165

第一节　对外开放的理论和历史溯源………………………… 166
第二节　推动形成全面开放新格局的主要内容……………… 176
第三节　推动形成全面开放新格局的举措…………………… 181

参 考 文 献…………………………………………………… 187

第一章　建设现代化经济体系的重大意义和深刻内涵

党的二十大报告提出了新时代新征程中国共产党的中心任务是“团结带领全国各族人民全面建成社会主义现代化强国、实现第二个百年奋斗目标，以中国式现代化全面推进中华民族伟大复兴”[①]，强调“中国式现代化，是中国共产党领导的社会主义现代化，既有各国现代化的共同特征，更有基于自己国情的中国特色”[②]，归纳出中国式现代化是人口规模巨大的现代化、全体人民共同富裕的现代化、物质文明和精神文明相协调的现代化、人与自然和谐共生的现代化、走和平发展道路的现代化，提出中国式现代化的本质要求，为实现中国式现代化提供了根本遵循。建设现代化经济体系，是实现中国式现代化的应有之义和必然要求。实际上，党的十九大报告就曾明确指出：“我国经济已由高速增长阶段转向高质量发展阶段，正处在转变发展方式、优化经济结构、转换增长动力的攻关期，建设现代化经济体系是跨越关口的迫切要求和我国发展的战略目标。”[③]《中华人民共和国国民经济和社会发展第十四个五年规划和2035年远景目标纲要》（以下简称《“十四五”规划和2035年远景目标纲要》）重申：“‘十四五’时期是我国全面建成小康社会、实现第一个百年奋斗目标之后，乘势而上开启全面建设社会主义现代化国家新征程、向第二个百年奋斗目标进军的第一个五年。”[④] 建设现代化经济体系是建设现代化国家、实现中国式现代化的重要内容，是党中央在中国特色社会主义进入新时代、我国社会主要矛盾发生历史性变化、我国经济由高速增长阶段向高质量发展阶段转变的重要

---

① 习近平：《高举中国特色社会主义伟大旗帜　为全面建设社会主义现代化国家而团结奋斗：在中国共产党第二十次全国代表大会上的报告》，人民出版社，2022，第21页。

② 同上书，第22页。

③ 习近平：《决胜全面建成小康社会　夺取新时代中国特色社会主义伟大胜利》，人民出版社，2017，第30页。

④ 《中华人民共和国国民经济和社会发展第十四个五年规划和2035年远景目标纲要》，2021年3月13日，http://www.xinhuanet.com/2021-03/13/c_1127205564.htm。

历史时刻作出的重大战略部署，是把我国建设成社会主义现代化经济强国的时代要求和必由之路。

第一节　我国经济已由高速增长阶段转向高质量发展阶段

我国经济已由高速增长阶段转向高质量发展阶段是以习近平同志为核心的党中央结合实践和理论、历史与现实、国内与国际等作出的科学判断。习近平同志在 2017 年 12 月召开的中央经济工作会议上进一步强调："中国特色社会主义进入了新时代，我国经济发展也进入了新时代。新时代我国经济发展的特征，就是……我国经济已由高速增长阶段转向高质量发展阶段。"① 由高速增长阶段转向高质量发展阶段是新时代我国经济发展的突出特点，也是我国建设现代化经济体系的现实基础。

一、我国社会主要矛盾发生历史性变化

中国特色社会主义进入新时代，我国社会主要矛盾已经由人民日益增长的物质文化需要同落后的社会生产之间的矛盾转化为"人民日益增长的美好生活需要和不平衡不充分的发展之间的矛盾"②。这是以习近平同志为核心的党中央运用历史唯物主义和辩证唯物主义的世界观、方法论分析我国经济社会发展现实作出的重大政治论断，也是解决当代中国发展问题的前提和根本着力点。

1. 我国社会生产力获得长足发展③

改革开放 40 多年来，我国社会生产力获得长足发展。我国经济长期保持高速增长，1979—2018 年年均 GDP（国内生产总值）增长率达到 9.4%，尤其是党的十八大后，我国贯彻新发展理念，经济增长换挡但却不失速，始终在合理区间内运行，2013—2018 年年均 GDP 增长率达到 7.01%。到"十三五"规划收官时，我国经济实力、科技实力、综合国力

① 中共中央党史和文献研究院编《十九大以来重要文献选编》上，中央文献出版社，2019，第 138 页。

② 习近平：《决胜全面建成小康社会 夺取新时代中国特色社会主义伟大胜利》，人民出版社，2017，第 11 页。

③ 数据来源：国家统计局。

和人民生活水平都跃上了新的台阶。2020 年，国内生产总值突破 100 万亿元，稳居世界第二位，人均国内生产总值达到 71 828 元。我国是农业生产大国，粮食、水产品、水果等农产品产量居世界第一；我国建立起了世界上最完整的工业体系，钢铁、水泥、煤、电解铝等工业品的产量居世界第一，是最大的造船国、家具出口国等；我国工业技术水平显著提高，激光、建桥、高原铁路建设、智能机器人、太阳能发电、高速铁路、量子通信等技术世界领先，涌现出射电望远镜、“蓝鲸 1 号”钻井平台、超级计算机等一大批重大科技成果；我国服务业发展迅速，我国服务业增加值从 1978 年的 905 亿元增加到 2012 年的 244 852 亿元，年均增长 10.8%，2018 年增加到 469 575 亿元，2012—2018 年年均增长 7.9%，批发和零售业、住宿、餐饮业等传统服务业加速转型升级，金融业、信息传输、软件和信息技术服务业、租赁和商务服务业等新兴服务业发展迅速；我国进出口贸易总额于 2012 年超过美国，使我国成为世界第一大贸易国，外汇储备超过 3 万亿美元。这些都“为我国进入新发展阶段、朝着第二个百年奋斗目标进军奠定了坚实基础”[①]。社会生产力的长足发展改变了我国之前“落后的社会生产”的状况。

2. 人民生活水平显著提高[②]

改革开放以来，我国在较短时间内解决了人民的温饱问题，于 20 世纪末基本实现了小康，并于 2020 年全面建成小康社会，人民生活水平显著提高。人均国内生产总值由 1978 年的 385 元增长到 2018 年的 65 534 元，达到中等偏上收入国家水平；2018 年，居民人均可支配收入达到 28 228 元，其中城镇居民人均可支配收入由 1978 年的 343 元提高到 39 251 元，农村居民人均可支配收入由 1978 年的 134 元提高到 14 617 元；居民人均消费支出由 1978 年的 151 元上升到 2018 年的 19 853 元，其中城镇居民人均消费支出由 1978 年的 311 元上升到 2018 年的 26 112 元，农村居民人均消费支出由 1978 年的 116 元上升到 2018 年的 12 124 元；全国居民恩格尔系数由 1978 年的 63.9% 以上下降到 2018 年的 28.4%；居民健康状况得到改善，平均预期寿命超过 76 岁，高于世界平均水平；居民受教育水平显著提高，九年义务教育全面普及，高等教育毛入学率达到

① 习近平：《把握新发展阶段，贯彻新发展理念，构建新发展格局》，《求是》2021 年第 9 期。

② 数据来源：国家统计局。

48.1%，高于世界平均水平；基本建立起了覆盖城乡，涵盖失业、医疗、养老、生育等内容的较为全面的社会保障体系。随着人们生活水平的提高，人民群众的需求呈现出多元化、多层次的特点，在教育、医疗卫生服务、工作条件、居住条件、收入、生活环境、精神文化生活等各方面有了更高的要求，民主、法治、公平、正义、安全等方面的需求也在增加。可见，“物质文化需要”已经无法全面反映人民群众的愿望和现实需求，人民群众对美好生活的向往更为强烈。

3. 发展不平衡不充分

我国经济社会发展不平衡不充分是制约人民日益增长的美好生活需要实现的根本因素。不平衡是经济社会体系的结构问题，主要指比例关系不合理、包容性不足、可持续性不够，制约社会生产力的全面提升。它的主要表现包括实体经济和虚拟经济发展不平衡、区域发展不平衡、收入分配不平衡、经济与生态发展不平衡、经济与社会发展不平衡等等。不充分是经济总量和发展水平问题，主要指发展不足、潜力释放不够、发展中还有很多短板，同世界发达国家还有不小距离。它的主要表现包括市场竞争不充分、效率发挥不充分等等。目前，尽管我国经济建设、政治建设、文化建设、社会建设、生态文明建设均取得了显著成就，但在各个领域、区域均存在发展不平衡的问题，一些地区、一些领域、一些方面还存在发展不充分的问题。我国既有世界领先的生产力，也有较为落后的生产力，而且在地域、领域分布上呈现出明显的不均衡。例如：我国在激光、智能机器人、高速铁路、量子通信等方面世界领先，但在芯片技术、半导体设备、发动机技术等领域则落后于世界先进水平，甚至农业等领域还在依靠传统的、落后的技术，农业装备综合技术落后于世界先进水平；我国城乡之间发展差距较大，东中西部地区发展存在较大差异；我国人均收入尽管达到中等偏上收入国家水平，但东中西部居民收入差距明显，城乡居民收入差距较大；等等。发展的不平衡不充分严重制约我国经济社会的整体发展，也成为许多社会矛盾的根源，阻碍人民群众美好生活愿望的实现，是现阶段我国亟须重视并妥善解决的重要问题。

总之，经过改革开放以来40多年的发展，我国社会生产力获得长足发展，但存在发展不平衡不充分的问题；人民生活水平显著提高，对美好生活的向往更为强烈，需求不断提高。发展不平衡不充分成为制约人民日益增长的美好生活需要的根本因素。基于此，新时代我国的社会主要矛盾已经转化为人民日益增长的美好生活需要和不平衡不充分的发展之间的矛盾。社会主要矛盾的变化要求发展理念的变化，要求建设现代化经济体系，推进我国经济的高质量发展。

二、我国经济发展环境发生深刻复杂变化

当前，我国国内外形势正在发生深刻而复杂的变化，我国既处于重要的战略发展机遇期，也面临诸多挑战。为了更好地适应经济发展环境的变化，我国需要推进现代化经济体系建设。

1. 世界经济发展形势发生深刻变化

2021 年 1 月 11 日，习近平总书记在省部级主要领导干部学习贯彻党的十九届五中全会精神专题研讨班上的讲话中指出，“当今世界正经历百年未有之大变局。最近一段时间以来，世界最主要的特点就是一个‘乱’字，而这个趋势看来会延续下去”[①]。一方面，经济全球化进一步深化，各国之间的联系进一步加深；随着新兴市场国家的兴起，国际力量的对比更趋于平衡；尽管局部冲突和战争时有发生，但和平发展仍然是时代主题。另一方面，世界经济发展面临诸多挑战。2008 年国际金融危机后，世界经济持续低迷，复苏无望。2018 年，世界经济增长率仅为 3%。世界银行统计数据显示，2008 年，美国、日本、欧盟经济受到金融危机冲击，GDP 增长率分别为 -0.14%、-1.09%、0.54%，2009 年更是分别降为 -2.54%、-5.42%、-4.34%，之后尽管有所恢复，2018 年分别达到 2.86%、0.79%、2.01%，但一直处于较低水平，经济复苏无望。更令人沮丧的是，世界经济增长动能不足，没有涌现出前景光明的可以显著带动世界经济增长的产业。逆全球化现象凸显，以美国为首的西方国家为了本国经济发展奉行贸易保护主义，严重阻碍经济全球化的进程。另外，局部地区局势紧张甚至陷入冲突和战争，国际恐怖主义、环境污染、能源枯竭、网络安全威胁、贫富差距扩大、重大传染性疾病流行等全球性问题亟待解决，对世界经济发展提出了更大挑战。

“我们必须清醒看到，当前和今后一个时期，虽然我国发展仍然处于

① 习近平：《把握新发展阶段，贯彻新发展理念，构建新发展格局》，《求是》2021 年第 9 期。

重要战略机遇期，但机遇和挑战都有新的发展变化，机遇和挑战之大都前所未有，总体上机遇大于挑战。”① 面对深刻复杂的变化，我们的任务是全面建设社会主义现代化国家，我们建设的现代化必须是具有中国特色、符合中国实际的现代化。建设现代化经济体系是其中的重要组成部分。在我国的经济总量已居世界第二位、突破 100 万亿元大关的同时，我们也要看到粗放式的经济增长方式不仅在国内不可持续，国际条件也不支持；世界的新一轮科技革命正在如火如荼地进行，我国只有推进高质量发展才能适应新科技的要求，才能适应产业变迁的要求，跟上世界经济发展的步伐，才能提高我国产品的竞争力，在国际贸易中处于有利地位，并消除我国经济发展中面临的诸多关键技术的掣肘；我国已经站到国际舞台的中心，无论是对世界经济增长的贡献还是对其他国家的影响都显著增强，只有推进高质量发展才能不断提高国家竞争能力，并拉动世界经济的发展。

2. 国内经济发展形势发生深刻变化

新时代，我国经济发展进入新常态，“增长速度要从高速转向中高速，发展方式要从规模速度型转向质量效率型，经济结构调整要从增量扩能为主转向调整存量、做优增量并举，发展动力要从主要依靠资源和低成本劳动力等要素投入转向创新驱动”②，经济发展面临不平衡不充分、实体投资不足、高质量产品供给不足、人口老龄化、资源环境约束加强等难题。破解之道是经济转向高质量发展。高质量发展不仅包括产品质量提高，还包括产业层次提升、产品结构优化、产业布局合理、资源配置优化、资本边际效率提高，进而构建现代化经济体系，增强经济发展的可持续性③。我国经济发展需要进行经济结构战略性调整，向形态更高级、分工更优化、结构更合理阶段演化，需要以供给侧结构性改革为主线，“减少无效和低端供给，扩大有效和中高端供给，增强供给结构对需求变化的适应性和灵活性，提高全要素生产率”④；我国经济发展需要实现经济动力转换，从主要

① 习近平：《把握新发展阶段，贯彻新发展理念，构建新发展格局》，《求是》2021 年第 9 期。

② 中共中央宣传部编《习近平新时代中国特色社会主义思想三十讲》，学习出版社，2018，第 138-139 页。

③ 李义平：《深入理解我国经济发展进入新时代》，2018 年 3 月 7 日，https://theory.gmw.cn/2018-03/07/content_27912205.htm。

④ 中共中央宣传部编《习近平新时代中国特色社会主义思想三十讲》，学习出版社，2018，第 138-139 页。

依靠资源和低成本劳动力等要素投入转向创新驱动，要调动创新主体的主观能动性，重视基础科学研究，加强前沿应用技术开发，创新科技成果产业化机制，建立产学研深度融合的技术创新体系，构建国家创新体系，以创新为引领推动实体经济结构优化，加快发展先进制造业、现代服务业，推动新技术与实体经济深度融合，促进我国产业向全球价值链中高端转移，打造经济发展新引擎，为经济发展提供新动能；我国经济发展要求完善市场经济体制，以习近平新时代中国特色社会主义经济思想为指导，坚持加强党对经济工作的领导，让市场在资源配置中发挥决定性作用，有效激发各类市场主体活力，加快形成相应的指标体系、政策体系、标准体系、统计体系、绩效评价体系、政绩考核体系，创建和完善制度环境；我国经济发展要贯彻以人民为中心的发展思想，更加关注人民日益增长的美好生活需要，努力实现发展成果由人民共享。

三、我国经济发展理念发生转变和提升

理念是行动的先导，在总结国内外发展经验教训以及客观分析我国发展的国内外形势的基础上，以习近平同志为核心的党中央提出要坚定不移贯彻创新、协调、绿色、开放、共享的新发展理念，系统回答了“发展的目的、动力、方式、路径等一系列理论和实践问题，阐明了我们党关于发展的政治立场、价值导向、发展模式、发展道路等重大政治问题”①，强调要努力实现“更高质量、更有效率、更加公平、更可持续、更为安全”的发展。

实现更高质量的发展，就是要转变经济增长方式，强调经济发展的质量而非速度，提高全要素生产率，实现集约型的经济增长，产业结构上由资源密集型、劳动密集型为主向知识密集型、技术密集型为主转变，产品结构上向生产技术含量较高、附加值较高的产品转变，注重成本的控制、资源的循环利用，淘汰高污染、高排放的产业，在提高经济效益的同时注意生态环境的保护。实现更有效率的发展，就是要提高资源的配置效率，充分发挥市场在资源配置中的决定性作用，更好发挥政府作用，把资源配置到社会生产最需要的地方，以创新驱动经济发展，通过开发、利用先进

---

① 习近平：《把握新发展阶段，贯彻新发展理念，构建新发展格局》，《求是》2021 年第 9 期。

技术和机器设备提高资源的利用效率，告别粗放式增长方式，实现更少消耗资源和更多生产高质量产品的有机统一。实现更加公平的发展，就是要贯彻以人民为中心的发展思想，发展成果由人民共享，为人民创造实现个人价值的公平环境和机会，努力推进共同富裕和人的自由全面发展，努力缩小贫富差距，城乡、东中西部地区收入差距，构建兼顾公平和效率的收入分配制度和社会保障制度，实现社会公平正义。实现更可持续的发展，就是要解决目前经济发展中面临的资源约束趋紧的问题，避免资源浪费和环境污染，要树立和践行绿水青山就是金山银山的理念，着力推进绿色发展、低碳发展、循环发展，在推动经济发展的同时注意节约资源和保护环境，实现人和自然的和谐发展，建设美丽中国。

新发展理念反映了我国的发展思路、发展方向以及发展着力点，是当前乃至今后一段时间内我国推进改革、谋求发展的重要遵循。建设现代化经济体系是贯彻新发展理念的重要举措，也是实现经济高质量发展的必由之路。

第二节　建设现代化经济体系的重大意义

一、建设现代化经济体系是建设社会主义现代化国家的内在要求

在庆祝中国共产党成立 100 周年大会上，习近平总书记指出："党的十八大以来，中国特色社会主义进入新时代……实现第一个百年奋斗目标，明确实现第二个百年奋斗目标的战略安排，党和国家事业取得历史性成就、发生历史性变革，为实现中华民族伟大复兴提供了更为完善的制度保证、更为坚实的物质基础、更为主动的精神力量。"① 根据党的十九大的战略安排，"要乘势而上开启全面建设社会主义现代化国家新征程，向第二个百年奋斗目标进军"，"从二〇二〇年到二〇三五年，在全面建成小康社会的基础上，再奋斗十五年，基本实现社会主义现代化"，"从二〇三五

① 习近平：《在庆祝中国共产党成立 100 周年大会上的讲话》，2021 年 7 月 1 日，http://www.gov.cn/xinwen/2021-07/01/content_5621847.htm。

年到本世纪中叶，在基本实现现代化的基础上，再奋斗十五年，把我国建成富强民主文明和谐美丽的社会主义现代化强国”①。社会主义现代化国家是经济、政治、社会、文化等各方面都实现现代化的国家。其中，经济的现代化是基础。要建设社会主义现代化国家，就要坚持以经济建设为中心，发展先进的社会生产力。改革开放以来，我国经济保持长期高速增长，社会生产力获得长足发展，经济总量已经跃居世界第二位，钢铁、煤、水泥、造船等行业实力强劲，激光、建桥、高原铁路建设、智能机器人等领域技术世界领先，服务业发展迅速，人民生活水平显著提高。但是，发展的不平衡不充分严重制约我国经济发展，我国经济“大而不强”的特征还很突出。如何推动经济实现高质量发展成为亟须破题的重大问题。建设现代化经济体系是消除我国经济发展约束、实现经济高质量发展的必由之路，是建设社会主义现代化国家的内在要求。建设现代化经济体系，有助于转变经济发展方式、优化经济结构、转换经济增长动力，可以实现资源要素在区域、行业间的更合理高效的配置；同时，还可以更好地实现公平、正义和效率的有机统一，可以更好地满足人民群众多元化的需求。总之，建设现代化经济体系可以进一步激发我国经济发展潜能，促进社会生产力提高，为建设社会主义现代化国家提供坚实的经济基础和物质保障。

二、建设现代化经济体系是解决新时代我国社会主要矛盾的现实需要

中国特色社会主义进入新时代，我国社会主要矛盾也发生了转变，由人民日益增长的物质文化需要同落后的社会生产之间的矛盾，转化为人民日益增长的美好生活需要和不平衡不充分的发展之间的矛盾。解决社会主要矛盾，就要解决当前我国经济发展不平衡不充分的问题，就要推动我国经济高质量发展，就需要建设现代化经济体系。建设现代化经济体系，就要全面贯彻创新、协调、绿色、开放、共享的发展理念。坚持创新驱动，培育经济增长新动力，转变经济增长方式，提高资源的利用效率，补齐发

① 习近平：《决胜全面建成小康社会 夺取新时代中国特色社会主义伟大胜利》，人民出版社，2017，第 27–29 页。

展短板，在进一步提高社会生产力的同时解决我国许多中高端产品无法满足人民需要的问题；坚持协调发展，促进区域、城乡、产业间协调发展，解决我国城乡之间、东中西部之间经济社会发展不平衡的问题，解决地域间、城乡间、行业间收入分配不平衡的问题；坚持绿色发展，强调节约资源和保护环境，实现经济社会与生态环境的和谐发展；坚持开放发展，继续推进对外开放，在充分发挥我国资源、市场、制度优势的基础上利用好国际国内两个市场、两种资源；坚持共享发展，增进人民福祉，实现发展成果由人民共享，使全体人民有更多的获得感、幸福感、安全感，努力实现共同富裕。建设现代化经济体系，一方面推动社会生产力的高效发展，为解决社会主要矛盾提供物质保障；另一方面解决我国经济发展不平衡不充分的问题，满足人民群众在公平、正义、民主、法治、安全、环境等方面的更高要求。

三、建设现代化经济体系是实现我国经济高质量发展的重要途径

新时代，我国经济已经由高速增长阶段转向高质量发展阶段。“高质量发展是‘十四五’乃至更长时期我国经济社会发展的主题，关系我国社会主义现代化建设全局。高质量发展不只是一个经济要求，而是对经济社会发展方方面面的总要求。”① 现阶段，我国经济受资源、环境、人力等因素的制约越来越强，以前过度强调“量”的增长、过度依靠资源要素的投入拉动经济的高速增长的模式已经难以为继，我国经济要转向高质量发展。高质量发展，强调发展效率，强调在提高全要素生产率上下功夫，强调自主发展能力，强调城乡、区域的协调发展，强调经济发展和自然的和谐统一，强调开放、包容以及发展成果的全社会共享。建设现代化经济体系是实现我国经济高质量发展的重要途径，是跨越发展关口的迫切需要。建设现代化经济体系，贯彻新发展理念，以供给侧结构性改革为主线，强调质量第一、效益优先，以质量变革、效率变革、动力变革为核心，坚持创新驱动发展，转变经济发展方式，优化经济结构，转变经济增长动力，

① 习近平：《坚定不移走高质量发展之路 坚定不移增进民生福祉》，《人民日报》2021 年 3 月 8 日，第 1 版。

通过使用新技术提高生产要素使用效率，通过市场经济体制改革处理好市场与政府关系，以更有效地配置资源，推动绿色发展，推动更能兼顾效率和公平的收入分配制度的建立，最终实现经济的高质量发展。

第三节　建设现代化经济体系的基本内涵

一、现代化经济体系的内涵和特征

建设现代化经济体系，首先要厘清现代化经济体系的内涵，准确把握其特征。现代化经济体系，是“由社会经济活动各个环节、各个层面、各个领域的相互关系和内在联系构成的有机整体”①。现代化经济体系以新发展理念为指导，集中体现了中国特色社会主义进入新时代、我国经济发展的国内外环境发生深刻复杂变化、社会主要矛盾发生转变、经济发展进入新常态的背景下我国经济在转变经济发展方式、优化经济结构、转换经济增长动力、实现经济全面均衡发展等方面的迫切要求。

现代化经济体系主要包括以下几个方面内容。一是建设创新引领、协同发展的产业体系，实现实体经济、科技创新、现代金融、人力资源协同发展，使科技创新在实体经济发展中的贡献份额不断提高，现代金融服务实体经济的能力不断增强，人力资源支撑实体经济发展的作用不断优化。二是建设统一开放、竞争有序的市场体系，实现市场准入畅通、市场开放有序、市场竞争充分、市场秩序规范，加快形成企业自主经营公平竞争、消费者自由选择自主消费、商品和要素自由流动平等交换的现代市场体系。三是建设体现效率、促进公平的收入分配体系，实现收入分配合理、社会公平正义、全体人民共同富裕，推进基本公共服务均等化，逐步缩小收入分配差距。四是建设彰显优势、协调联动的城乡区域发展体系，实现区域良性互动、城乡融合发展、陆海统筹整体优化，培育和发挥区域比较优势，加强区域优势互补，塑造区域协调发展新格局。五是建设资源节约、环境友好的绿色发展体系，实现绿色循环低碳发展、人与自然和谐共生，牢固树立和践行绿水青山就是金山银山理念，形成人与自然和谐发展

① 中共中央宣传部编《习近平新时代中国特色社会主义思想三十讲》，学习出版社，2018，第142页。

现代化建设新格局。六是建设多元平衡、安全高效的全面开放体系，发展更高层次开放型经济，推动开放朝着优化结构、拓展深度、提高效益方向转变。七是建设充分发挥市场作用、更好发挥政府作用的经济体制，实现市场机制有效、微观主体有活力、宏观调控有度。以上几个方面是个统一的整体，要一体建设、一体推进①。

现代化经济体系呈现出如下特征。

（1）系统性。现代化经济体系是一个由产业体系、市场体系、收入分配体系、城乡区域发展体系、绿色发展体系、经济体制等因素构成的相互作用、相互联系的有机整体。建设现代化经济体系需要整体推进，以保证经济体系的系统性，避免某一方面出现漏洞或存在短板影响整个经济体系作用的发挥。

（2）协同性。建设现代化经济体系要求系统各要素协同推进、相互促进，要实现实体经济、科技创新、现代金融、人力资源的协同发展，推进城乡区域协同发展，实现人与自然、中国与世界的协同发展等。

（3）创新性。建设现代化经济体系以新发展理念为指引，通过体制改革、技术创新转变经济增长方式，实现经济动能转换。

（4）开放性。现代化经济体系是开放的经济体系，坚持“引进来”和“走出去”并重，强调共商共建共享，主张通过国际合作互通有无、取长补短，实现共赢。

（5）稳定性。现代化经济体系要保证经济发展坚持中国特色社会主义方向，化解经济运行中面临的风险，推动经济平稳运行，既要充分发挥市场机制的作用，又要克服市场调节的自发性、盲目性、滞后性，增强政府驾驭风险的能力。

（6）可持续性。建设现代化经济体系有利于实现可持续发展。现代化经济体系坚持创新驱动，淘汰落后的社会生产力，转变经济发展方式，实现经济发展动能转换；强调经济发展要与环境、资源的承载能力相协调，着力推进构建兼顾公平和效率的收入分配体系，力图实现人与自然、经济与社会的和谐发展。

---

① 中共中央宣传部编《习近平新时代中国特色社会主义思想三十讲》，学习出版社，2018，第142-143页。

二、建设现代化经济体系的理念

“理念是行动的先导，一定的发展实践都是由一定的发展理念来引领的。”[①] 党的十八届五中全会提出创新、协调、绿色、开放、共享的新发展理念。新发展理念是我们党在深刻总结国内外发展的经验教训尤其是我国改革开放以来发展的经验教训、深入分析当前我国发展的国内外形势的基础上针对我国发展中亟须解决的突出问题和矛盾提出来的，体现了我们党对我国发展规律的深刻理解和精确把握，是新时代我国坚持和发展中国特色社会主义的基本方略，反映了当前乃至今后一段时间内我国的发展思路、方向、着力点，对于破解我国发展难题、推动经济增长方式转变、经济动能转换、优化经济结构、实现经济高质量发展具有非常重要的指导意义，也为建设现代化经济体系提供了科学指引和根本遵循。

1. 坚持创新驱动发展，培育经济增长新动力

发展动力是决定发展速度、效能、可持续性的根本因素。解决了发展动力问题，就抓住了牵动经济发展全局的“牛鼻子”，否则实现经济的高质量发展就无从谈起。建设现代化经济体系就要坚持创新驱动发展，培育经济增长新动力。创新是民族进步的灵魂，是一个国家兴旺发达的不竭动力，也是引领发展的第一动力。十八届五中全会提出：我们要“把创新摆在国家发展全局的核心位置，不断推进理论创新、制度创新、科技创新、文化创新等各方面创新，让创新贯穿党和国家一切工作，让创新在全社会蔚然成风”[②]。创新是复杂的系统工作，要推进以科技创新为核心的各方面创新。推进科技创新，就是通过开发利用新技术提高生产要素的适用效率、形成新的要素组合，为发展提供内生动力。推进科技创新可以打造新的发展引擎，创造新的发展机遇，拓展发展空间，有利于推动农业现代化、新型工业化、服务业现代化，也是实现城乡区域协调发展、绿色发展、产品国际竞争力提高的重要基础。同时，还要推进理论创新、制度创新、文化创新，为发展提供与时俱进的科学理论的指导，提供鼓励创新、激发市场活力、规范市场行为的制度保障，提供包容、充满生机的文化

---

① 中共中央文献研究室编《十八大以来重要文献选编》中，中央文献出版社，2016，第 824 页。

② 同上书，第 825 页。

环境。

2. 坚持协调发展，着力形成平衡发展结构

新时代，我国社会主要矛盾发生了重大转变，发展的不平衡不充分问题成为制约我国经济发展、阻碍人民群众追求美好生活的重要障碍。目前，我国发展的不协调、不平衡问题，突出表现在“区域、城乡、经济和社会、物质文明和精神文明、经济建设和国防建设等关系上”①。坚持协调发展，就是要解决发展不平衡的问题，补齐短板，“必须牢牢把握中国特色社会主义事业总体布局，正确处理发展中的重大关系，不断增强发展整体性”②。坚持协调发展是建设现代化经济体系的内在要求。要推动区域协调发展，支持革命老区、民族地区、边疆地区建设，推进西部大开发、东北老工业基地振兴战略，推动中部地区崛起，实现东中西部地区的均衡发展；要推动城乡协调发展，“坚持工业反哺农业、城市支持农村，健全城乡发展一体化体制机制，推进城乡要素平等交换、合理配置和基本公共服务均等化”③；要推动产业协调发展，促进新型工业化、信息化、城镇化、农业现代化同步发展。

3. 坚持绿色发展，着力改善生态环境

改革开放以来，在我国经济发展取得巨大成就的同时，资源环境的承载能力也逼近极限，以前高投入、高能耗、高污染的发展方式难以为继，人民群众对清新空气、干净饮水、优美环境的需求越来越强烈。绿色发展，要义是“要解决好人与自然和谐共生问题。人类发展活动必须尊重自然、顺应自然、保护自然，否则就会遭到大自然的报复，这个规律谁也无法抗拒”④。建设现代化经济体系就要坚持绿色发展，坚持绿色富国、绿色惠民，发展低碳经济、循环经济，全面节约和高效利用资源，淘汰高能耗、高污染的产能，破除生态环境、自然资源对我国发展的制约，“既要金山银山，又要绿水青山”，促进人和自然的和谐共生。

4. 坚持开放发展，着力实现合作共赢

随着全球化程度的不断加深，世界各国越来越紧密地联系在一起，一

---

① 中共中央文献研究室编《十八大以来重要文献选编》中，中央文献出版社，2016，第 825 页。

② 同上书，第 826 页。

③ 同上书，第 801 页。

④ 习近平：《深入理解新发展理念》，《求是》2019 年第 10 期。

损俱损，一荣俱荣。世界各国需要加强合作，互通有无，实现共赢，任何一个国家都无法在封闭的环境下发展。建设现代化经济体系就要坚持开放发展，发展更高水平、更高层次的开放型经济，要在立足国内，充分发挥我国资源、市场、制度优势的基础上利用好国际国内两个市场、两种资源，加强国际合作，实现共赢。要“推动形成全面开放新格局。开放带来进步，封闭必然落后。中国开放的大门不会关闭，只会越开越大。要以‘一带一路’建设为重点，坚持引进来和走出去并重，遵循共商共建共享原则，加强创新能力开放合作，形成陆海内外联动、东西双向互济的开放格局”[①]，构建有着广泛共同利益基础的人类命运共同体。

5. 坚持共享发展，着力增进人民福祉

“让广大人民群众共享改革发展成果，是社会主义的本质要求，是社会主义制度优越性的集中体现，是我们党坚持全心全意为人民服务根本宗旨的重要体现。这方面问题解决好了，全体人民推动发展的积极性、主动性、创造性就能充分调动起来，国家发展也才能具有最深厚的伟力。”[②]建设现代化经济体系，就要坚持共享发展，增加公共服务的供给，促进就业创业，健全兼顾公平和效率的收入分配制度，缩小收入差距，建立全面覆盖、更加公平、更可持续的社会保障制度，坚持全民共享，经济、政治、文化、社会、生态文明各方面建设成果全面共享，共建共享，渐进共享，增进人民福祉，使全体人民有更多的获得感、幸福感、安全感，努力实现共同富裕。

创新、协调、绿色、开放、共享的发展理念“相互贯通、相互促进，是具有内在联系的集合体，要统一贯彻，不能顾此失彼，也不能相互替代”[③]。以新发展理念为指引的现代化经济体系的建设也是一个复杂的系统工程，需要统筹协调、整体推进。

三、建设现代化经济体系的基本框架

建设现代化经济体系是一个系统工程，其基本框架如下。

---

① 习近平：《决胜全面建成小康社会 夺取新时代中国特色社会主义伟大胜利》，人民出版社，2017，第 34-35 页。

② 中共中央文献研究室编《十八大以来重要文献选编》中，中央文献出版社，2016，第 827 页。

③ 同上。

1. 指导理念：新发展理念

现代化经济体系全面贯彻创新、协调、绿色、开放、共享的发展理念，坚持创新驱动，促进区域、城乡、产业间协调发展，强调节约资源和保护环境，继续推进对外开放，坚持发展成果由人民共享。

2. 主线：供给侧结构性改革

建设现代化经济体系以供给侧结构性改革为主线，通过发展现代农业、加工制造业、服务业，推进产业向全球价值链中高端攀升等提高供给体系的质量，解决我国经济发展中面临的深层次问题和矛盾，推动经济高质量发展。

3. 价值取向：质量第一、效益优先

目前，我国经济发展的资源约束越来越强，人民在解决温饱后的需求也呈现出个性化、多样性的特征，经济发展再也不能不计投入和成本，片面追求速度和数量，再也不能以牺牲环境为代价换取经济增长，而要强调质量第一和效益优先。建设现代化经济体系就是通过提高发展质量解决我国高质量产品无法满足人民群众需求的问题，通过集约式发展提高资源的利用效率，满足人民群众对美好环境的需求，实现更好的经济效益。

4. 核心：质量变革、效率变革、动力变革

针对之前我国经济发展中出现的尽管速度快、规模大但许多领域发展质量不高、经济增长效率较低、人口红利逐渐减少等现象，我国通过建设现代化经济体系推进质量变革、效率变革、动力变革，提高全要素生产率。“质量变革是主体，效率变革是主线，动力变革是基础，关键是切实、持续地提高全要素生产率。”①

5. 保障：市场经济体制改革

市场经济体制改革是现代化经济体系的重要保障。要充分发挥市场在资源配置中的决定性作用，更好发挥政府作用。有效发挥市场机制作用，增强微观主体的活力，加强政府对经济的宏观调控。

6. 支撑：建设实体经济、科技创新、现代金融、人力资源协同发展的产业体系

实体经济是财富创造的源泉，是建设现代化经济体系的基础。科技创

---

① 刘世锦：《推动经济发展质量变革、效率变革、动力变革》，载《党的十九大报告辅导读本》，人民出版社，2017，第 185 页。

新、现代金融、人力资源要为实体经济服务。同时，科技是第一生产力，科技创新可以有效推动经济发展；金融为经济发展更便利地提供资金；劳动创造财富，人力资源是最宝贵的资源。建设现代化经济体系就是要建设现代化的产业体系，实现实体经济、科技创新、现代金融、人力资源的协同发展，形成合力，推动经济高质量发展。

第四节　建设现代化经济体系的主要任务

建设现代化经济体系是一项长期的任务。按照党的十九大的工作部署，建设现代化经济体系需要做好深化供给侧结构性改革、加快建设创新型国家、大力实施乡村振兴战略、实施区域协调发展战略、加快完善社会主义市场经济体制、推动形成全面开放新格局等六个方面的工作。

一、深化供给侧结构性改革

建设现代化经济体系要以深化供给侧结构性改革为主线。深化供给侧结构性改革是以习近平同志为核心的党中央在全球经济受国际金融危机影响长期低迷、我国经济发展进入新常态、社会主要矛盾发生转变的背景下，为了满足人民日益增长的美好生活需要、解决发展不平衡不充分问题、推进经济高质量发展而提出的重要战略举措。当前，我国供需关系方面的结构性失衡、错位已经成为制约我国经济发展的重要因素。一方面，因受国际经济增长缓慢影响，我国出口需求减少，国内居民消费需求增长乏力，我国产生了大量的无效供给，钢铁、煤炭、水泥、有色金属、玻璃等许多行业出现严重产能过剩，过剩产能被闲置，造成社会资源的巨大浪费，也成了经济转型的负担；另一方面，我国供给体系和社会需求严重不匹配，中低端产品过剩，高端产品却供不应求，严重依赖进口。深化供给侧结构性改革，就是要“用改革的办法推进结构调整，减少无效和低端供给，扩大有效和中高端供给，增强供给结构对需求变化的适应性和灵活性，提高全要素生产率”[①]，也是从生产、供给方面着手，调整供给结构，通过满足居民多样化需求来释放居民消费潜力并将其转化为现实的社会生

① 习近平：《论坚持全面深化改革》，中央文献出版社，2018，第240页。

产力，也为开发经济增长新动能寻求路径。供给侧结构性改革，“既强调供给又关注需求，既突出发展社会生产力又注重完善生产关系，既发挥市场在资源配置中的决定性作用又更好发挥政府作用，既着眼当前又立足长远”①。

深化供给侧结构性改革要贯彻“巩固、增强、提升、畅通”的方针。一是要巩固“三去一降一补”成果，即去产能、去库存、去杠杆、降成本、补短板。重点是加大“破、立、降”的力度。“破”就是要破除无效供给，处置占用大量土地、资本、资源、劳动力等生产要素却不产生经济效益甚至阻碍新技术研发使用、新产业发展壮大、新动能培育的“僵尸企业”，加快出清过剩的产能；“立”就是要加速培育壮大新动能，研发使用新技术、生产新产品、培育新业态、发展新产业，引导要素资源向效率高的产业流动；“降”就是降低营商成本，通过进一步减轻企业税负、降低企业融资成本、营造公平竞争市场环境、建立亲清政商关系等降低市场交易成本。另外，还要加大基础设施等领域补短板力度。二是要增强微观主体活力。要发挥企业和企业家的主观能动性，培育企业家精神，建立公平开放透明的市场规则，推进营商环境的法治化，打破要素的流动壁垒，充分发挥市场机制作用，促进正向激励以及企业的优胜劣汰，发展更多优质企业。三是要提升产业链水平。保持并巩固产业体系的完整性并充分发挥我国完整产业体系的集约效应和竞争优势，加强技术创新，改善许多关键核心技术受制于人的局面，推动产业升级，培育和发展新的产业集群，促进产业链向高端发展。四是要畅通国民经济循环。就是要“加快建设统一开放、竞争有序的现代市场体系，提高金融体系服务实体经济能力，形成国内市场和生产主体、经济增长和就业扩大、金融和实体经济良性循环”②。

二、加快建设创新型国家

党的十九大报告深刻指出：“创新是引领发展的第一动力，是建设现

---

① 习近平：《论坚持全面深化改革》，中央文献出版社，2018，第 240 页。

② 吴秋余、林丽鹂、邱超奕、葛孟超：《深化供给侧改革 八字方针指明航向》，《人民日报》2018 年 12 月 22 日，第 2 版。

代化经济体系的战略支撑。”[①] 建设创新型国家，就是通过创新驱动经济社会发展，主要依靠科技进步和全面创新提高社会劳动生产率和社会生产力水平，让科技和人才成为国家最重要的战略资源。加快建设创新型国家，就要促进科技创新，实现重点领域、关键核心技术突破，加强国家创新体系建设，深化科技体制改革，加强科技创新人才队伍建设等。一是促进科技创新。要“瞄准世界科技前沿，强化基础研究，实现前瞻性基础研究、引领性原创成果重大突破”[②]。加强基础研究和应用基础研究，为实现科技突破积累必要的知识储备；攻关国家重大科技项目，在新能源、新材料、生命科学、人工智能、信息通信等领域突破关键共性技术，在太空海洋开发利用、生物健康、电子信息、能源环境等领域突破并掌握一批前沿性、引领性、颠覆性技术；加强现代工程技术研发和攻关，在重型装备、交通运输、农业等领域掌握现代化技术。二是加强国家创新体系建设。通过建设世界一流水平的战略科技创新基地和重大科技基础设施、整合国家科研基地、优化国家科研平台布局、激发企业创新主动性与积极性、促进产学研深度融合等，建设国家创新体系，强化战略科技力量。三是深化科技体制改革。完善支持企业创新的政策体系，强化知识产权的创造、运用和保护，促进科技成果转化，健全创新激励制度，倡导鼓励创新的社会文化。四是加强科技创新人才队伍建设。“培养造就一大批具有国际水平的战略科技人才、科技领军人才、青年科技人才和高水平创新团队。”[③]

三、大力实施乡村振兴战略

党的十九大报告指出：“农业农村农民问题是关系国计民生的根本性问题，必须始终把解决好‘三农’问题作为全党工作重中之重。”[④] “在向第二个百年奋斗目标迈进的历史关口，巩固和拓展脱贫攻坚成果，全面推进乡村振兴，加快农业农村现代化，是需要全党高度重视的一个关系大局的重大问题。全党务必充分认识新发展阶段做好‘三农’工作的重要性和

---

① 习近平：《决胜全面建成小康社会 夺取新时代中国特色社会主义伟大胜利》，人民出版社，2017，第 31 页。

② 同上。

③ 同上书，第 31-32 页。

④ 同上书，第 32 页。

紧迫性，坚持把解决好‘三农’问题作为全党工作重中之重，举全党全社会之力推动乡村振兴，促进农业高质高效、乡村宜居宜业、农民富裕富足。”[①]《“十四五”规划和2035年远景目标纲要》对新发展阶段优先发展农业农村、全面推进乡村振兴作出了总体部署。

要解决好“三农”问题，就要大力实施乡村振兴战略，这也是建立现代化经济体系的重要基础。实施乡村振兴战略，要“坚持农业农村优先发展，按照产业兴旺、生态宜居、乡风文明、治理有效、生活富裕的总要求，建立健全城乡融合发展体制机制和政策体系，统筹推进农村经济建设、政治建设、文化建设、社会建设、生态文明建设和党的建设，加快推进乡村治理体系和治理能力现代化，加快推进农业农村现代化，走中国特色社会主义乡村振兴道路，让农业成为有奔头的产业，让农民成为有吸引力的职业，让农村成为安居乐业的美丽家园”[②]。

一是将巩固脱贫攻坚成果同乡村振兴有效衔接。设立5年衔接过渡期，持续巩固拓展脱贫攻坚成果，接续推进脱贫地区乡村振兴，加强农村低收入人口常态化帮扶等。

二是要加快农业现代化步伐。通过健全粮食安全保障机制、打好种业翻身仗、加强耕地保护和建设、提升农业装备和信息化水平等，夯实农业生产能力基础；通过优化农业生产力布局、推进农业结构调整、壮大特色优势产业、保障农产品质量安全、培育提升农业品牌、构建农业对外开放新格局等，加快农业转型升级，推进农业绿色发展；通过巩固和完善农村基本经营制度、壮大新型农业经营主体、发展新型农村集体经济、促进小农户生产和现代农业发展有机衔接等，建立现代农业经营体系；通过提升农业科技创新水平、打造农业科技创新平台基地、加快农业科技成果转化应用等，强化农业科技支撑；通过加大支农投入力度、深化重要农产品收储制度改革、提高农业风险保障能力等，完善农业支持保护力度。

三是大力实施乡村建设行动。加快推进村庄规划工作，完成国土空间规划编制，明确村庄布局分类；加强农村基础设施建设，把公共基础设施

---

① 《习近平在中央农村工作会议上强调 坚持把解决好“三农”问题作为全党工作重中之重 促进农业高质高效乡村宜居宜业农民富裕富足》，《人民日报》2020年12月30日，第1版。

② 中共中央党史和文献研究院编《十九大以来重要文献选编》上，中央文献出版社，2019，第141-159页。

建设的重点放在农村；实施农村人居环境整治提升行动，建设生态宜居的美丽乡村；提升基本公共服务水平，提高农村劳动力就业质量，通过优先发展农村教育事业、推进健康乡村建设、加强农村社会保障体系建设等，全面促进农村消费；加快县域内城乡整合发展；强化农业农村优先发展投入保障；深入推进农村改革。

四是加强党对“三农”工作的全面领导。强化五级书记抓乡村振兴的工作机制，加强党委农村工作领导小组和工作机构建设，加强党的农村基层组织和乡村治理；加强新时代农村精神文明建设；健全乡村振兴考核落实机制。

四、实施区域协调发展战略

发展的不平衡不充分问题是新时代制约我国经济社会发展的重要因素，也是化解我国社会主要矛盾的难点。实施区域协调发展战略，建立与全面建成小康社会相协调的区域协调发展新机制是优化现代化经济体系空间布局的重要举措，是建设现代化经济体系的内在要求。实施区域协调发展战略可以在更大、更广的空间区域内实现资源的优化配置，解决发展不平衡不充分问题，促进社会公平正义，释放发展潜能，解放和发展社会生产力。党的十九大报告指出，实施区域协调发展战略要“加大力度支持革命老区、民族地区、边疆地区、贫困地区加快发展，强化举措推进西部大开发形成新格局，深化改革加快东北等老工业基地振兴，发挥优势推动中部地区崛起，创新引领率先实现东部地区优化发展，建立更加有效的区域协调发展新机制”①。《“十四五”规划和2035年远景目标纲要》进一步指出：“深入实施区域重大战略、区域协调发展战略、主体功能区战略，健全区域协调发展体制机制，构建高质量发展的区域经济布局和国土空间支撑体系。”② 实施区域协调发展战略，一是要建立区域战略统筹机制。要推动国家重大区域战略融合发展。以西部、东北、中部、东部四大板块为基础，促进区域间相互融通、协调发展，推动“一带一路”建设、京津冀协

① 习近平：《决胜全面建成小康社会 夺取新时代中国特色社会主义伟大胜利》，人民出版社，2017，第32-33页。

② 《中华人民共和国国民经济和社会发展第十四个五年规划和2035年远景目标纲要》，2021年3月13日，http://www.xinhuanet.com/2021-03/13/c_1127205564.htm。

同发展、长江经济带发展、粤港澳大湾区建设等。要统筹发达地区和欠发达地区的发展。在推动东部沿海发达地区继续保持强劲增长的同时加强改革创新、转换发展动能以及发展区域一体化，推动中西部条件较好地区的发展，支持革命老区、民族地区、边疆地区、贫困地区加快发展。要推动陆海统筹发展。科学发展海洋经济，科学开发海洋资源，加强海洋科技研发及其产业化，建设海洋强国。二是要建立市场一体化发展机制。促进城乡区域间要素的自由流动，推动区域市场一体化建设，完善区域交易平台和制度。三是深化区域合作机制。推动区域间的合作互动，促进流域上下游合作发展，加强省际交界地区合作等。四是优化区域互助机制。继续深入实施东西部扶贫协作，开展对口支援，创新开展对口协作。另外，还需要健全区域利益补偿机制，完善基本公共服务均等化机制，创新区域政策调控机制，健全区域发展保障机制等。

五、加快完善社会主义市场经济体制

社会主义市场经济体制是现代化经济体系的制度基础。完善社会主义市场经济体制就是要正确处理好市场与政府的关系这一经济体制改革的核心问题。我们党在十八届三中全会通过的《中共中央关于全面深化改革若干重大问题的决定》中历史性地提出“使市场在资源配置中起决定性作用和更好发挥政府作用”①，这一论断是对我国市场取向改革伟大历史实践经验的总结，是对改革开放以来我国社会主义市场经济理论的继承和发展，是对马克思主义政治经济学理论的创新，标志着我们党对社会主义市场经济的认识达到了新高度，也是新时代我国加快完善社会主义市场经济体制的根本遵循。针对市场经济体系还跟不上经济高质量发展要求的现实，党中央、国务院于2020年5月发布《关于新时代加快完善社会主义市场经济体制的意见》，提出要“构建更加系统完备、更加成熟定型的高水平社会主义市场经济体制”②。2021年1月，《建设高标准市场体系行动方案》颁布并提出用5年左右时间“基本建成统一开放、竞争有序、制度完备、

① 中共中央文献研究室编《十八大以来重要文献选编》上，中央文献出版社，2014，第513页。

② 《中共中央 国务院关于新时代加快完善社会主义市场经济体制的意见》，2020年5月18日，http://www.gov.cn/zhengce/2020-05/18/content_5512696.htm。

治理完善的高标准市场体系”[①]，实现有效市场和有为政府的有机统一。显然，我国对于社会主义市场经济规律的认识更加系统深入，并在更高起点、更高层次、更高目标上加快完善社会主义市场经济体制。一是要切实发挥市场在资源配置中的决定性作用。切实发挥市场在资源配置中的决定性作用，就是要在遵循价值规律的基础上，充分发挥市场机制的作用，把包含土地、资本、劳动力、经济信息、技术等生产要素以及生存资料、发展资料、享受资料等消费品在内的资源配置到最有效率的环节和领域。市场决定价格，将错综复杂的社会偏好、产品质量及稀缺情况等信息合成起来并以简单的价格信号反映出来，动态更新，及时传导，引导企业和消费者作出最优决策和选择，实现产品的优胜劣汰和供求平衡。切实发挥市场在资源配置中的决定性作用，就要建设统一开放、竞争有序的现代市场体系。要建立公平开放透明的市场规则，完善主要由市场决定价格的机制，建立城乡统一的建设用地市场，完善金融市场体系，深化科技体制改革[②]。二是要更好发挥政府作用。“更好发挥政府作用，不是要更多发挥政府作用，而是要在保证市场发挥决定性作用的前提下，管好那些市场管不了或管不好的事情。”[③]更好发挥政府作用要求科学的宏观调控，有效的政府治理。政府的职责和作用主要是“保持宏观经济稳定，加强和优化公共服务，保障公平竞争，加强市场监管，维护市场秩序，推动可持续发展，促进共同富裕，弥补市场失灵”[④]。三是要毫不动摇地坚持社会主义初级阶段基本经济制度。十八届三中全会通过的《中共中央关于全面深化改革若干重大问题的决定》指出：“公有制为主体、多种所有制经济共同发展的基本经济制度，是中国特色社会主义制度的重要支柱，也是社会主义市场经济体制的根基。公有制经济和非公有制经济都是社会主义市场经济的重要组成部分，都是我国经济社会发展的重要基础。”[⑤]要毫不动摇坚持公有制经济的主体地位，促进非公有制经济发展，积极发展混合所有制经济。四

① 《中共中央办公厅 国务院办公厅印发〈建设高标准市场体系行动方案〉》，2021年1月31日，http://www.gov.cn/zhengce/2021-01/31/content_5583936.htm。

② 中共中央文献研究室编《十八大以来重要文献选编》上，中央文献出版社，2014，第517-519页。

③ 中共中央文献研究室编《习近平关于社会主义经济建设论述摘编》，中央文献出版社，2017，第66页。

④ 中共中央文献研究室编《十八大以来重要文献选编》上，中央文献出版社，2014，第500页。

⑤ 同上书，第514-515页。

是要辩证地处理好政府和市场关系。辩证地处理好政府和市场关系并不是简单的市场作用多一点、政府作用少一点的问题，而是要科学厘清政府和市场的边界。凡市场能发挥作用的领域，要充分发挥其决定性作用，打破行业、地域壁垒，利用市场机制优化资源配置；政府要简政放权，不能干预过多，更不能不当干预。凡“市场管不了或管不好的事情”，政府应当主动补位，更好发挥作用，要管到位，管出水平，要在尊重市场规律的基础上通过深化改革、出台政策、制定规划、完善法治等激发市场活力、引导市场预期、明确投资方向、规范市场行为。要找准市场和政府的最佳结合点，切实把二者的优势都充分发挥出来，更好地体现社会主义市场经济体制的特色和优势。

六、推动形成全面开放新格局

“开放带来进步，封闭必然落后。”[①] 全面开放是实现我国国家繁荣富强的必由之路，有助于我国更好地开拓国际发展空间，更好地参与全球经济治理，更好地利用全球资源和市场，更好地发挥以开放促发展、促改革、促创新作用。现代化经济体系是开放的系统。继续实行对外开放基本国策，推动形成全面开放新格局，全面提高对外开放水平，建设更高水平开放型经济新体制，是建设现代化经济体系的必然要求。党的十九大报告指出：“要以‘一带一路’建设为重点，坚持引进来和走出去并重，遵循共商共建共享原则，加强创新能力开放合作，形成陆海内外联动、东西双向互济的开放格局。”[②]《“十四五”规划和 2035 年远景目标纲要》进一步提出：“坚持实施更大范围、更宽领域、更深层次对外开放，依托我国超大规模市场优势，促进国际合作，实现互利共赢，推动共建‘一带一路’行稳致远，推动构建人类命运共同体。”[③] 习近平总书记在庆祝中国共产党成立 100 周年大会上的讲话中也提出：“新的征程上，我们必须高举和平、发展、合作、共赢旗帜，奉行独立自主的和平外交政策，坚持走和平发展

---

① 习近平：《决胜全面建成小康社会 夺取新时代中国特色社会主义伟大胜利》，人民出版社，2017，第 34 页。

② 同上书，第 34-35 页。

③ 《中华人民共和国国民经济和社会发展第十四个五年规划和 2035 年远景目标纲要》，2021 年 3 月 13 日，http://www.xinhuanet.com/2021-03/13/c_1127205564.htm。

道路，推动建设新型国际关系，推动构建人类命运共同体，推动共建‘一带一路’高质量发展，以中国的新发展为世界提供新机遇。”[①] 推动形成全面开放新格局要坚持主动开放、双向开放、全面开放、公平开放、共赢开放、包容开放，实现“引进来”与“走出去”、沿海开放与内陆沿边开放、制造业开放与服务业开放、向发达经济体开放与向发展中国家开放、多边开放与区域开放、开放与安全等方面的更好结合。推动形成全面开放新格局要推动构建人类命运共同体，扎实推进“一带一路”建设，积极推进贸易强国建设，改善外商投资环境，创新对外投资方式，优化区域开放布局，促进贸易投资自由化便利化，健全高水平对外开放安全保障机制等。

第五节　建设现代化经济体系的国际经验和教训

工业革命以来，人类社会开始了由传统农业社会向现代工业社会的历史性变迁，社会生活各个领域随之发生了深刻变革，这就是现代化的过程。迄今为止，人类社会经历了三次大的现代化浪潮。第一次大的现代化浪潮是从 18 世纪后期到 19 世纪中叶，由第一次工业革命推动，由纺织部门开始逐渐扩散到国民经济各部门，由工业革命发源地英国向比利时、瑞士、法国、德国等国家和地区推进。第二次大的现代化浪潮是从 19 世纪下半叶至 20 世纪初，由第二次工业革命推动，工业逐渐主导国民经济，银行和国家的作用增强，由西欧扩展至北美、东欧以及亚洲的日本。第三次大的现代化浪潮是从 20 世纪下半叶开始直至现在，由第三次工业革命推动，发达工业国家工业进一步升级，欠发达国家纷纷加入现代化的浪潮中，由欧洲、北美扩展到亚非拉广大地区[②]。世界各国的现代化进程有其普遍性，比如：世界各国的现代化都伴随着生产力的显著提高、产业结构的重大调整、经济制度的重大变革等；在现代化的过程中，世界各国均出现了城市化、市场化、工业化等。同时，世界各国基于各自不同的领土、自然条件、历史、文化传统、社会制度等开启了差异化的现代化道路，呈现

① 习近平：《在庆祝中国共产党成立 100 周年大会上的讲话》，2021 年 7 月 1 日，http://www.gov.cn/xinwen/2021-07/01/content_5621847.htm。

② 罗荣渠：《现代化新论：世界与中国的现代化进程》增订本，商务印书馆，2009，第 140–152 页。

出不同的特点。世界的现代化进程特别是20世纪下半叶以来的现代化进程可以为我国的现代化特别是现代化经济体系的构建提供很好的参考和借鉴。

一、国际经验

（一）注重供给侧的改革

资本主义世界"大萧条"后，主张通过加大政府开支、实行赤字财政等增加需求促进经济增长的凯恩斯主义占据了主流地位，成为指导资本主义经济发展的主导思想。20世纪70年代，资本主义世界出现滞胀危机，通过增加需求无法解决危机问题，也无法推动经济增长。20世纪80年代，美国里根政府转变思路，在兼顾需求侧管理的同时重点从供给端发力解决美国经济发展中存在的问题，通过降低税率，减少政府开支，减少政府对市场的干预，放宽金融、天然气、有线电视等行业准入限制，加大研发投入等措施提升供给质量和效率，推动美国经济走出危机，实现复苏繁荣。同时期，日本推动产业结构调整，针对"结构性萧条产业"实施"去产能"措施，淘汰落后产能，实现资源的更优化配置，推动科技创新，扶植新兴产业发展，放宽邮政、电信、铁路等行业准入限制，激发市场活力，提升了供给质量和效率，拉动了经济增长。

（二）重视创新

几乎所有实现现代化的国家都非常重视创新对于经济的驱动作用。三次大的现代化浪潮也是与技术革命紧密联系在一起的。20世纪下半叶，作为战败国的德国、日本在战后开始重建，两国重视技术创新，实现了经济的恢复和快速发展。20世纪80年代，日本政府就提出了"技术立国"的口号，通过教育改革、增加研发投入等措施促进科技创新，电子产品、机器人、汽车、家电等产业快速发展，推动经济高质量发展。德国同样非常重视技术创新，1996年德国的研发投入占GDP的比重就已经超过了2%，在汽车制造、电子电气、机械设备制造、可再生能源等领域处于领先地位，也带动了整个国民经济的发展。

（三）注重产业间的协调发展

产业间的协调发展是实现经济可持续发展的重要保证。德国制造业强大，与制造业相关的其他产业也齐头并进、协同发展，从而保证了德国制造业的优势地位。德国重视金融产业与实体经济的协同发展，金融体系是服务于制造业发展的，为制造业提供必要的资金来源，同时严格金融监管，防控金融风险，有效促进实体经济的发展。德国重视人力资源与实体经济的协同发展，重视国民教育，甚至对进入职业院校、技术型学校学习的人的要求都很高，《职业技术培训法》也规定青年必须参加技术培训，企业有义务为青年工人提供学习培训机会。对教育的重视使得德国的人力资源得到最大限度的开发，德国培养出大批高素质的产业技术工人，为其制造业的发展提供了人才保障。

（四）正确处理市场与政府的关系

市场和政府是资源配置的两种基本方式，正确处理二者之间的关系是实现资源有效配置的基础。英国、美国、法国、德国等现代化国家都充分发挥市场在资源配置中的决定性作用，充分发挥市场机制的作用，努力激发市场主体的活力。这些国家都出台了专门的反垄断法、反不正当竞争法来保障市场作用的充分发挥，都有较为完备的产权、知识产权保护法律来保障市场主体的创新热情。同时，这些国家都努力激发市场主体的活力。早在 1953 年，美国就出台了《小企业法》和《小企业融资法》，之后又出台了相关法律，鼓励小企业参与市场竞争；在 1985 年，美国就成立了全美商业孵化器协会，支持青年创业，鼓励高校研究人员创业。德国也一直奉行限制大企业、扶植小企业的政策，使得德国培育了数量庞大的中小企业，其产值占到德国工业总量的一半以上。另外，欧美国家也充分发挥政府在推动经济发展中的作用，加强宏观调控，加大公共产品投入，弥补市场缺陷，实现政府与市场的有机结合。

二、重要教训

（一）避免陷入“中等收入陷阱”

2006 年，世界银行《东亚经济发展报告》中首次提出了“中等收入陷阱”的概念。“中等收入陷阱”是指“当一个国家迈过中等收入门槛后，由于不能顺利实现经济发展方式的转变，导致新的增长动力不足，最终出现经济停滞徘徊的一种状态”[①]。在实现现代化的进程中，以巴西、阿根廷、墨西哥等国为代表的许多拉美国家以及马来西亚等东南亚国家尽管在20世纪70年代就进入了中等收入国家行列，但之后经济长期停滞，看不到快速增长的动力和希望。这些国家落入“中等收入陷阱”的主要原因如下。

（1）没有及时转换经济增长动力，推进产业转型升级。拉美国家长期奉行进口替代工业化战略，尽管推动了制造业的发展，但从长期看却因为缺乏国际竞争而使得本土产业不堪一击，本土产业发展跟不上世界工业发展的步伐，产业转型升级滞后，经济增长的动力没有及时转换。与之形成鲜明对比的是，日本、韩国等出口导向型国家及时抓住资本主义国家经济发展的黄金时期，培育了汽车、电子信息、钢铁等支柱产业，成功跨越了“中等收入陷阱”。

（2）缺乏创新动力。拉美国家长期通过施行贸易保护政策来保护本国产业发展，使得本国产业缺乏创新动力，资源利用效率不高。反观日本、韩国等国家和中国台湾等地区，依靠创新驱动，走上了工业化道路。

（3）产业结构失衡。巴西、阿根廷、墨西哥等拉美国家热衷于发展自身没有技术优势的钢铁、造船等重化工业，自身有优势的劳动密集型产业却被忽略，导致轻重工业比例失衡。

（4）过早过度放开资本管制。拉美、东南亚部分国家自身金融体系脆弱，但却过早过度放开资本管制，导致金融风险增加，影响整个国民经济的安全。此外，拉美、东南亚等地区的国家在经济的快速发展中还造成了贫富差距过大、腐败问题严重、基础设施薄弱、社会矛盾凸显等问题，这些都是造成这些国家陷入“中等收入陷阱”的重要原因。

（二）避免发生去工业化

美国、英国、法国等国在推进现代化的过程中，把大量的资源投入金融、商务服务等第三产业中，导致加工制造业衰落，使得这些国家产业竞争力、抵抗经济风险的能力下降。巴西、阿根廷等发展中国家同样过早、过度转移了低端产业，高端产业又没有形成产业竞争力，导致这些国家经济体系较为脆弱，很容易受到各种危机的影响。

---

① 全国干部培训教材编审指导委员会组织编写《建设现代化经济体系》，人民出版社、党建读物出版社，2019，第23页。

（三）避免贫富差距过大

无论是发达国家还是拉美、东南亚国家，在其现代化进程中均出现了贫富差距过大的问题。美国、巴西、阿根廷、墨西哥等国既有少数富可敌国的人，也存在大量依靠社会救济度日的贫困人口。贫富差距过大是重要的社会矛盾问题的根源，也是导致社会不稳定的重要因素。

（四）避免先污染后治理

欧美现代化国家在早期的工业化过程中，不重视环境保护，生态污染严重。例如，伦敦曾被称为“雾都”，1892 年德国汉堡因水污染导致霍乱流行，日本在明治时期发生了因开采铜矿排放毒屑、毒水导致几十万人流离失所的足尾事件，1930 年比利时爆发了马斯河谷烟雾事件等。生态环境的污染给社会生产、人民生活造成了严重危害，治理污染也要耗费大量人力、物力资源。因此，要避免走先污染后治理的老路。

（五）避免殖民主义

在推进现代化的进程中，英国、法国、德国、荷兰、西班牙、葡萄牙等国都曾在世界各地建立了殖民地，通过掠夺殖民地的资源并把本国产的产品销往殖民地来实现本国的经济发展。其中，英国曾号称“日不落帝国”，殖民地遍布全球。殖民主义的消极影响至今仍有所体现。曾被殖民过的非洲、拉美、南亚等的国家和地区产业结构单一，发展畸形。殖民主义者还在殖民地制造宗教、领土边界等矛盾，给这些国家和地区留下不稳定的隐患。因此，要避免殖民主义，包容发展，建立人类命运共同体。

第二章　深化供给侧结构性改革

2015 年 11 月，习近平同志在中央财经领导小组第十一次会议上第一次提出“供给侧结构性改革”。2017 年 10 月，习近平同志在党的十九大报告中提出：“建设现代化经济体系，必须把发展经济的着力点放在实体经济上，把提高供给体系质量作为主攻方向，显著增强我国经济质量优势。”[①]2018 年 12 月，习近平同志在中央经济工作会议上再次强调要坚持以供给侧结构性改革为主线不动摇，要在“巩固、增强、提升、畅通”八个字上下功夫。2020 年中央经济工作会议仍然强调以深化供给侧结构性改革为主线。深化供给侧结构性改革是建设现代化经济体系的主线，是以习近平同志为核心的党中央运用马克思主义政治经济学理论综合分析我国经济发展面临的国内外经济形势作出的重大战略部署，是适应我国经济发展新常态、化解我国经济发展所面临的困难和矛盾、推进我国经济现代化的重大创新。

第一节　深化供给侧结构性改革的重大意义

深入推进供给侧结构性改革首先要正确理解供给侧结构性改革的现实基础和理论依据、基本内涵和重要意义。

一、深化供给侧结构性改革的现实基础和理论依据

（一）深化供给侧结构性改革的现实基础

深化供给侧结构性改革是由我国经济发展的现实决定的。改革开放 40 多年来，我国经济取得了举世瞩目的成就，同时也在长期的发展中积累了一些矛盾和问题。其中，经济发展中的结构性失衡问题尤为突出，这也是深化供给侧结构性改革的现实基础。

---

① 习近平：《决胜全面建成小康社会 夺取新时代中国特色社会主义伟大胜利》，人民出版社，2017，第 30 页。

1. 部分产业产能过剩

目前，我国经济发展中面临的一个重要问题就是部分产业产能过剩。按照国际通行的标准，一个产业的产能利用率达到 79%~90% 为较为合理的水平，低于 79% 表示该产业产能过剩。2019 年，我国工业产能利用率为 76.6%，整体呈现产能过剩的特点。其中，采矿业、电力、热力、燃气，水生产和供应业，煤炭开采和洗选业，食品制造业，化学原料和化学制品制造业等产业的产能利用率分别为 74.4%、72.1%、70.6%、72.9%、75.2%，远远低于国际通常水平。

2. 实体经济结构性供需失衡

目前，我国供给体系产能非常强大，但大部分只能满足中低端的需求，产品质量较低，价格较低。随着我国老年人口比重上升，劳动年龄人口比重降低，资源环境约束加大，依靠人口红利、粗放式生产实现的产品的低价格必然不可持续。同时，随着我国全面建成小康社会，居民收入水平显著提高，消费结构也加快升级，高端、高质量的产品需求大幅增加。但是，我国的产品供给结构没有及时转变升级，不能适应需求结构的变化，高端产品的供给严重不足。

3. 创新驱动不足

长期以来，我国科技教育投入不足，科技对经济增长的贡献率远低于发达国家。2018 年，我国研发费用占 GDP 的比重为 2.18%，低于美国（2.84%）、德国（2.91%）、日本（3.75%）、韩国（5.44%）①；公共教育支出占 GDP 的比重为 4.11%，低于世界平均水平（4.9%），更低于发达国家（5.1%）。2018 年，我国科技对经济增长的贡献率为 58.5%，远低于发达国家 70%~80% 的水平。

4. 金融业、房地产业和实体经济失衡

我国实体经济结构性失衡，部分产业产能过剩问题突出，使得实体经济的利润率下降。大量增发的货币资金流入收益较高的金融业、房地产市场，经济增长、财政收入、银行利润越来越依赖金融市场上资产的低买高卖以及房地产的繁荣，金融业在国民经济中的比重上升，真正创造价值且作为国民经济支柱的工业特别是制造业的比重下降，大大降低了我国经济的国际竞争力以及抵御风险的能力。

① 数据来源：世界银行。

（二）深化供给侧结构性改革的理论依据

马克思主义政治经济学关于“生产—分配—交换—消费”对立统一的基本原理以及社会资本再生产理论是我国深化供给侧结构性改革的理论依据。

马克思认为，社会生产和再生产是由生产、分配、交换、消费四个环节组成的有机整体，四个环节相互联系、对立统一。其中，生产是决定性的，决定着其他三个环节，同时其他三个环节又反作用于生产。正如马克思在《政治经济学批判（1857—1858年手稿）》中所说：“一定的生产决定一定的消费、分配、交换和这些不同要素相互间的一定关系。当然，生产就其单方面形式来说也决定于其他要素。例如，当市场扩大，即交换范围扩大时，生产的规模也就增大，生产也就分得更细。随着分配的变动，例如……生产也就发生变动。最后，消费的需要决定着生产。不同要素之间存在着相互作用。每一个有机整体都是这样。”① 目前，我国经济实力上升，居民收入水平大幅提高，交换范围随着互联网、电子商务、信息技术等方面的发展空前扩大，居民在解决温饱问题后消费结构升级，对高端产品的需求日益增加。与之形成鲜明对比的是，我国的生产仍然集中在中低端产品上，不能适应分配、交换、消费方面的新变化，也造成我国在钢铁、煤炭等产业产能过剩、产品积压严重的同时，芯片、精密仪器、先进医疗设备、奢侈消费品等严重依赖进口的现实矛盾。可见，分配、交换、消费的变化反作用于生产，对我国的供给体系提出了结构性改革的要求。

马克思社会资本再生产理论认为无论是简单再生产还是扩大再生产，制造生产资料的第一部类和制造生活资料的第二部类各自内部的交换关系和二者之间的交换关系都是按照一定的比例实现的。社会简单再生产实现的条件是第一部类可变资本的价值 V_1 和剩余价值 M_1 的总和等于第二部类不变资本的价值 C_2，即 $V_1+M_1=C_2$；社会扩大再生产实现的条件是第一部类原有可变资本的价值 V_1、增加可变资本的价值 ΔV_1、资本家用于个人消费的剩余价值 M_1/X_1 的总和等于第二部类原有不变资本的价值 C_2 和增加不变资本价值 ΔC_2 之和，即 $V_1+\Delta V_1+M_1/X_1=C_2+\Delta C_2$。按照马克思社会资本再生产理论，社会生产要顺利进行，就要在总量和结构上适应社会需求的变

---

① 中共中央马克思恩格斯列宁斯大林著作编译局编译《马克思恩格斯文集》第八卷，人民出版社，2009，第23页。

化，两大部类生产资料要与生活资料相匹配。目前，我国尽管供给体系产能强大，但大部分只能满足中低端的需求，无法满足居民因生活水平提高、消费结构升级而产生的多样化、高端的需求；同时，长期以来，我国生产资料的生产因受关键技术的掣肘落后于生活资料的生产，生活资料的生产则因之前居民生活水平较低、生产资料的技术含量不高只能满足中低端的需求，造成两大部类内部及之间生产资料、生活资料的生产和需求存在结构性矛盾。在这样的背景下，深化供给侧结构性改革就势在必行。

二、供给侧结构性改革的基本内涵

供给侧结构性改革有着深刻的内涵。首先，供给侧结构性改革的核心是解放和发展生产力。习近平总书记明确指出，供给侧结构性改革“重点是解放和发展社会生产力，用改革的办法推进结构调整，减少无效和低端供给，扩大有效和中高端供给，增强供给结构对需求变化的适应性和灵活性，提高全要素生产率”[①]。其次，供给侧结构性改革的根本出发点和落脚点是满足人民日益提高的多样化、差异化的物质文化需要。习近平总书记指出：“从政治经济学的角度看，供给侧结构性改革的根本，是使我国供给能力更好满足广大人民日益增长、不断升级和个性化的物质文化和生态环境需要，从而实现社会主义生产目的。”[②]再次，供给侧结构性改革坚持社会主义市场经济改革方向。供给侧结构性改革“要紧紧围绕使市场在资源配置中起决定性作用和更好发挥政府作用深化经济体制改革，加快形成引领经济发展新常态的体制机制和发展方式，加快推进有利于实现创新发展、协调发展、绿色发展、开放发展、共享发展的改革，加快推进有利于提高资源配置效率、提高发展质量和效益的改革，加快推进有利于充分调动各方面积极性的改革，加快推进有利于国家治理体系和治理能力现代化的改革”[③]。从次，供给侧结构性改革在强调供给的同时关注需求。供给和需求是市场经济内在关系的两个基本方面，二者相互联系，相互影响，对

① 习近平：《在省部级主要领导干部学习贯彻党的十八届五中全会精神专题研讨班上的讲话》，人民出版社，2016，第 29 页。

② 同上书，第 30 页。

③ 中共中央文献研究室编《十八大以来重要文献选编》中，中央文献出版社，2016，第 835-836 页。

立统一。“放弃需求侧谈供给侧或放弃供给侧谈需求侧都是片面的，二者不是非此即彼、一去一存的替代关系，而是要相互配合、协调推进。”[①] 最后，供给侧结构性改革的主要手段不是供给学派主张的减税、扩大供给等。供给学派主张通过减税、降低公共开支、减少政府对企业的干预等刺激经济增长，扩大供给。供给学派的主张在滞胀等特定的历史时期有其合理性。但是，目前我国财政支出刚性较强，税收因整个经济进入新常态而增长缓慢，贸然减税不仅不能从根本上解决我国经济中面临的困难和问题，还会导致财政赤字大幅增加，影响经济稳定。况且，我国经济当前面临的主要问题是有效供给不足，而不是简单的供给不足。因此，供给学派的主张不适用于我国的供给侧结构性改革。供给侧结构性改革更强调结构性改革，扩大中高端供给的同时还要减少低端和无效供给，从而解决有效供给不足的问题。

三、深化供给侧结构性改革的重要意义

深化供给侧结构性改革是以习近平同志为核心的党中央运用马克思主义政治经济学基本原理指导中国实践并创新发展中国特色社会主义政治经济学的重大成果，是解决经济新常态下中国经济发展面临的困难和问题的重要举措，为世界经济走出困境提供了中国方案，具有重要的理论和实践意义。

（一）深化供给侧结构性改革是中国特色社会主义政治经济学创新发展的重大成果

长期以来，我们党坚持和发展马克思主义政治经济学，运用马克思主义政治经济学基本原理和方法解决中国的实际问题，形成了中国特色社会主义政治经济学的理论体系，并且不断创新发展。深化供给侧结构性改革的核心是解放和发展社会生产力，出发点和落脚点是为了满足人民对美好生活的向往，体现了以人民为中心的发展思想，坚持社会主义市场经济改革方向，在强调供给的同时关注需求等。这些都是马克思主义政治经济学的基本观点和主张，也是对中国特色社会主义现代化建设过程中经验和规律的总结和概括，是马克思主义政治经济学基本原理同中国实践相结合的

① 习近平：《在省部级主要领导干部学习贯彻党的十八届五中全会精神专题研讨班上的讲话》，人民出版社，2016，第 31 页。

产物，是新时代中国特色社会主义政治经济学创新和发展的重大成果。

（二）深化供给侧结构性改革是我国经济发展进入新常态背景下推动经济高质量发展的必然要求

中国经济发展进入新常态是党中央根据我国经济发展的现实对当前乃至今后一个时期我国经济发展作出的科学判断。“新常态下，我国经济发展的主要特点是：增长速度要从高速转向中高速，发展方式要从规模速度型转向质量效率型，经济结构调整要从增量扩能为主转向调整存量、做优增量并举，发展动力要从主要依靠资源和低成本劳动力等要素投入转向创新驱动。”[①] 在我国经济发展进入新常态的背景下，我国经济结构面临着调整，低端产业的产能过剩，需要集中消化，中高端产业需要加快发展；经济发展的动力面临转换，以前依靠人口红利，改革开放制度红利，增加资源、要素投入来推动经济发展的模式难以为继，需要依靠创新驱动经济发展，提高资源利用的效率，推动经济的高质量发展。可见，经济发展的新常态在供给侧对我国提出了更高的要求。推进供给侧结构性改革是适应我国经济发展新常态、解决供需结构矛盾、推动经济高质量发展的必然要求。深入推进供给侧结构性改革重在解决结构性问题，就是要通过制度、技术创新实现经济发展动力的转换，通过调整生产结构、优化资源配置提高供给体系的效率，实现有效供给，推动经济高质量发展。

（三）深化供给侧结构性改革为世界经济走出困境提供了中国方案

2008 年，国际金融危机爆发，整个世界经济陷入衰退，全球性的生产过剩、贸易收缩、低速增长困扰着世界各国。为了应对危机的消极影响，发达国家和地区以及广大发展中国家都采取了一系列刺激经济的措施，但效果不佳。中国提出并深入推进供给侧结构性改革，通过解决长期经济发展中积累的结构性失衡问题，引导资源优化配置，实现经济发展动力的转化，提高供给体系的效率，推动经济的高质量发展，不仅解决了中国经济发展中的深层次矛盾和问题，也为解决世界经济结构性矛盾、帮助世界经济走出困境提供了中国智慧和中国方案，是引领世界经济复苏、转型的重要范式，得到国际社会的广泛关注和认可。

---

① 中共中央宣传部编《习近平新时代中国特色社会主义思想三十讲》，学习出版社，2018，第 138-139 页。

第二节　深化供给侧结构性改革的总体思路和重点

深化供给侧结构性改革的根本目的是满足需求，主攻方向是提高供给质量，根本途径是深化改革，要贯彻“巩固、增强、提升、畅通”八字方针，要处理好政府与市场、短期和长期、减法和加法、供给和需求四个关系，重点是要在“破”“立”“降”上下功夫。

一、深化供给侧结构性改革的总体思路

（一）根本目的是满足需求

供给和需求是对立统一的。需求是供给的动力，可以引导供给的方向和结构。供给的根本目的是满足需求。供给是满足需求的前提和基础，需要与需求的数量、结构等相适应。供给水平直接决定了需求的满足程度和水平。推进供给侧结构性改革的根本目的是满足需求，就是要通过深入细致的市场调研了解市场变化，掌握现实和潜在的需求，促进供给体系的转型升级，在解放和发展生产力的同时更好地满足人民多样化、差异化的物质文化需要。

（二）主攻方向是提高供给质量

深化供给侧结构性改革的主攻方向是提高供给质量，就是要减少低端和无效供给，扩大中高端和有效供给，提升整个供给体系的质量标准，使得供给结构与需求结构相适应。首先，要全面提高产品和服务质量标准。坚持质量第一，提高农产品、工业制成品、服务产品等领域的质量标准，提高劳动生产率，发扬工匠精神，注重品牌建设，增强核心竞争力。其次，要全面提升实体经济特别是制造业水平。加快发展先进制造业，加强技术创新以及产学研的深度融合，利用互联网、人工智能等技术提高制造业水平，在中高端消费、绿色低碳、现代供应链等领域培育新的增长点，推动产业结构优化升级，发展现代服务业，培育若干世界级的先进制造业集群。再次，加强基础设施建设。铁路、航空、电网、物流等基础设施网络是供给体系的重要组成部分，也是提高供给体系质量的基础条件。要加快形成覆盖全国的基础设施网络，提高基础设施的现代化水平，更好地满

足经济发展和人民群众的需要。最后，要充分发挥人力资本作用。要激发和保护企业家精神，培育具有国际水平的战略科技人才、创新团队，提高劳动者的知识技能，发扬创新精神、劳模精神、工匠精神，营造劳动光荣的社会风尚，调动和保护劳动者的积极性，充分发挥人力资本作用。

（三）根本途径是深化改革

故步自封就会落后。破除阻碍生产力发展的生产关系是推动社会生产力发展的内在要求。推进供给侧结构性改革的根本途径是深化改革，就是要通过完善市场经济体制、深化行政管理体制改革等破除阻碍供给结构转型升级的体制机制障碍，充分发挥市场在资源配置中的决定性作用，打破垄断，健全要素市场，在市场机制的引导下优化资源配置，推动产业结构转型升级，鼓励创新，提高劳动生产率，调动广大劳动人民的积极性和创造性，提高全要素生产率。

（四）贯彻“巩固、增强、提升、畅通”八字方针

2018 年 12 月召开的中央经济工作会议上，习近平总书记提出必须坚持以供给侧结构性改革为主线不动摇，在“巩固、增强、提升、畅通”八个字上下功夫。深化供给侧结构性改革要贯彻上述八字方针。“要巩固‘三去一降一补’成果，加大破、立、降力度，重点是继续处置‘僵尸企业’，推动更多产能过剩行业加快出清，降低全社会各类营商成本，有效减轻企业负担，加大基础设施等领域补短板力度。要增强微观主体活力，发挥企业和企业家主观能动性，加快土地等要素市场化步伐，建立公平开放透明的市场规则和法治化营商环境，破除各类要素流动壁垒，促进正向激励和优胜劣汰，发展更多优质企业。要提升产业链水平，注重利用技术创新和规模效应形成新的竞争优势，加快解决关键核心技术‘卡脖子’问题，强化工业基础能力建设，培育和发展新的产业集群，保持好全球最完整的产业体系，提升我国在全球供应链、产业链、价值链中的地位。要畅通经济循环，加快建设统一开放、竞争有序的现代市场体系，畅通生产、流通、分配、消费循环，提高金融体系服务实体经济能力，形成国内市场和生产主体、经济增长和就业扩大、金融和实体经济良性循环。”①

① 《深化供给侧结构性改革要在巩固增强提升畅通上下功夫》，《人民日报》2018 年 12 月 22 日，第 1 版。

（五）要处理好“四个关系”

一是要处理好政府和市场的关系。要使市场在资源配置中起决定性作用和更好发挥政府作用。要尊重市场规律，健全要素市场，打破行业壁垒，破除地方保护，激发市场主体活力，通过充分发挥市场机制的作用引导资源要素流向国民经济最需要的行业和部门，提高资源要素利用效率。要更好发挥政府作用，在市场失灵的领域加强管理和引导，通过改革激发市场活力，通过加强法治规范市场行为，通过制定政策引导市场预期，通过规划明确投资方向，营造公平的市场竞争环境等。

二是要处理好短期和长期的关系。既要解决好当前面临的突出矛盾和问题，保持经济的稳定增长；又要着眼于经济的长远发展，构建长效体制机制，培育增长动能，促进经济可持续发展。既要明确改革的长远目标，又要脚踏实地地立足当下，把当前的事情做好，步步为营，久久为功。供给侧结构性改革必然会在短期给相关产业带来阵痛，但不能因有阵痛就停止改革，要尽量控制和减少改革带来的阵痛，稳中求进。

三是要处理好减法和加法的关系。要做好减法，减少低端和无效供给，通过去产能、去库存、去杠杆消化过剩产能，为经济发展留出新空间。同时要做好加法，扩大中高端供给和有效供给，补齐短板，加快技术创新，发展新产业，制造新产品，培育新的增长动力。做减法要精准有度，不能“一刀切”；做加法要针对消费结构升级的方向、供给侧的短板、社会发展的瓶颈、提升经济竞争力的关键等问题集中发力，不能不分主次，一拥而上。

四是要处理好供给和需求的关系。供给和需求是市场经济内在关系的两个基本方面，二者相互影响，相互联系，对立统一。推进供给侧结构性改革要与需求侧管理相互配合，协同推进。要建立适应我国需求新变化、新特点的供给体系，推动供给结构转型升级，实现供给和需求在更高水平上的动态平衡。

二、深化供给侧结构性改革的重点

深化供给侧结构性改革，重点要在“破”“立”“降”上下功夫。

（一）破：破除无效供给，处置“僵尸企业”

要大力破除无效供给，就要消化过剩产能，为有效供给的增加腾出空间。为此，就要把处置“僵尸企业”作为主要抓手。“僵尸企业”往往长期亏损或资不抵债，生产的产品因无法适应市场的需求而卖不出去，企业的生产经营更多依靠银行贷款或政府补助而维持，占用了大量社会资源，造成资源利用效率较低。如果这样的企业不能及时转型或退出市场，不仅不能有力地消化过剩产能、降低无效供给，而且还阻碍产业结构的调整升级。处置“僵尸企业”不能“一刀切”，要甄别企业的类型，分类施策、多措并举。要充分发挥市场机制的作用，让“僵尸企业”在市场竞争中优胜劣汰，淘汰产能落后、产品无法满足市场需求、长期无法赢利的企业，保留市场仍有需求、环保达标的部分企业。具体来说，一是要鼓励“僵尸企业”的升级改造。在淘汰落后产能的同时，鼓励部分企业通过把握需求新特点独立自主推进产业升级或与新产业兼并重组提高有效供给能力。二是要鼓励收购兼并。收购兼并并不是企业间的简单合并。产业老化企业间的简单合并可能有助于亏损企业摆脱眼前的困境，但并不能从根本上解决问题。这类企业如果不能实现产业的转型升级，最终逃脱不了被市场淘汰的命运。鼓励收购兼并是要鼓励拥有先进产业的企业根据自身需求收购兼并产业老化企业，在推动产业升级的同时，扩大生产规模，也减少了企业退出市场造成的社会冲击。三是完善社会保障和就业培训机制。在产业转型升级，企业退出市场、收购兼并等过程中会产生大量失业人员。政府要完善社会保障制度，保证失业人员的基本生活。同时，还要对失业人员进行就业培训，提高其工作技能和业务素质，引导其适应新产业的需求，帮助其再就业。

（二）立：培育新动能，推动产业转型升级

破除无效供给、淘汰落后产能只是为扩大有效供给腾出了空间，要真正扩大有效供给就需要有“破”有“立”，培育新动能，推动产业转型升级。要大力培育新动能，鼓励技术创新，推动产学研深度融合，推进军民融合，促进人工智能、新材料、高端装备等关键技术的产业化，提高企业的核心竞争力，培育一批有创新能力的排头兵企业。促进实体经济特别是制造业的转型升级，将“互联网+”、大数据技术、智能制造等技术与工业制造深度融合起来，推动绿色经济、共享经济的发展，按照国际标准提

高产品质量，提高制造业的科技水平和国际竞争力。政府要健全要素市场，消除行业壁垒，降低交通、医疗等行业的准入门槛，营造良好的创新环境和产业转型升级环境，使得土地、资金、劳动力等生产要素从传统产业向新的、先进的产业通畅流动。激发微观经济主体活力，通过市场激励引导微观经济主体将更多资源投入研发、先进技术引进、管理模式创新、科技和管理人才培养等方面，推动生产要素进行革命性重组，实现产业转型升级，创造新供给，扩大有效供给。

（三）降：降低实体经济成本

降成本可以提高投资的回报率，可以激发企业生产的热情，有利于企业将更多的资源投入研发创新中，有利于创造新供给、培育新动能。大力降低实体经济成本，首先，要切实降低企业负担。通过技术创新和管理模式创新提高生产经营效率，降低企业生产成本和经营成本；通过土地制度改革，提高土地供给的效率，降低企业用地成本；通过深化电力、石油、天然气等行业改革，降低各种资源要素使用成本；通过建立现代化综合交通运输体系，降低企业的物流成本；通过金融创新，降低企业资金使用成本；通过用工制度的改革，调动劳动者的积极性和创造性，降低企业人力资源的成本。另外，还要继续清理涉企收费，整治对企业的乱收费问题等。其次，要降低制度性交易成本。进一步简政放权，除了在关系国计民生、经济社会稳定的领域保留在资格认证、项目审批、定价权控制等方面的必要行政管制外，充分发挥市场的决定性作用。加快实现政务信息的共享，建立现代化的服务型政府，利用大数据、网格化管理技术实现对企业的必要监管，从而降低制度性交易成本。最后，要降低垄断性资源和服务的供给成本。打破行业垄断，可以有效地降低实体经济的成本。国家对石油、天然气、煤电、自来水、铁路、银行等关系国计民生、经济社会稳定的战略性产业进行控制是合理的。其他的产业则要打破垄断，放开市场限制，引入竞争机制，甚至在个别价格垄断的行业不惜拆分新设企业，在推动这些产业不断提高产品服务质量的同时降低价格，从而降低这些资源和服务的供给成本。

第三节　深化供给侧结构性改革的主要任务

深化供给侧结构性改革要振兴实体经济，深入推进“三去一降一补”，深入推进农业供给侧结构性改革，促进房地产市场平稳健康发展。

一、振兴实体经济

实体经济是国民经济的基础，是经济社会发展的物质技术支撑。发展实体经济是提高我国综合国力的必由之路，是促进我国经济健康稳定发展、抵御各种风险的根本保障，是构建现代化经济体系的基石。习近平总书记指出：“不论经济发展到什么时候，实体经济都是我国经济发展、我们在国际经济竞争中赢得主动的根基。我国经济是靠实体经济起家的，也要靠实体经济走向未来。”① 同时他还指出：“振兴实体经济是供给侧结构性改革的主要任务，供给侧结构性改革要向振兴实体经济发力、聚力。”②

（一）推动产业结构优化升级

目前，我国产业大多处于全球价值链的中低端，产品技术含量低，价格低，附加值低。技术含量较高、附加值较高的产品则大量依赖进口。例如：尽管我国钢铁生产总量位居世界第一，但是高档钢材和许多特种钢材却严重依赖进口。大量关键技术受制于人，许多核心零部件需要进口。总的来说，我国低端产能严重过剩，高端产能却明显不足，产业结构亟须调整升级。

推动产业结构优化升级，首先，要消化、转移过剩产能。要处置“僵尸企业”，淘汰落后产能。要有规划地将部分富余的产能转移到国外市场，满足国际市场的低端需求。同时还要保障国内市场供应，保留部分支撑我国国内经济社会发展的必要产能。其次，要大力发展先进制造业。目前，我国是全球制造业第一大国，纺织业、电力设备、交通工具等行业的规模名列世界第一。但是我国制造业大而不强，在高端数控机床、芯片、航空发动机、汽车发动机、高精密度医疗器械等体现一国制造业竞争能力的领域严重依赖进口。因此，我国要大力发展先进制造业，不断吸收电子信息

① 习近平：《论坚持全面深化改革》，中央文献出版社，2018，第 305-306 页。

② 同上书，第 305 页。

技术、人工智能、精密设备、新型材料等方面的高科技成果，实现生产的信息化、智能化、柔性化，提高制造业技术含量和质量水平，构建符合制造业未来发展方向的新型制造体系。再次，要支持战略性新兴产业发展。通过产业政策引导、金融支持等方式培育一批战略性产业，促进新一代信息通信技术、机器人、3D 打印、高端装备制造、航空航天装备、海洋工程装备、新能源汽车、新材料、生物医药、高性能医疗器械等产业的发展壮大。通过推动新兴产业的发展，培育新的经济增长动能，增强我国产业竞争优势，抢占未来产业发展的制高点。最后，要加快发展现代服务业。要放宽市场准入，促进服务业优质高效发展。运用现代技术改造升级传统服务业。促进现代物流业、科研技术服务业、信息服务业、金融保险业、商务服务业等生产性服务业和新兴服务业的发展，推动生产性服务业向专业化、精细化、高品质发展，更好地为实体经济服务。

（二）全面提高产品和服务质量

全面提高产品和服务质量是增加中高端供给和有效供给的中心任务。我国低端产能严重过剩，中高端产能却供不应求。生产的钢铁、煤炭等库存积压严重，芯片、先进医疗设备、高精仪器等产品却大量依赖进口，甚至奶粉、尿不湿、马桶盖等日常用品也需要从国外代购。因此，只有全面提高我国产品和服务的质量，才能满足人民日益增长的物质文化需要，才能适应人民高品质、多样化、差异化的需求。要树立质量第一的理念，提高质量，用质量优势来弥补我国因人口红利逐渐消失、资源环境约束增强造成的生产成本上升的劣势。要全面加强质量管理，制定严格的质量标准，加强知识产权的保护，营造公平竞争的市场环境，遏制通过降低产品质量打价格战的恶性竞争。要引导企业突出主业，加强技术创新和管理模式创新，加强品牌建设、企业文化建设，发扬工匠精神，形成自己独特的核心竞争力，培育更多的“百年老店”。

（三）加强创新

创新是一个民族兴旺发达的不竭动力，也是实体经济发展的制胜法宝。马克思认为，商品生产者只有使自己的个别劳动时间低于社会必要劳动时间才能获得利润，这是大众创新的不竭动力。创新是有效降低企业自身个别劳动时间的重要途径，可以有效地提高企业的效益和市场竞争力。大众创新则可以提升整个产业甚至整个国家的生产效率和竞争力。马克思还认为，复杂劳动是加倍的简单劳动，复杂劳动因创造了比简单劳动更多的价值而获得更多的报酬。拥有更多技能、特殊管理才能的复杂劳动者通过加强创新，创造出满足市场需求的新产品和新技术而获得更高的报酬。马克思认为市场竞争也是技术创新的重要推动力量。在《雇佣劳动与资本》一文中，他指出："只有在自己更便宜地出卖商品的情况下……可是，要能够更便宜地出卖而又不破产，他就必须更便宜地进行生产，就是说，必须尽量提高劳动的生产力。……更全面地应用和经常地改进机器。内部实行分工的工人大军越庞大，应用机器的规模越广大，生产费用相对地就越迅速缩减，劳动就更有效率。因此……他们竭力设法扩大分工和增加机器，并尽可能大规模地使用机器。"①可见，企业要在市场竞争中获得有利地位，就需要"全面地应用和经常地改进机器"，这就促进了技术创新。实际上，企业加强创新，采用先进的技术、机器设备和管理模式，可以大大提高要素的生产效率，提高产品的质量，降低生产成本，从而在市场竞争中获得优势地位。同时，随着消费者收入水平、生活水平的提高，其需求也呈现出多样化的特征。激烈的市场竞争使得企业要占有更高的市场份额、获得更多的收益，就必须采用新技术、新方法、新工艺、新机器来生产出满足消费需求的多样化、差异化的产品。正如马克思所说："采用机器的直接结果是，增加了剩余价值，同时也增加了体现这些剩余价值的产品量……社会产品中有较大的部分变成剩余产品，而剩余产品中又有较大的部分以精致和多样的形式再生产出来和消费掉。"②"卡尔·马克思在1867年惊奇地了解到：在英国伯明翰就生产五百种不同的锤子，而且每一种都将在工业或手工业生产中派上不同的用场。"③可见，创新使得企业在获得高额回报的同时也满足了人民日益增长的物质文化需要，提高了人民的生活质量。

加强创新，一是要持续加强整个社会的基础研究。针对我国全社会研发经费投入、公共教育支出明显低于发达国家的现状，要持续增加研发经费投入和公共教育支出。国家要加大基础研究的投入力度，加快建设国家

---

① 中共中央马克思恩格斯列宁斯大林著作编译局编《马克思恩格斯选集》第一卷，人民出版社，2012，第352页。

② 中共中央马克思恩格斯列宁斯大林著作编译局编《马克思恩格斯全集》第二十三卷，人民出版社，1972，第487页。

③ 乔治·巴萨拉：《技术发展简史》，复旦大学出版社，2000，第2页。

实验室，依托高校、科研院所、企业建设一批国家科技创新中心，建设创新型城市和区域创新研究中心，加快推动先进科学技术转化为现实的生产力，以市场为导向建设产学研相结合的技术创新体系，为实体经济发展提供原始创新能力。二是要鼓励企业自主创新。充分调动企业创新的主动性、积极性，引导企业根据市场需求采用新技术、新方法、新工艺，生产新产品，提高产品质量，利用新技术新业态对传统产业进行改造提升，促进产业向中高端迈进。三是要加大人力资本投入。加大包括基础教育、高等教育、职业教育的投入，培育高素质人才队伍，为产业转型升级、建设创新型国家提供人才保障。四是要营造鼓励创新的市场环境。与其他的生产投资活动相比，创新活动往往需要的投资更多，周期也更长，风险更大。政府要为创新活动营造公平、稳定、可预期的市场环境，加强知识产权的保护，为创新活动提供金融支持，针对创新活动给予一定的财政补贴和税收优惠，推动创新成果较快转化为现实生产力，为科研人员提供较好生活保障等。

（四）利用好国际国内两个市场、两种资源

随着经济全球化的不断深入，世界各国经济已经深度融合在一起，每个国家都受到其他国家的影响，可谓你中有我，我中有你，一损俱损，一荣俱荣。我国要振兴实体经济，就要利用好国际国内两个市场、两种资源。一方面，要利用好国际资源，引进国际先进技术和管理经验，推动我国产业转型升级，融入全球供给体系，努力在国际分工中占据更加有利的地位，通过海外并购重组等方式提高我国产业核心竞争力，推动价值链从低端向中高端延伸，满足全球市场需求。另一方面，要利用好国内资源，处理好原始创新和引进消化吸收再创新的关系，根据国内需要引进国外技术，海外并购重组要突出技术、品牌、市场，强调实体经济领域的合作。

（五）加快转变外贸发展方式

要提高我国对外贸易的综合竞争力。要改善贸易结构，提高我国一般贸易和加工贸易的质量和水平。鼓励出口，妥善应对各种贸易摩擦。创造公平、稳定、法治化的市场营商环境，吸引外资，引进先进技术，引进高科技创新人才，让外资企业在促进我国实体经济发展中发挥重要作用。

（六）优化产业组织

营造公平竞争、法治化的市场营商环境，促进企业的优胜劣汰，淘汰生产技术落后、经营管理不善的企业。提高企业素质，引导企业专注于提高自身的核心竞争力。大企业具有资金雄厚、技术积累较多等特点，要充分发挥大企业在关键技术突破、战略产品生产、保障国计民生等方面的支柱作用。中小微企业较为灵活，要发挥中小微企业在产品创新、管理模式创新等方面的优势。总之，要形成大中小企业各司其职、专业化分工、协同发展的网络体系，建立完整高效的产业供应链。

二、深入推进“三去一降一补”

深入推进“三去一降一补”是深化供给侧结构性改革的重要任务。习近平总书记曾指出：“推进供给侧结构性改革，要从生产端入手，重点是促进产能过剩有效化解，促进产业优化重组，降低企业成本，发展战略性新兴产业和现代服务业，增加公共产品和服务供给，提高供给结构对需求变化的适应性和灵活性。简言之，就是去产能、去库存、去杠杆、降成本、补短板。”①

（一）去产能

去产能主要是解决产能过剩问题，关键是处置“僵尸企业”。现阶段，我国“僵尸企业”主要分布在钢铁、煤炭、电解铝等产能严重过剩的行业，少部分分布在光伏、风电等产能相对过剩的行业，还有一部分分布在诸如自行车等处于生命衰退期的行业。“僵尸企业”自身赢利能力很低，需要国家“输血”才能生存，占用了大量的社会资源，降低了资源的使用效率。“僵尸企业”的大量存在加剧了产能过剩，同时因其获得了大量补贴、低息信贷，导致对其他企业的不公平。“僵尸企业”往往背负大量债务，却缺乏偿债能力，大大增加了银行的不良贷款，提高了金融风险。深入推进去产能，就要以处置“僵尸企业”为主要抓手，严格执行环保、能耗、质量、安全等方面的相关法律法规和标准，清退不符合标准的企业，鼓励企业的兼并重组，加大对产业集中度不高、同质化竞争突出行业或产业的联合重组和资源整合，引导行业中的优质企业兼并“僵尸企业”，从而达到既消化过剩产能又扩大优质企业生产规模的效果，保障产权、股权交易的有序进行，妥善做好企业债务处置和人员安置工作。要在防止已经

① 习近平：《论坚持全面深化改革》，中央文献出版社，2018，第 243 页。

消化的过剩产能死灰复燃的同时做好其他产能过剩严重的行业的去产能工作。另外，要充分发挥中央部门、地方政府、企业、金融机构各方的作用，尤其是金融机构要针对不同类型的企业执行差别化的信贷政策，有保有压，淘汰过剩产能。

（二）去库存

去库存主要针对房地产市场，要分类施策，因城市地区的不同采取不同的政策，重点是要解决三四线城市房地产库存过多的问题。一是要把去库存与人口城镇化结合起来。城镇化是一个国家社会生产力发展的必然产物，是伴随着产业结构由农业为主向非农业为主调整转型而产生的。随着我国农业占国民经济比重的持续降低以及工业、服务业等产业占国民经济比重的持续提高，我国的城镇化进程很早就已经开启。2019 年，我国城镇化率已经超过 60%，但离发达国家城镇化率达到 80% 以上的标准还有很大差距。2020 年，我国制定了实现一亿农业转移人口的市民化目标，做好相关人员的落户工作。以此为契机，把户籍制度改革和住房制度改革结合起来，推动三四线城市和特大城市间公路、铁路等基础设施的互联互通，提高三四线城市的医疗卫生、教育等公共服务水平，吸引农业转移人口扎根三四线城市。二是把去库存与产业结构调整结合起来。抓住当前我国推进产业结构转型升级的机遇，引导因一二线城市成本过高而需要战略转移的产业、企业以及其他适宜的产业、企业落户三四线城市，使在三四线城市购房的人员可以就业，可以在城市长期定居，形成去库存与推动产业结构转型升级、促进当地经济发展的良性循环。三是满足市民住房需求。扩大有效需求，消化库存。发展租赁市场，将公租房扩大到非户籍人口。去库存的同时做好棚户区改造，避免重复建设。

（三）去杠杆

去杠杆就是要降低我国目前较高的杠杆率，从而防范和化解金融风险。杠杆率是指总资产与净资产的比率。净资产则是总资产减去总负债的那部分资产。资产负债率是与杠杆率成正比的。资产负债率越高，杠杆率就越高。中国人民银行的统计数据显示，2018 年末，我国宏观杠杆率水平为 249.4%，尽管比 2017 年末下降 1.5 个百分点，但是仍处于较高水平，政府、企业债务居高不下。去杠杆，就要在控制总杠杆率的前提下，重点降低企业的杠杆率。要加大股权融资的力度，根据市场需求合法合规地推进债转股，通过出售、转让、租赁等方式盘活企业闲置资产，加强企业自身债务杠杆的预算约束。2016 年 10 月，国务院发布了《关于积极稳妥降低企业杠杆率的意见》，要求以市场化、法治化方式开展债转股，由银行、实施机构和企业依据国家政策导向自主协商确定转股对象、转股债权以及转股价格和条件，实施机构市场化筹集债转股所需资金，并多渠道、多方式实现股权市场化退出，同时鼓励面向发展前景良好但遇到困难的优质企业开展市场化债转股。针对地方政府债务风险加大的问题，规范政府的举债行为，控制地方政府债务的过快增长。此外，还要加强对金融机构产品创新的监管，避免过度授信，限制对高杠杆企业的贷款，将企业杠杆率控制在合理水平。

（四）降成本

降成本主要是要在减税、降费、降低要素成本等方面加大力度。加大现有减税降费力度，起到放水养鱼的效果。通过深化能源体制改革、用工制度改革，建立现代化交通物流体系，加强金融创新等降低企业用能成本、用工成本、物流成本、融资成本等。降低各类交易成本特别是制度性交易成本，减少审批环节，降低各类中介评估费用。

（五）补短板

供给侧结构性改革需要补齐短板。补短板“不仅要增加经济总量，还要经济的更高质量、更有效率、更加公平、更可持续、更为安全。这就意味着补短板是我国经济从量到质的全面提升，是经济社会质的根本性变化”①。补短板，“要从严重制约经济社会发展的重要领域和关键环节、从人民群众迫切需要解决的突出问题着手，既补硬短板也补软短板，既补发展短板也补制度短板”②。既要通过增加投入、加强创新来弥补生产能力、技术手段等方面的不足，又要通过营造透明、公平、开放、竞争有序的市场环境，增强市场运行的法治化来弥补发展环境、产权保护等方面的不足；既要通过培育新业态、引进新技术、采用先进管理模式等弥补产业结构、生产效率方面的不足，还要通过健全社会主义市场经济制度体系来弥补制度供给方面的不足。结合实施“十四五”规划，“重点在提升人力资本水平、增强公共服务能力、突破关键共性技术、支持企业技术改造、加强基

① 黄泰岩：《补短板的政治经济学分析》，《光明日报》2016 年 4 月 27 日，第 15 版。

② 习近平：《论坚持全面深化改革》，中央文献出版社，2018，第 302 页。

础设施薄弱环节、加强生态环境保护等方面加大工作力度，重视通过补短板促进服务业发展，满足广大人民群众多样化需求”①。

三、深入推进农业供给侧结构性改革

一直以来，我国都是农业大国，我国的改革也是从农村起步的。农村、农业、农民问题是关系到我国发展和稳定的重大问题。“中国要强，农业必须强；中国要美，农村必须美；中国要富，农民必须富。农业基础稳固，农村和谐稳定，农民安居乐业，整个大局就有保障，各项工作都会比较主动。”②解决好“三农”问题也是党和国家工作的重中之重。

新中国成立以来，我国在农村改革的伟大实践中形成了以家庭承包经营为基础、统分结合的双层经营体制，推动了农村、农业的长足发展，农业生产、农村面貌、农民的生活都发生了翻天覆地的变化。首先，我国农业综合生产能力显著增强。我国粮食总产量不断增加，用不到世界 9% 的耕地养活了世界近 20% 的人口，确保了国家的粮食安全。粮食生产的压舱石作用得到充分发挥。2018 年，我国粮食总产量达到 13 158 亿斤（65 789 万吨），比 1949 年增长了 4.8 倍，年均增长 2.6%③。我国经济作物的产量也大幅增长。2018 年，我国棉花、油料、糖料产量分别为 610 万吨、3 433 万吨、11 937 万吨，分别比 1949 年增长了 12.7 倍、12.4 倍、41.1 倍④。此外，我国林业、畜牧业、渔业等产业均健康繁荣发展，极大丰富了人民的物质生活。据国家林业和草原局统计，2018 年，我国木材产量达 8 811 万立方米，比 1952 年增长 6.1 倍，年均增长 3.0%⑤；我国的森林覆盖率从中华人民共和国成立初的 9% 提高到 2018 年的 22.96%；我国猪牛羊肉的产量从 1952 年的 339 万吨增加到 2018 年的 6 523 万吨，增长了 18.3 倍⑥；2018 年，全国水产品产量达 6 458 万吨，比 1949 年增长 143 倍，年均增长 7.5%⑦。其次，我国农业结构不断优化。2018 年，我国农业产值

① 习近平：《论坚持全面深化改革》，中央文献出版社，2018，第 302 页。
② 同上书，第 257-258 页。
③ 数据来源：国家统计局。
④ 同上。
⑤ 数据来源：国家林业和草原局。
⑥ 数据来源：国家统计局。
⑦ 同上。

占农林牧渔四个产业生产总值的 57.1%，林业、畜牧业和渔业产值则分别占到 5.0%、26.6%、11.3%，1952 年农林牧渔的产值占比分别为 85.9%、1.6%、11.2% 和 1.3%，现在的产业结构更为合理[①]；农业发展由增产向提质转变，由传统以种植业为主向农林牧渔全面发展的现代农业转变；农业生产的区域布局不断优化，不同农产品逐渐形成了各自的优势主产区，例如小麦的主产区在河南、山东、安徽、河北等地，棉花的主产区在新疆，糖料的主产区在广西、广东、云南等地，形成了品牌效应；农产品的品种不断增加，绿色的优质农产品快速发展。再次，我国农业生产技术和科技水平显著提高。科教兴农战略得以贯彻落实，大量先进生物技术、信息技术等应用到农业生产中，机械化水平不断提高。据统计，2018 年，我国农业机械总动力达到 10.0 亿千瓦，农作物耕种收综合机械化率超过 67%[②]。从次，我国农业基础设施建设明显改善。农田水利大量兴建，农田灌溉条件得到明显改善。据水利部统计，2018 年我国耕地灌溉面积为 10.2 亿亩（1 亩约合 667 平方米，下同），比 1952 年增长 2.4 倍，年均增长 1.9%。最后，农业生产方式发生深刻变革。规模经营快速发展。根据第三次全国农业普查结果，2016 年耕地规模化（南方省份 50 亩以上、北方省份 100 亩以上）耕种面积占全部实际耕地耕种面积的比重为 28.6%。农民专业合作社、家庭农场等新兴经营主体大量涌现。据统计，2018 年底，我国农民专业合作社注册数量为 217 万个，家庭农场为 60 万个[③]。设施农业、无土栽培、观光农业等新兴农业生产模式快速发展。同时，我国农业发展也面临着诸多问题。例如：农民整体素质偏低、农业产业化水平不高、农业科技水平有待进一步提高、农产品市场有待进一步健全、农产品销售困难等。

总的来说，目前我国农业发展的根本问题不是总量不足的问题，而是结构性矛盾问题。推进农业供给侧结构性改革就要解决农业发展中的结构性矛盾，满足人民群众对于“吃得安心，吃得放心”的需求。一是要提高农产品质量。推动质量兴农，推进农产品的标准化生产，增强品牌意识，加强质量安全的监管。大力发展绿色农业、精致农业，打造一批管理规范、效应突出、特色明显、产品质量过硬的标准化、生态化、高效化的农

① 数据来源：国家统计局。

② 同上。

③ 同上。

业生产基地，满足人民群众对于绿色、无公害农产品的需求。二是要优化农业供给政策。完善粮食等重要农产品的价格形成机制和收储制度，要充分发挥市场在粮食等重要农产品价格形成过程中的决定性作用，以市场定价，实行价补分离，防止谷贱伤农。完善农业补贴制度，进一步扩大农民直接补贴的规模和范围，提高补贴政策的针对性和精准性，实施“绿箱”政策，补贴向农业高新技术的推广、增收增效作用明显的生产环节、农民科技培训、改善生产条件、生态保护等方面倾斜，促进农业增产、农民增收。鼓励发展适度的规模生产，根据农田自然条件、农业劳动力、农业技术装备水平、农业社会化服务等方面的特点发展适度的规模生产，提高资源利用效率，打造品牌。培育农民专业合作社、家庭农场等新型农业经营主体和服务主体。三是改革农村产权制度。通过清产核资，明晰农村集体产权归属，赋予农民更加充分的财产权利。坚持用途管制、分类管理的原则，统筹推进农村土地征收、集体经营性建设用地入市、宅基地制度改革试点。四是调整农业产业结构。抓住目前我国粮食供给比较充足的有利时机，调整农业产业结构，推行绿色生产方式，保护农村环境，加大退耕还林还湖还草的力度。发展乡村旅游业、休闲农业等新产业新业态。推动农业的产业化，促进农产品初级加工、精深加工、综合利用加工的协调发展，延伸农业产业链，打造集种植养殖、产品研发、加工、仓储、贸易为一体的完整产业链。五是充分发挥农民的主体作用。充分尊重农民的意愿和经营自主权，调动农民生产的主动性和积极性。通过培训等提高农民的素质，鼓励大学生、退伍军人、科研工作者从事农业生产，培育农村新型职业农民。

四、促进房地产市场平稳健康发展

“房子是用来住的，不是用来炒的。”解决好房地产问题，就要让住房回归居住的属性。一是要建立促进房地产市场平稳健康发展的制度体系和长效机制。要从我国的国情出发，遵循市场规律，建立起可以保障房地产市场平稳健康发展的长效机制和较为完善的制度体系，综合运用财政、金融、土地、投资、立法等手段抑制房地产泡沫，防止房价大起大落，降低金融风险，维护社会稳定。二是要增强信贷政策的指向性。宏观上，要避免因货币环境过于宽松而形成资产泡沫。微观上，要甄别自住购房和投机性购房，通过信贷保障合理的自住购房，严格限制向投机性购房授信。探索住房公积金制度的改革，满足居民自住房的需求。三是要落实人地挂钩政策。因城施策，根据不同地方人口流动的情况分配建设用地指标。人口过多、房价过高的特大型城市要疏解部分城市功能，通过建起快捷方便的城市轨道交通，推进医疗卫生、教育等公共服务均等化等措施引导人口向周边城市迁移。房价上涨压力较大的城市要合理增加土地供应，适当提高住宅用地比例，盘活城市闲置和低效用地。四是加快房地产税立法。借鉴国际经验，探索针对住房持有环节征收房地产税，提高住房持有的成本，打击投机性购房，平衡房产供给和需求。五是发展完善住房租赁市场。培育发展住房租赁市场，加快住房租赁市场立法，规范租赁市场的运行，加快机构化、规模化租赁企业的发展。六是加强住房市场的监管。出台相应制度规范开发、销售、中介等行为，严厉打击各种违法违规行为，保证住房市场的健康稳定有序。

第三章　加快建设创新型国家

科技兴则国家兴，科技强则国家强。在世界新一轮科技革命和产业变革同我国转变发展方式的历史性交汇期，抓住千载难逢的历史机遇，“要强盛、要复兴，就一定要大力发展科学技术，努力成为世界主要科学中心和创新高地”①。同时，科技创新能力是经济体系的质量和竞争力的决定因素。现代化经济体系是以创新作为支撑的经济体系。建设现代化经济体系，就要落实党的十九大部署的“加快建设创新型国家”战略安排，让创新成为引领发展的第一动力，提供高质量的科技供给，支撑现代化经济体系建设。

第一节　加快建设创新型国家的重大意义

一、建设创新型国家的理论渊源

（一）国外创新相关理论

1. *创新经济学理论*

对创新的研究始于美国经济学家约瑟夫·熊彼特。他在 1912 年德文版《经济发展理论》一书中提出，创新就是建立一种新的生产函数，把一种从来没有过的生产要素的新组合引入生产体系，具体表现为五种创新模式，包括新产品、新生产方式、新市场、新材料及其来源和新组织形式。熊彼特认为创新是经济增长的内生因素，是一种本源驱动力，并且特别强调了人（尤其是企业家）在创新中的作用。

熊彼特之后，一些研究创新的经济学家提出了许多技术创新模型，其先后经历了技术推动、市场需求拉动、技术与市场交互、技术创新一体化以及网络模式等五代模型。然而，单纯的技术创新或单纯的制度创新研究都不能有效解释创新过程。创新过程实际上是一个系统的过程，系统中各

---

① 习近平：《努力成为世界主要科学中心和创新高地》，《求是》2021 年第 6 期。

个要素之间非但不是线性关系，而且还存在着互动的作用。正是考虑到创新过程中的复杂性和各要素之间的互动性，“国家创新体系”的概念应运而生。这个概念首先是由英国经济学家弗里曼于 1987 年在《技术和经济运行：来自日本的经验》中提出的。他侧重于分析技术创新与国家经济发展实绩之间的关系，特别强调国家专有因素对于一国经济发展实绩的影响。他把国家创新体系明确定义为：由公共和私人部门机构组织的网络，它们的活动和相互作用促成、引进、改变和扩散了各种新技术。弗里曼特别强调四个基本要素的作用：①企业研究与开发，尤其是在技术引进基础上的技术创新的重要作用；②教育和培训，尤其是对就业工人的培训和教育的重要作用；③独特的产业结构的作用；④政府干涉的作用。他还强调在剧烈的技术变革的情况下，将技术创新与组织创新和社会创新结合起来的必要性。他认为，创新的成功和失败取决于国家调整其社会经济规范以适应技术经济范式的要求和可能性的能力。此后美国学者纳尔逊、佩特尔和帕维蒂，丹麦学者伦德瓦尔等诸多学者也对此进行了研究。其中最具影响力的是经济合作与发展组织（OECD）提出的国家创新体系的核心问题——知识流动，而且这种知识流动可以分为企业之间相互作用、公私相互作用、知识和技术扩散、不同部门之间的人员交流四类，国家创新体系的计量与评估也是以这四种类型的知识流动为核心的[①]。

2. *科技创新与经济发展理论*

20 世纪中期以后，国外经济学者开始关注创新在经济增长、经济发展中的作用。1957 年索洛开始将技术进步引入经济增长模型，估算结果表明，在劳动和资本投入之外，全要素生产率对经济增长具有较大贡献，技术进步是推动经济增长的重要因素[②]。然而，早期的经济增长理论都将技术进步视为经济增长的外生变量，无法解释区域经济增长率的差异现象等。20 世纪中后期，新经济增长理论将知识作为与劳动和资本并列的生产投入进行分析。80 年代以后，以罗默为代表的学者们主张的内生经济增长理论开始将科技进步内生化。他们探讨了经济发展与不平等、失业、资本积累、国际贸易、经济周期等问题，主张发展中国家的经济增长不仅要依赖

---

① OECD，*National Innovation Systems*（Paris：OECD Publications，1997）.

② Robert M. Solow，“Technical Change and the Aggregate Production Function”，*The Review of Economics and Statistics* 39，no. 3（1957）：312-320.

劳动力和资本的增长，还要重视研发和教育以促进技术进步。虽然新经济增长理论和内生经济增长理论都将知识、技术、创新作为经济增长的内生变量，但是它们在整个理论分析框架中仍然是“黑箱”状态，这些理论没有完全解释清楚创新推动经济增长的机制机理，也没有关注到不同国家经济增长的特性。美国学者迈克尔·波特在1990年提出了“创新型国家”这个概念。他认为创新导向型经济是一个国家经济发展的重要阶段，处于创新导向型经济发展阶段的国家就是创新型国家。

3. 制度创新经济学理论

20世纪70年代，学者们开始将制度因素纳入经济增长的研究框架，并形成制度创新经济学。美国的制度经济学家兰斯·戴维斯（Lance E. Davis）和道格拉斯·C. 诺思（Douglass C. North）在1971年出版的《制度变迁与美国经济增长》一书中提出制度创新理论，运用“制度创新”来解释美国的经济增长。他们认为，所谓“制度创新”是指经济的组织形式或经营管理方式的革新，是制度失衡与制度均衡的交替变化过程。因为存在着一定的时滞，制度创新需要有一个相当长的渐进的过程。其后，尼尔森（Nelson）等归纳了世界经济发展中有利于技术创新的根本性或重大制度变化。为了进一步探讨制度创新的动力、机理和模式，制度变迁理论进入学者的讨论范畴。诺思提出制度变迁路径的力量来自不完全市场和报酬递增两个方面，并且引入技术变迁“路径依赖”的分析方法。

（二）马克思主义创新型国家的理论溯源

早在熊彼特之前，马克思就已经探讨了技术进步对经济活动的巨大推动作用。他以唯物史观与唯物辩证法为方法论，研究人类社会发展规律。“科学技术是生产力”是马克思的一个基本观点，他认为科学技术推动了生产力的发展，肯定了资产阶级应用科学技术发展生产力，他指出“自然力的征服，机器的采用，化学在工业和农业中的应用，轮船的行驶，铁路的通行，电报的使用，整个整个大陆的开垦，河川的通航，仿佛用法术从地下呼唤出来的大量人口——过去哪一个世纪料想到在社会劳动里蕴藏有这样的生产力呢？”[①]科学技术进步推动生产力的发展也引起了生产关系的变革。如果能够通过对生产关系的调整让生产力与生产关系相适应，社会

① 中共中央马克思恩格斯列宁斯大林著作编译局编译《马克思恩格斯选集》第一卷，人民出版社，2012，第405页。

就可以保持稳定发展。马克思在《共产党宣言》中明确指出“资产阶级除非对生产工具，从而对生产关系，从而对全部社会关系不断地进行革命，否则就不能生存下去”[①]。如果不能通过调整生产关系而让其与生产力相适应，就只能通过革命用新的生产关系取代旧的生产关系。马克思在其著作《资本论》中详尽地阐释了资本主义经济运行规律，具体分析了资本进行科技创新的内在动力机制和内在机理。在《机器、自然力和科学的应用》一文中，他提出了以科技进步为中心的综合创新理论。

中国共产党坚持并发展了马克思“科学技术是生产力”的基本观点。改革开放之初，邓小平同志总结了第二次世界大战以来的世界发展趋势，判断“和平与发展”已经成为时代主题，面对中西方的巨大差距，明确指出“社会生产力有这样巨大的发展，劳动生产率有这样大幅度的提高，靠的是什么？最主要的是靠科学的力量、技术的力量”[②]。1978 年，邓小平同志在全国科学技术大会上指出，四个现代化的关键是科学技术的现代化，并提出了“科学技术是生产力”的著名论断。1988 年 9 月，邓小平同志站在时代高度对科学技术重新定位，他指出：“马克思讲过科学技术是生产力，这是非常正确的，现在看来这样说可能不够，恐怕是第一生产力。”[③]“科学技术是第一生产力”的重要论断特别突出强调了科学技术在现代生产力发展中的重要地位和作用。20 世纪 90 年代，面对新科技革命和快速发展的知识经济，以江泽民同志为核心的第三代中央领导集体，坚持并发展了“科学技术是第一生产力”的重要论断。江泽民同志在 1995 年的全国科技大会上提出了科教兴国战略，并指出“创新是一个民族进步的灵魂，是一个国家兴旺发达的不竭动力”。新世纪以后，面对日益汹涌澎湃的科技革命，数字信息时代的到来，科技创新的复杂性、重要性日益凸显。2006 年胡锦涛同志以《坚持走中国特色自主创新道路 为建设创新型国家而努力奋斗》为题在全国科学技术大会上作报告，正式对建设创新型国家进行了全面阐述。2007 年，党的十七大报告更进一步论述了建设创新型国家的重大意义，将其提升到国家战略的高度。

---

① 中共中央马克思恩格斯列宁斯大林著作编译局编译《马克思恩格斯选集》第一卷，人民出版社，2012，第 403 页。

② 邓小平：《邓小平文选》第二卷，人民出版社，1994，第 87 页。

③ 邓小平：《邓小平文选》第三卷，人民出版社，1993，第 275 页。

随着我国经济进入新常态，由高速增长转向高质量发展，在转变发展方式、优化经济结构、转换增长动力的关键时期，党的十九大明确部署“加快建设创新型国家”，提出“创新是引领发展的第一动力，是建设现代化经济体系的战略支撑”。党的十九届五中全会明确强调“坚持创新在我国现代化建设全局中的核心地位，把科技自立自强作为国家发展的战略支撑”，不仅对科技创新进行专章部署，而且第一次将其放在了“十四五”规划任务的首位。2021 年 3 月，习近平总书记在《求是》杂志发表文章明确指出：“我们比历史上任何时期都更接近中华民族伟大复兴的目标，我们比历史上任何时期都更需要建设世界科技强国！”①

二、建设创新型国家的历史溯源

（一）我国科技强国建设历程

创新是一个民族进步的灵魂，是一个国家兴旺发达的不竭动力。中国共产党一直高度重视发展科技事业，新中国成立后更是领导科技工作者书写了一部波澜壮阔的科技创新发展史。习近平总书记在两院院士大会中国科协第十次全国代表大会的重要讲话中总结到：“在革命、建设、改革各个历史时期，我们党都高度重视科技事业，科技事业在党和人民事业中始终具有十分重要的战略地位、发挥了十分重要的战略作用。”②

作为四大文明古国之一，中国曾经创造了辉煌的科技成就，也认识到了科技进步对于经济发展和社会进步的重要作用。在革命年代，中国共产党早期领导人都认识到了这一点，高度重视发展科学技术。毛泽东同志把科技看成是人们争取自由的一种武器，人人都应该学习自然科学。早在 1939 年 5 月就创办了延安自然科学研究院（后改为自然科学院），召开了延安历史上第一届自然科学讨论会。这次会议达成了两个共识：第一是建议创办自然科学高等学校，培养边区科技人才；第二是建议成立陕甘宁边区自然科学研究会，建立边区科技人员日常交流平台。此后，在边区经济十分困难的情况下，创办了多所高等学校和中等职业学校，为革命事业培养了大批科技人才。

中华人民共和国成立后，科技工作就受到高度重视，确立了“为国家

---

① 习近平：《努力成为世界主要科学中心和创新高地》，《求是》2021 年第 6 期。

② 《两院院士大会中国科协第十次全国代表大会在京召开》，《人民日报》2021 年 5 月 29 日，第 1 版。

建设服务，为人民服务”的科技发展总方针。1949 年 9 月，中国人民政治协商会议第一届全体会议通过的《中国人民政治协商会议共同纲领》就在第 43 条明确提出“努力发展自然科学，以服务于工业农业和国防的建设。奖励科学的发现和发明，普及科学知识”。中华人民共和国成立仅仅一个月后就成立了中国科学院，调集了国内大量的优秀科研人员，积极争取海外科学家回国参加建设。1954 年 10 月，《中华人民共和国政府和苏维埃社会主义联盟政府科学技术合作协定》的签订正式标志着两国在科技领域内的合作。1955 年，全国科研机构发展到 842 个，科研队伍初具规模，为科技事业发展奠定了坚实的基础。1956 年召开的全国知识分子问题会议提出了“向科学进军”的口号，并制定了一系列务实、宽容的科技方针、政策。同一时期，基于新中国科技基础薄弱的情况，向苏联学习先进科技成为党的主要策略，《中苏友好同盟互助条约》签订后，苏联援建了 156 个项目，为中国工业化提供了科学技术援助。党和政府还强调科学家要走向农村和工厂，要力求将科学研究与国家建设需要紧密配合，迎接经济建设的新高潮。中苏关系恶化后，党和政府要求广大科技工作者自力更生、奋发图强。在与西方发达资本主义国家改善关系的大背景下，中国充分发挥了集中力量办大事的优势，取得了“两弹一星”、人工合成牛胰岛素、水稻改良等重大标志性成果。

改革开放以后，科技工作一直受到党中央的高度重视，科技水平不断提升。20 世纪 70 年代末，党中央在恢复科研院所方面做了大量工作，成立了国家科学技术委员会、科技领导小组等机构，理顺了科技管理机构和科研机构之间的关系，鼓励科技人员和政府、企业相关人员以“走出去”“引进来”的方式了解国外先进技术。1978 年 3 月召开的全国科学大会审议通过了《1978—1985 年全国科学技术发展规划纲要（草案）》，明确提出了 8 个重点发展领域和 108 个重点研究项目，在当时有效地调动了科技人员的积极性，“银河 1 号”巨型计算机、正负电子对撞机等都是当时成果的典型代表。但是这一时期计划经济体制思维方式依然明显，科研成果转化率偏低。1985 年，邓小平同志在全国科技工作会议上强调：“新的经济体制，应该是有利于技术进步的体制。新的科技体制，应该是有利于经济发展的体制。双管齐下，长期存在的科技与经济脱节的问题，有可能得到比较好的解决。”[①] 此后，科技进步与经济发展的联系日益紧密，适合的科研院所被鼓励进行企业化管理或创办企业，科技人员从事生产活动的比例逐步提高。

20 世纪 90 年代初期我国提出了“以市场换技术”策略，希望通过向国际开放市场，引进国外直接投资，实现引进国外先进技术的目标，在此基础上实现消化吸收，提高我国的独立自主研发能力，生产更适合中国消费者的产品。实践中，国外直接投资金额不断增长，投资领域不断扩展。我们虽然获得了一些技术资源，但是基本没有获得关键核心技术，并且在一定程度上形成了对外国的技术依赖，并未达到此策略的预期目标。同一时期，我国同样高度重视发展科技事业，把科教兴国和人才强国战略确立为基本国策，并作出了一系列重大部署。先后组织了支持技术研发、融合、应用的“星火计划”“863 计划”“火炬计划”等，设立了支持基础研究的国家自然科学基金等。1995 年后，在科教兴国战略的指引下，创新的重要性凸显，1996 年国家经贸委开始实施国家技术创新工程，科技部和教育部开始探索依托研究型大学建立大学科技园，这些都有力地推动了产学研一体化。科学技术教育在这段时间开始得到高度重视，不仅重视科技人员的培养，而且强调进行科学普及工作，强调全民族科学文化素质的提升，教育方针也开始注重用科学的方法和态度解决问题。1998 年 6 月，国务院决定支持中国科学院开展国家创新体系试点建设。10 余年间，我国初步实现了“由单纯的传统学科布局向国家战略需求和建设世界先进交叉学科体系发展的转变，由基础研究跟踪为主向以原始创新为主的转变，由关键技术跟踪为主向以自主研发与重大系统集成创新为主的转变”[②]。

进入 21 世纪，随着中国加入世界贸易组织，国内企业面对日益激烈的全球竞争，中国开始深刻反思“以市场换技术”的有效性，思考其中的种种弊端，自主创新的紧迫性不断增强。2006 年全国科学技术大会首次提出“创新型国家”的概念。国务院印发了《国家中长期科学和技术发展规划纲要（2006—2020 年）》，明确提出了建设创新型国家的战略目标，明确了“自主创新，重点跨越，支撑发展，引领未来”的总体方针，涉及航空

① 邓小平：《邓小平文选》第三卷，人民出版社，1993，第 108 页。

② 侯波：《改革开放以来我国科技工作的历史演进及启示》，《毛泽东邓小平理论研究》2018 年第 10 期。

航天、生物科技、信息技术等战略性新兴产业以及重大紧迫问题，部署了16个重大专项，确定了11个重点领域的68个优先主题。2007年，党的十七大报告中将建设创新型国家作为国家发展战略的核心，作为提高综合国力的关键。总体而言，新世纪开始的10余年间，我国科技水平有明显提升，从引进吸收创新转向集中创新，原始创新比例也在逐步增加。

党的十八大以来，创新驱动发展战略深入实施，我国科技创新整体能力和水平开始发生质的变化，对经济社会发展的战略支撑能力不断增强。2016年，中共中央、国务院发布了《国家创新驱动发展战略纲要》，明确提出“必须依靠创新驱动打造发展新引擎，培育新的经济增长点，持续提升我国经济发展的质量和效益，开辟我国发展的新空间，实现经济保持中高速增长和产业迈向中高端水平‘双目标’。”[①]，明确了战略目标：“第一步，到2020年进入创新型国家行列，基本建成中国特色国家创新体系，有力支撑全面建成小康社会目标的实现”[②]；“第二步，到2030年跻身创新型国家前列，发展驱动力实现根本转换，经济社会发展水平和国际竞争力大幅提升，为建成经济强国和共同富裕社会奠定坚实基础”[③]；“第三步，到2050年建成世界科技创新强国，成为世界主要科学中心和创新高地，为我国建成富强民主文明和谐的社会主义现代化国家、实现中华民族伟大复兴的中国梦提供强大支撑”[④]。可见，建设创新型国家和建成世界科技创新强国是接续发展、一脉相承的。

党的十八大以来，我国创新驱动发展战略持续深入实施，创新实力整体提高。“十三五”期间，全社会研发经费支出增长到了2.44万亿元，研发投入强度增长到了2.40%。世界知识产权组织发布的全球创新指数显示，我国创新能力综合排名在2020年跃居第14位，是前30位中唯一的中等收入经济体，创新型国家建设取得决定性成就。具体表现在以下六个方面：第一，以量子信息、铁基超导、合成生物学、北斗导航卫星、C919飞机、“天眼”等为代表，在基础研究和战略高技术领域取得一批重大成果；第二，在产业链、供应链的关键环节、关键领域、关键产品方面，通

① 《中共中央国务院印发〈国家创新驱动发展战略纲要〉》，《经济日报》2016年5月20日，第5版。

② 同上。

③ 同上。

④ 同上。

过“补短板”和“建长板”，使科技能够有力激发经济和产业发展的内生动力；第三，坚持以人民为中心的发展思想，贯彻新发展理念，科技创新支撑民生改善能力明显增强；第四，建立健全科技资源分配机制、成果转化制度、分类评价机制等，基本建立了科技体制改革的“四梁八柱”；第五，科研人员不断增加，高水平创新人才队伍结构不断优化，科技人才队伍实现了质量齐增；第六，气候变化、空间、健康、能源等领域的国际科技合作广度和深度不断拓展，“一带一路”科技创新合作取得明显成效。习近平总书记在两院院士大会、中国科协第十次全国代表大会的讲话中明确指出，“我国科技实力正在从量的积累迈向质的飞跃、从点的突破迈向系统能力提升，科技创新取得新的历史性成就”①。

（二）创新型国家建设面临的挑战

党的十八大以来，我国科技事业在取得显著成就的同时仍然存在一些亟待解决的突出问题，“特别是同党的十九大提出的新任务新要求相比，我国科技在视野格局、创新能力、资源配置、体制政策等方面存在诸多不适应的地方”②。

基础科学研究整体薄弱，短板突出。基础研究总体投入强度明显低于处于前列的创新型国家。2020 年，我国基础研究经费投入占研发总额的比例为 6.16%，占 GDP 的比重为 0.15%③，而欧美发达国家基础研究经费投入占研发总额的比例普遍在 15% 至 25% 之间。企业对基础研究重视不够，直接表现在基础研究投入过低。2016 年我国基础研究经费支出中企业的经费支出的占比仅为 3.2%，远远低于美国的 25.8%、日本的 46.7% 和韩国的 57.7%。较低的基础研究经费支出使得基础理论研究跟不上，源头和底层的东西没有搞清楚，导致了我国企业在关键技术领域被“卡脖子”。“重大原创性成果缺乏，底层基础技术、基础工艺能力不足，工业母机、高端芯片、基础软硬件、开发平台、基本算法、基础元器件、基础材料等瓶颈仍然突出，关键核心技术受制于人的局面没有得到根本性改变”④。我国基础研究领域还存在不能满足产业创新需求、研究机构和平台定位不准、企业

① 《两院院士大会中国科协第十次全国代表大会在京召开》，《人民日报》2021 年 5 月 29 日，第 1 版。

② 习近平：《努力成为世界主要科学中心和创新高地》，《求是》2021 年第 6 期。

③ 数据根据国家统计局网站数据计算。

④ 习近平：《努力成为世界主要科学中心和创新高地》，《求是》2021 年第 6 期。

基础研究能力弱等突出问题。

技术研发聚焦产业发展瓶颈和需求不够，以全球视野谋划科技开放合作还不够，科技成果转化能力不强。近年来，中国是研发经费投入增长速度最快的国家，2018 年研发经费投入总额占全球的 23.2%，仅次于美国。中国专利申请量也是全球最高的，但是最代表科技发明创新能力的发明专利占三种类型专利的比重仅为 37.4%（2017 年），远远低于美国的 93.3%、日本的 89.5% 和韩国的 74.5%。一方面，作为科技成果的供应主体的高校和科研机构，只有五分之一左右设立了技术转移机构，其中只有大约不到一半可以发挥重要作用，这些成为专利转化为生产力的效率较低的重要原因。另一方面，作为科技成果转化的重要主体与载体的企业，也因体制机制、人才储备与结构、创新动力与能力等方面的多种原因对科技成果进行消化吸收的能力较弱。

我国人才发展体制机制还不完善，激发人才创新创造活力的激励机制还不健全，顶尖人才和团队比较缺乏。人才是创新型国家建设的最关键最核心的要素。我国研发人员从 2009 年的 115 万人左右增长到了 2018 年的 186 万人左右，总量位居全球前列。但是研发人员占比明显低于位居前列的创新型国家。更明显的是全球顶级科学家、科技领军人才仍然明显匮乏，高素质劳动力供给不足。

我国科技管理体制还不能完全适应建设世界科技强国的需要，科技体制改革许多重大决策落实还没有形成合力，科技创新政策与经济、产业政策的统筹衔接还不够，全社会鼓励创新、包容创新的机制和环境有待优化。主要表现在知识产权保护制度体系不完善，2017 年中国知识产权保护力度评价得分为 4.5，企业和大学的研发协作程度评价得分在 4.4 左右，美、德、英等国基本都高于 5 分①。

三、建设创新型国家的重要意义

习近平总书记曾明确指出，广大科技工作者要把科技创新摆在更加重要的位置，实施好创新驱动发展战略，继续在加快推进创新型国家建设、世界科技强国建设的历史进程中建功立业，努力为实现“两个一百年”奋

① 数据来源：《全球竞争力报告》。

斗目标、实现中华民族伟大复兴的中国梦作出新的更大的贡献。面对复杂多变的外部发展环境，建设创新型国家对于把握新发展阶段、贯彻新发展理念、构建新发展格局具有重要意义。

（一）是进入新发展阶段的时代要求

经过新中国成立70余年、改革开放40余年的不懈奋斗，党的十九届五中全会作出了我国进入新发展阶段的重要战略判断。一方面，我国经济稳步增长、持续健康发展，呈现出长期整体向好的局面。雄厚的物质基础、丰富的人力资源、广阔的市场空间、强劲的发展韧性，不仅成为推动经济持续发展、抵御各种风险的重要基础，而且成为科技持续创新、科技创新与经济社会高质量发展良性互动的重要保证。另一方面，我们要清醒地认识到，我国进入的新发展阶段仍然是社会主义初级阶段中的新发展阶段，我国仍然是世界上最大的发展中国家。面对人民日益增长的美好生活需要和不平衡不充分的发展之间的社会主要矛盾，发展仍然是硬道理。面临着劳动力成本不断上升、资源约束趋紧、环境承载能力遭遇瓶颈等约束条件，在这个阶段实现经济高质量发展，趁势而上向全面建设社会主义现代化国家、向第二个百年奋斗目标进军，创新的重要性日益显现。只有持续提升科技创新的整体水平、实现科技自立自强，才能真正让创新成为经济社会发展的驱动力。加快建设创新型国家，实现创新与经济的良性互动，可以有效解决关系到国家全局的迫切现实问题，这是在长期理论创新和实践发展基础上的总结。

（二）是贯彻新发展理念的必然要求

进入新发展阶段，要求贯彻新发展理念。系统回答新时代我国发展的目的、动力、方式、路径等一系列问题的新发展理念首先强调的就是创新。实现科技自立自强，在新一轮科技革命中和产业变革中占据制高点，是解决“卡脖子”问题，突破产业技术瓶颈，保障产业链、供应链安全的根本支撑，是补齐产业短板，增强产业竞争优势，畅通国内大循环的重要支撑。面对日益趋紧的资源约束和环境约束，实现碳达峰、碳中和，迫切需要在新能源、生态环境等绿色科技领域取得创新突破。在2020年暴发的新冠肺炎疫情的冲击下，无人机、健康码、大数据、疫苗等一系列科技创新及其应用在助力疫情有效防控、保障人民生命健康安全、建设健康中国的同时，也保障了国民经济恢复，中国成为2020年全球主要经济体中唯一实现正增长的国家。面向未来，不断提升科技创新整体水平，加快建设创新型国家，是解决发展动力不足、发展不平衡不充分、人与自然不和谐等问题，实现高质量、公平、持续、安全发展的支撑保障。以人工智能为代表的新一代信息技术的推广应用，可以有效提升社会治理水平，助推优质公共资源的开放共享，持续满足人民群众对美好生活的新需要。

（三）是构建新发展格局的内在要求

和平与发展仍然是时代主题，但是全球自国际金融危机之后进入动荡时期，发生了深刻变革，2020 年以来新冠肺炎疫情的全球大流行加快了变革速度。这主要表现在以下三个方面。

第一，经济全球化遭遇波折，逆全球化浪潮兴起，全球产业链、供应链遭遇冲击。经济全球化是社会生产力发展的客观要求，是资本在全球范围内逐利的必然结果，符合经济规律。然而，各国在金融危机后都深刻认识到工业对于一国经济稳定发展的重要意义。在世界经济长期低迷的趋势下，曾经是经济全球化主要推手的部分西方发达资本主义国家却高举贸易保护主义大旗，单边主义、保护主义、霸权主义盛行，成为逆全球化的发源地。新冠肺炎疫情对全球产业链的巨大冲击直接助推了逆全球化的发展。

第二，新科技革命正在深刻改革人类社会生产生活方式。科技革命往往通过根本性变革生产力，带动产业革命，推动经济水平发展。新冠肺炎疫情加速了新一轮科技革命和产业革命的演进，加快加深了对经济社会发展的影响。

第三，全球性经济低迷引起政治、文化、社会等诸多问题。民粹主义兴起、排外主义抬头、意识形态领域冲突不断加剧。在国际力量对比和世界政治经济格局的深刻变革中，中国面对日益严峻的国际竞争与挑战。国内，要求持续提高创新质量、扩展创新领域，掌握核心关键技术，从根本上提升产业变革的质量，夯实经济发展的基础；国外，在国际竞争中抢占先机、厚植竞争优势，积极应对外部环境变化的冲击与挑战。同时，中国也为世界经济、科技发展提供了更多的中国智慧、中国力量。

第二节　加快建设创新型国家的方向

习近平总书记在2020年9月召开的科学家座谈会上曾强调我国科技事业发展要坚持“面向世界科技前沿、面向经济主战场、面向国家重大需求、面向人民生命健康，不断向科学技术广度和深度进军”[①]。“四个面向”也同时为建设科技强国，加快建设创新型国家指明了方向。

一、面向世界科技前沿

实施创新驱动发展战略，加快建设创新型国家，首先要求掌握世界科技发展大势，站在世界科技最前沿。从第一次科技革命开始，我们不难发现能够称雄世界的西方国家都是掌握了当时高端科技的国家。反观我国，改革开放之后，引进国外先进科学技术在很长一段时间内快速提升了我国产业技术水平，对经济增长起到了重要作用。然而，最开始从国外引进的是落后的、即将淘汰的技术，后来也仅是同时期的技术，基本没有最先进的技术。同时，长期依赖国外技术忽视吸收消化形成的“引进—落后—再引进”恶性循环也导致科技水平整体长期落后于人的现象，使得我国产业链长期处于国际分工格局低端。随着中国的崛起，比较正常的技术引进也受到种种限制。“过去你弱的时候谁都想卖技术给你，今天你发展了，谁都不愿意卖技术给你，因为怕你做大做强。”[②]实现科技创新从“跟跑”“并跑”到“领跑”转变的关键是“非对称”超越战略。这不是亦步亦趋地跟随国外科技的发展趋势，而是立足我国科技实力，放眼世界科技前沿，在面向未来的重点科技领域大胆探索，实现从0到1的突破，成为新兴前沿领域的开拓者，抢占科技竞争和发展的制高点。

实现科技自立自强，建设创新型国家必然要求面向世界科技前沿。科技进步是持续积累的过程，是在已有科技成果的基础上不断创新完善的过程，“不是闭门造车，不是单打独斗，不是排斥学习先进，不是把自己封闭于世界之外”[③]。在经济全球化深入发展，创新资源在全球范围内流动的

---

① 习近平：《在科学家座谈会上的讲话》，《人民日报》2020年9月12日，第2版。

② 中共中央文献研究室编《习近平关于科技创新论述摘编》，中央文献出版社，2016，第36页。

③ 同上书，第46页。

大背景下，任何一个国家都不可能自己解决所有的创新难题。只有了解全球创新前沿，走“原始创新、集成创新和引进消化吸收再创新”与“协同创新”的道路[①]，才能在全球科技创新网络中根本性地解决“卡脖子”问题，改变关键核心技术受制于人的局面，这也是提升产业竞争力，保证产业链稳定、安全的必然要求。面向世界科技前沿建设创新型国家，保证关键核心技术自主可控，要完善从基础研究到应用研究、再到研发生产，从科研院所到企业、再到市场的科学技术创新链，提升整体抗风险能力。科研院所要坚持加强基础研究，增强原始创新能力，突破制约产业链安全的短板。企业要发挥工程、产业创新的主体作用，持续提高对产业链关键环节的掌控能力。

二、面向经济主战场

科学技术是第一生产力，关键是要让科技创新与经济紧密联系，让科技成果有效转化。曾经有过灿烂的古代四大发明的中国，科技自明末清初之后渐渐落伍的原因之一就是重要的科技成果被收藏在内府，没有在经济社会发展中真正发挥作用。科研工作不是孤岛，科技创新不是自我繁衍升级的游戏。科技创新不是发表论文、申请到专利就大功告成了，科学技术的经济价值恰恰在于其能够推动经济增长。“科学技术必须同社会发展相结合，学得再多，束之高阁，只是一种猎奇，只是一种雅兴，甚至当作奇技淫巧，那就不可能对现实社会产生作用。”[②]目前，我国科技进步的贡献率已经达到60%左右，但是仍然低于美日等国家的70%左右。

面向经济主战场，加快建设创新型国家，真正发挥科技第一生产力的作用，就是要让新一轮科技革命成果真正带动国民经济各部门的变革，让科技真正成为经济社会发展的支撑，让创新真正成为驱动经济高质量发展的动力。也就是说，不仅要让科技创新成为传统产业转型升级的推动力，实现传统产业的高端化，顺利实现新旧动能转换，而且要在科技创新的基础上，打造新兴优势产业，不断催生新的经济增长点，例如，“互联网+”、物联网、智能制造等。与此同时，我们要认识到面向经济主战场，加快建设创新型国家，也为科技创新本身提供了动力与方向。马克思曾精辟地总

① 中共中央文献研究室编《习近平关于科技创新论述摘编》，中央文献出版社，2016，第37页。

② 同上书，第62页。

结过“工场手工业生产了机器，而大工业借助于机器，在它首先占领的那些生产领域排除了手工业生产和工场手工业生产”[①]。科技成果只有在经济社会的应用中才能不断发展创新，进而提高生产力水平，推动生产方式变革。面向经济主战场，加快建设创新型国家，是创新成果应用的内在要求。在这个过程中，关键是要抓好科技成果转化应用，让创新与经济紧密联系。通过提供高质量科技供给，着力支撑现代化经济体系建设，必须“提升供给体系对国内需求的适配性，以高质量供给满足日益升级的国内市场需求……建设具有全球影响力的科技和产业创新高地”[②]。这就必然要求科技创新链紧紧围绕我国产业链进行部署，从根本上消除科研工作的孤岛现象。面向经济主战场，建设创新型国家，就是要让企业成为创新的关键环节，充分激发企业研发的积极性，让其成为创新活动和创新资源配置的主体；就是要充分发挥市场的调节功能，打造高端化、智能化、绿色化的产业链；就是要让产学研深度融合，打造企业、高校院所协同的创新联合体，形成有效的科技创新体系。

三、面向国家重大需求

在世界百年未有之大变局中，在逆全球化兴起，单边主义、保护主义盛行的大背景下，科技创新已经成为各国进行国际战略博弈的主要战场。各国的竞争比拼的是国家战略科技的力量。“科技创新的战略导向十分紧要，必须抓准，以此带动科技难题的突破。当前，国家对战略科技支撑的需求比以往任何时期都更加迫切。”[③]这种需要不仅仅是因为创新能够推动某个产品、某个产业的变革，而是因为其能够带动一系列创新成果不断涌现，能够让“经济结构和发展方式发生重大调整并形成新的规模化经济效益”[④]。而面向国家重大需求的创新成果一般具有周期长、投入高的特征。因此，加快建设创新型国家可以发挥社会主义集中力量办大事的制度优

---

① 中共中央马克思恩格斯列宁斯大林著作编译局编译《马克思恩格斯文集》第五卷，人民出版社，2009，第 439 页。

② 习近平：《在深圳经济特区建立 40 周年庆祝大会上的讲话》，《人民日报》2020 年 10 月 15 日，第 2 版。

③ 习近平：《为建设世界科技强国而奋斗——在全国科技创新大会、两院院士大会、中国科协第九次全国代表大会上的讲话》，人民出版社，2016，第 8 页。

④ 中共中央文献研究室编《习近平关于科技创新论述摘编》，中央文献出版社，2016，第 24 页。

势，在重点领域、重点项目、重点单位中优化配置国家科研资源，增强科研实力。纵观世界科技发展历史，我们不难发现“国家实验室已成为主要发达国家抢占科技创新制高点的重要载体，诸如美国阿贡、洛斯阿拉莫斯、劳伦斯伯克利等国家实验室和德国亥姆霍兹研究中心等，均是围绕国家使命，依靠跨学科、大协作和高强度支持开展协同创新的研究基地”①。与此同时，面向国家重大需求的创新成果产生的正向技术外溢作用可以提升整体科技水平。

面向国家重大需求加快建设创新型国家，要坚持问题导向，“在一些重大创新领域组建一批国家实验室，打造聚集国内外一流人才的高地，组织具有重大引领作用的协同攻关，形成代表国家水平、国际同行认可、在国际上拥有话语权的科技创新实力，成为抢占国际科技制高点的重要战略创新力量”②，增强现代化强国的科技支撑能力。具体而言，要优化科研体系，优化创新资源配置，加速科技创新能力从量的积累向质的飞跃转变；要继续推进科教兴国战略，大力培养、吸引优秀的科研创新人才；要补齐我国发展面临的短板和弱项，在关键技术、重要装备等关系国家重要需求的领域组织重点攻关。

四、面向人民生命健康

不同于资本主义社会中，创新以服务于资本增殖为目的。社会主义国家中，创新是为了让人民生活得更好。人是科技创新的主体，也是科技工作服务的对象。面向人民生命健康，加快建设创新型国家，是以人民为中心发展理念的根本要求。满足人民对美好生活的向往，首先是保障人民生命健康。“健康是促进人的全面发展的必然要求，是经济社会发展的基础条件，是民族昌盛和国家富强的重要标志。”③同时，在满足人民对健康安全生活的需求中探寻创新的源泉与动力。

面向人民生命健康，加快建设创新型国家，要增强美好生活的科技服

① 中共中央文献研究室编《习近平关于科技创新论述摘编》，中央文献出版社，2016，第50-51页。

② 同上书，第51页。

③ 中共中央文献研究室编《习近平关于社会主义社会建设论述摘编》，中央文献出版社，2017，第100页。

务能力，“要把满足人民对美好生活的向往作为科技创新的落脚点，把惠民、利民、富民、改善民生作为科技创新的重要方向”[①]。首先表现在服务于健康事业、健康产业发展。在2020年以来的新冠肺炎疫情防控中，不仅医学治疗、生命科学技术、疫苗研发等新科技发挥了巨大作用，低成本疾病防控和远程医疗技术发展也成为共享优质卫生医疗资源的重要途径，新一代人工智能、信息技术的应用助推“非接触经济”发展，科技创新及其成果应用为统筹推进疫情防控和经济社会发展作出重要贡献。后疫情时代，随着人民对生命健康的更加关注、人口老龄化等问题的出现，健康产业兴起，建设创新型国家要更加关注生命健康科技规划，以人民生命健康护航人民高品质生活。

面向人民生命健康，加快建设创新型国家，要加快构建绿色技术创新体系，实现人与自然和谐共生。经济高速度增长阶段的传统的粗放型增长模式造成的资源浪费、环境污染、生态恶化等问题，已经严重影响人民生活质量。“如果经济发展了，但生态破坏了、环境恶化了，大家整天生活在雾霾中，吃不到安全的食品，喝不到洁净的水，呼吸不到新鲜的空气，居住不到宜居的环境，那样的小康、那样的现代化不是人民希望的。”[②]面向人民生命健康，对资源利用、环境保护、新能源开发等绿色科技发展提出了新的更高要求。

第三节　加快建设创新型国家的重点任务

党的十八大以来，以习近平同志为核心的党中央高度重视科技创新，确立了2020年进入创新型国家行列、2030年跻身创新型国家前列、2050年建成世界科技创新强国的战略目标。其中，创新型国家就是指“以科技创新作为社会发展核心动力，以技术和知识作为国民财富创造的主要源泉，具有强大创新竞争优势的国家”[③]。“进入创新型国家行列有几个基本标志：一是具有较强科技实力，国家综合创新能力跃居世界第一方阵，部分

① 习近平：《在中国科学院第十九次院士大会、中国工程院第十四次院士大会上的讲话》，人民出版社，2018，第12页。

② 中共中央文献研究室编《习近平关于社会主义生态文明建设论述摘编》，中央文献出版社，2017，第36页。

③ 王志刚：《加快建设创新型国家和世界科技强国》，《学习时报》2018年1月28日，第1版。

领域世界领先；二是形成高效协同的国家创新体系，建成若干世界一流高校、科研机构、创新型企业和高水平创新基地，创新主体充满活力，创新链条有机衔接，创新效率大幅提高；三是初步形成创新型经济格局，科技创新对经济增长的贡献大幅提升，关键核心技术受制于人的局面初步扭转，若干重点产业进入全球价值链中高端；四是基本形成创新型社会格局，创新成果惠及人民群众，高质量就业快速增加，激励人才创新创业的价值导向和文化氛围初步形成。”①《“十四五”规划和2035年远景目标纲要》，进一步明确了坚持创新驱动发展，全面塑造发展新优势的四个方面，也为加快建设创新型国家提出了明确要求。

一、强化国家战略科技力量

国家战略科技力量“是体现国家意志和国家利益，以国家战略为指导，以实现国家目标和国家任务为目的而部署和组织的科技力量，由在国家安全、经济和社会发展、国际竞争等关键领域起决定性作用的科技队伍、组织及相关科技设施构成”②。强化国家战略科技力量，是加快建设创新型国家、实现科技自立自强、推动建设现代化国家的关键途径。

（一）强化顶层设计和系统布局

随着中国科技的发展，近年来中美之间的科技竞争日益激烈。美国总统拜登在上任后的首场新闻记者发布会上表示，要推动美国联邦政府的科技研发支出回升到GDP的2%左右，以保证在未来的中美竞争中保持优势。面对全球激烈的科技竞赛，围绕加强国家安全体系、拓展未来发展空间、驱动经济高质量发展的目标，强化国家战略科技力量要发挥国家作为重大科技创新组织者的作用，在统筹国家急迫和长远需求的基础上，明确科技发展目标规划，建立“顶层目标牵引、重大任务带动、基础能力支撑”的国家科技组织模式③，明确科技创新方向，优化配置科技创新资源，建设科技创新中心，适度超前布局国家重大科技基础设施，建设资源共享平台，构建国家科研论文和科技信息交流平台等。

① 王志刚：《加快建设创新型国家和世界科技强国》，《学习时报》2018年1月28日，第1版。
② 樊春良：《国家战略科技力量的演进：世界与中国》，《中国科学院院刊》2021年第5期。
③ 王志刚：《矢志科技自立自强 加快建设科技强国》，《求是》2021年第6期。

（二）整合优化科技资源配置

强化国家战略科技力量，要充分发挥中国科学院、国家实验室等已有国家战略科技力量的带动作用，以需求为导向，创新科技体制和组织形式，优化不同层级不同类型科研机构的合作方式。国家科研机构，在量子信息、光子与微纳电子、网络通信、人工智能、生物医药、现代能源系统等重大创新领域加快组建一批国家实验室，重组国家重点实验室，形成结构合理、运行高效的实验室体系。科研院所、高等院校，以国家使命和创新绩效为目标进行改革，将科技创新、培养人才结合起来。领军企业的科研机构，关注市场需求，充分发挥集成创新、组织平台的优势，组建创新联合体，打通科学—技术—产业通道。充分发挥社会主义市场经济条件下新型举国体制优势，采取“揭榜挂帅”等方式，引导组织不同类型科研机构力量，优化资源配置，实现资源共享、合作创新，取得重大科技成果，打好关键核心技术攻坚战，构筑面向未来发展的科技优势。

（三）加强基础研究，强化原始创新能力

与世界科技强国相比，我国在重大科技瓶颈、关键领域核心技术上受制于人的问题并没有得到根本性的改变。“我国面临的很多‘卡脖子’技术问题，根子是基础理论研究跟不上，源头和底层的东西没有搞清楚。”①跻身创新型国家前列，实现科技自立自强必须以基础研究和原始创新为基础，实现从 0 到 1 的突破。基础研究和原始创新是科技创新的源头与支撑。强化基础研究和应用基础研究既要瞄准科技前沿的重大问题，也要从现实需求、国家需求、实际应用中提炼方向；要充分认识到基础研究的准公共产品属性，通过加大各级财政投入力度，给予企业基础研究投入税收优惠，鼓励社会投入等方式，持续提升基础研究经费占研发总经费的比重，形成稳定的投入机制；在关系国家安全和发展全局的基础、关键核心技术领域，要制定实施战略性科学计划和科学工程，实施国家重大科技项目。

二、提升企业技术创新能力

“社会一旦有技术上的需要，这种需要就会比十所大学更能把科学推

---

① 习近平：《在科学家座谈会上的讲话》，《人民日报》2020 年 9 月 12 日，第 2 版。

向前进。”企业面向市场，直接了解需求，是科技成果转化的重要环节，也是技术创新的主体。加快建设创新型国家，必须提升企业技术创新能力。习近平总书记指出“要推动企业成为技术创新决策、研发投入、科研组织和成果转化的主体，培育一批核心技术能力突出、集成创新能力强的创新型领军企业”①。

（一）强化企业创新主体地位

企业是技术创新的主体，是创新资源的集中者与使用者。强化企业创新主体地位，首先要按照创新规律、市场经济规律办事，让企业拥有创新资源配置的主导权，充分发挥企业在技术创新、成果转化应用中的主体作用。其次，企业家是创新的组织者和引领者。强化企业创新主体地位，要培养富有创新精神、具有科学素养、拥有国际视野的优秀企业家，鼓励企业家与科学家进行深度合作，开展基础性、前沿性、原创性创新研究。最后，完善创新激励政策。以企业为主体，引进、建设研发机构、技术转移和服务机构；通过税收优惠、加计扣除等普惠性政策和政府采购等方式鼓励企业不断加大研发投入；健全鼓励国有企业研发的考核制度，让国有工业企业研发支出年增长率明显超过全国平均水平。

（二）推进产学研深度融合

让企业在产学研深度融合中真正发挥主导作用，有效组织开展创新活动。首先，鼓励企业与其他企业、高等院校、科研院所开展多种形式的合作，包括共建国家产业创新中心，组建联合实验室，承担国家重大科技项目，打造产学研协同创新网络。其次，支持产学研机构共同打造新型共性技术平台，提供公益性共性技术服务，解决跨行业跨领域关键共性技术问题。最后，发挥大企业引领支撑作用，采用研发众包、“互联网 +”、构建企业生态圈等方式，推动产业链上中下游、大中小企业融通创新。

（三）完善企业创新服务体系

为企业创造良好的创新服务平台、机构、要素市场。首先，推动国家科研平台、科技报告、科研数据进一步向企业开放，创新科技成果转化机制，鼓励将符合条件的由财政资金支持形成的科技成果许可给中小企业使用。其次，推进创新创业机构改革，建设专业化市场化技术转移机构和技术经理人队伍。最后，完善金融支持创新体系，畅通科技型企业国内上市

---

① 习近平：《努力成为世界主要科学中心和创新高地》，《求是》2021 年第 6 期。

融资渠道，鼓励发展天使投资、创业投资。

三、激发人才创新活力

“功以才成，业由才广”。劳动者是生产力三要素中最活跃的因素，科研人员是科技创新中最宝贵的。一切创新成果都是由人取得的。“全部科技史都证明，谁拥有了一流创新人才、拥有了一流科学家，谁就能在科技创新中占据优势。”[①] 加快建设创新型国家，实现科技自立自强，要加强培养、引进、使用创新人才。

（一）培养造就高水平人才队伍

近年来，我国研发人员全时当量逐年稳步增长，到 2020 年已经达到 509.19 万人年[②]，拥有了全球规模最大的创新人才队伍，但是高水平人才，尤其是科技领军人才不足。“十年树木，百年树人。”科技创新人才的培养更是不易，要遵循人才成长规律和科研活动规律，培养造就更多国际一流的战略科技人才、科技领军人才和创新团队，培养具有国际竞争力的青年科技人才后备军。在基础教育阶段，注重培养中小学生的创新意识和科学素养，鼓励、吸引学生投身科技事业；在高等教育中，加强数学、物理、化学、生物等基础学科拔尖学生培养；依托重大科技任务和创新基地，培养一批顶尖科学家；实施知识更新工程、技能提升行动，培养一批“高精尖缺”关键人才，壮大高水平工程师和高技能人才队伍。此外，放眼全球，筑巢引凤，实行更加开放的停居留政策、薪酬福利制度、税收优惠等人才政策，构筑集聚国内外优秀人才的科研创新高地，为国外科学家提供具有国际竞争力和吸引力的工作生活环境。

（二）激励人才更好发挥作用

培养创新人才是基础，激励创新人才发挥作用是关键。当前，“人才评价制度不合理，唯论文、唯职称、唯学历的现象仍然严重，名目繁多的评审评价让科技工作者应接不暇，人才‘帽子’满天飞，人才管理制度还不适应科技创新要求、不符合科技创新规律”[③]。因此，要健全人才评价机制和激励机制。建立健全以创新能力、质量、实效、贡献为导向的科技人

---

① 习近平：《努力成为世界主要科学中心和创新高地》，《求是》2021 年第 6 期。

② 数据来源：国家统计局。

③ 习近平：《努力成为世界主要科学中心和创新高地》，《求是》2021 年第 6 期。

才评价体系，将个人评价与团队评价相结合，充分体现团队成员的个人贡献；给科研人员松绑，让其从繁复的表格、审批中解脱出来，赋予科研人员更大技术路线决定权和经费使用权；建立健全科技奖励制度，完善以增加知识价值为导向的分配政策，完善科研人员职务发明成果权益分享机制，让优秀的创新人才得到合理的回报。

（三）优化创新创业创造生态

"创新之道，唯在得人。得人之要，必广其途以储之。"[①]科技创新是必然遭遇无数失败，并且只承认第一名的竞赛。科技创新人员投入大量的热情与精力，并不一定能取得最终的成功，或者仅仅落后其他科研人员一小步而不被承认。但他们的研发活动对于科技创新水平的提升却有着重要的价值与意义。因此，要优化创新创业创造生态，营造良好的大众创业、万众创新的"双创"氛围，形成热爱科学、崇尚创新的社会氛围，提高全民科学素质。具体而言，大力弘扬新时代科学家精神，强化科研诚信建设；弘扬科学精神和工匠精神，广泛开展科普活动；形成宽容失败的创新文化；依法保护企业家的财产权和创新收益，发挥企业家的重要作用。

四、完善科技创新体制机制

"创新决胜未来，改革关乎国运。"科技领域是最需要不断深化改革的领域。习近平总书记在2014年召开的两院院士大会上就曾强调，"推进自主创新，最紧迫的是要破除体制机制障碍，最大限度解放和激发科技作为第一生产力所蕴藏的巨大潜能"[②]。党中央、国务院于2015年出台了《深化科技体制改革实施方案》，部署了143项到2020年需要完成的改革任务。围绕这些任务，我国科技体制改革不断向全面、纵深发展，确立了科技体制改革的主体架构，取得了重要领域和关键环节的实质性突破。同时，我们需要清醒地认识到，我国科技体制改革中还存在一些突出问题亟待解决。主要是创新资源分散、低效的问题没有得到根本解决，国家创新体系整体效能还不强；科研院所改革、建立健全科技和金融结合机制等还较为落后。

习近平总书记指出，"要敢于啃硬骨头，敢于涉险滩、闯难关，破除

① 习近平：《努力成为世界主要科学中心和创新高地》，《求是》2021年第6期。

② 同上。

一切制约科技创新的思想障碍和制度藩篱”[①]。深入推进科技体制改革，完善国家科技治理体系，首先，要深化科技管理体制改革。政府的科技管理职能从分钱、分资源、定项目转变为确定战略规划、制订政策、创造环境等，整合财政科研投入体制，改革重大科技项目立项和管理方式，健全科技评价机制、激励机制，推动现代科研院所改革。其次，要健全知识产权保护机制。完善知识产权法律法规，建立健全严格的知识产权保护制度，优化专利资助奖励政策和考核评价机制，建设知识产权保护运用公共服务平台。最后，要加强科技开放合作，实施开放包容、互惠共享的国际科技合作战略，以更加主动的姿态融入全球创新网络。在全球公共卫生、气候变化等领域加强同各国科研人员的联合研发。

① 习近平：《瞄准世界科技前沿 引领科技发展方向 抢占先机迎难而上 建设世界科技强国》，《人民日报》，2018 年 5 月 29 日，第 1 版。

第四章　实施乡村振兴战略

实施乡村振兴战略是党的十九大作出的重大战略部署。党的十九大报告指出："农业农村农民问题是关系国计民生的根本性问题，必须始终把解决好'三农'问题作为全党工作重中之重。要坚持农业农村优先发展，按照产业兴旺、生态宜居、乡风文明、治理有效、生活富裕的总要求，建立健全城乡融合发展体制机制和政策体系，加快推进农业农村现代化。"①"民族要复兴，乡村必振兴。全面建设社会主义现代化国家，实现中华民族伟大复兴，最艰巨最繁重的任务依然在农村，最广泛最深厚的基础依然在农村。"②实施乡村振兴战略是建设现代化经济体系的重要基础，是全面建设社会主义现代化国家的重大历史任务，是提升我国亿万农民获得感幸福感的重要举措。

第一节　实施乡村振兴战略的重大意义

中国是传统的农业大国，历来重视农业农村的发展。新时代，我国要全面建成小康社会，要全面建设社会主义现代化强国，基础依然是推动农业农村的发展。农民实现小康，中国才能全面建成小康社会；农业农村实现现代化，中国才能全面实现现代化。我国经济社会发展的最广泛、最深厚的基础在农村，最大的潜力和后劲也在农村。实施乡村振兴战略，是解决新时代我国社会主要矛盾、实现"两个一百年"奋斗目标的必然要求，具有重大的理论和现实意义。

一、乡村振兴战略的理论溯源

马克思主义政治经济学关于城乡关系的理论是乡村振兴战略的重要理

① 习近平：《决胜全面建成小康社会 夺取新时代中国特色社会主义伟大胜利》，人民出版社，2017，第32页。

② 《中共中央国务院关于全面推进乡村振兴加快农业农村现代化的意见》，《人民日报》2021年2月22日，第1版。

论渊源。

1. 农业是国民经济的基础

农业是人类赖以生存和发展的基础，是其他物质生产部门独立和发展的基础，也是非物质生产部门存在和发展的基础。正如马克思、恩格斯所认为的那样，“农业劳动是其他一切劳动得以独立存在的自然基础和前提”①,“超过劳动者个人需要的农业劳动生产率,是全部社会的基础”②。同时，农业劳动生产率也决定着从事非农产业的人数以及转移到城市的人口的规模。“如果撇开对外贸易（重农学派为了抽象地考察资产阶级社会，完全正确地这样做了，而且应当这样做），那末（么）很明显，从事加工工业等等而完全脱离农业的工人（斯图亚特称之为‘自由人手’）的数目，取决于农业劳动者所生产的超过自己消费的农产品的数量。‘显然，不从事农业劳动而能生活的人的相对数，完全取决于土地耕种者的劳动生产率”③。在工业化的进程中,包括中国在内的世界各国的农业在国民经济中的比重逐渐降低，但这丝毫不会动摇农业的基础地位。人类要生存、要发展，就离不开农业。农业解决人类的温饱，为国民经济其他部门提供生产原料。随着工业化和城镇化的推进，农业部门的重要性必然进一步凸显出来，需要不断提高劳动生产率来满足经济社会发展的更高需求。

2. 城乡分离是社会分工发展的必然产物

马克思认为，当社会生产力发展到一定程度，“社会上的一部分人用在农业上的全部劳动——必要劳动和剩余劳动——必须足以为整个社会，从而也为非农业工人生产必要的食物，也就是使从事农业的人和从事工业的人有实行这种巨大分工的可能，并且也使生产食物的农民和生产原料的农民有实行分工的可能”④,城乡分离就成为必然。他还认为,“物质劳动和精神劳动的最大一次分工,就是城市和乡村的分离”⑤,“一个民族内部的分工，首先引起工商业劳动同农业劳动的分离，从而也引起城乡的分离和城

① 中共中央马克思恩格斯列宁斯大林著作编译局编译《马克思恩格斯全集》第二十六卷（第1分册），人民出版社，1972，第28-29页。

② 马克思：《资本论》第三卷，人民出版社，2004，第888页。

③ 中共中央马克思恩格斯列宁斯大林著作编译局编译《马克思恩格斯全集》第二十六卷（第1分册），人民出版社，1972，第22页。

④ 马克思：《资本论》第三卷，人民出版社，2004，第716页。

⑤ 中共中央马克思恩格斯列宁斯大林著作编译局编《马克思恩格斯选集》第一卷，人民出版社，1995，第184页。

乡利益的对立”[①],“分工已经比较发达。城乡之间的对立已经产生”[②],“但是，工业日益集中的趋势并不就止于此。人口也像资本一样地集中起来……于是村镇就变成小城市，而小城市又变成大城市”[③]。

3. 城乡对立导致乡村衰退

马克思、恩格斯认为，城乡对立是社会生产力发展到一定阶段的产物，同时也是生产力不够发达的产物。生产力的发展使得城乡分离成为现实；生产力不够发达则使得城乡之间发展不平衡以及由此引发的城乡利益分化、冲突甚至对抗无法避免。城市以及工商业部门因其在生活便利、工资、福利等方面的优越性吸收了农村中最强壮、最有能力的农业劳动者，造成“农村日益荒凉”。马克思认为，乡村农业人口的分散和大城市工业人口的集中只是工农业发展水平不够高的表现，它是进一步发展的障碍[④]。

4. 城乡对立的根源是资本主义私有制

马克思认为：“城乡之间的对立只有在私有制的范围内才能存在。城乡之间的对立是个人屈从于分工、屈从于他被迫从事的某种活动的最鲜明的反映，这种屈从把一部分人变为受局限的城市动物，把另一部分人变为受局限的乡村动物，并且每天都重新产生二者利益之间的对立。”[⑤]

5. 城乡关系必然走向融合

马克思主义认为，随着社会生产力水平的极大提高，资本主义生产资料私有制必将被公有制所代替，城乡关系也会由对立走向融合。马克思指出：“大工业在全国的尽可能均衡的分布是消灭城市和乡村分离的条件。”[⑥]恩格斯在《论住宅问题》中也鲜明地指出：“消灭城乡对立不是空想，不多不少正像消除资本家与雇佣工人的对立不是空想一样，消灭这种对立日益成为工业生产和农业生产的实际要求。……人们只有在消除城乡对立后

① 中共中央马克思恩格斯列宁斯大林著作编译局编译《马克思恩格斯选集》第一卷，人民出版社，2012，第147页。

② 同上书，第491页。

③ 中共中央马克思恩格斯列宁斯大林著作编译局编译《马克思恩格斯全集》第二卷，人民出版社，1957，第300-301页。

④ 中共中央马克思恩格斯列宁斯大林著作编译局编译《马克思恩格斯选集》第一卷，人民出版社，2012，第308页。

⑤ 同上书，第184-185页。

⑥ 中共中央马克思恩格斯列宁斯大林著作编译局编译《马克思恩格斯选集》第三卷，人民出版社，2012，第684页。

才能从他们以往历史所铸造的枷锁中完全解放出来。”① 马克思、恩格斯还指出：“城乡关系一改变，整个社会也跟着改变。”②

二、乡村振兴战略的历史溯源

（一）国际上对于乡村振兴的探索

从世界范围来看，英国工业革命发生后，人类社会进入漫长的工业化进程中。工业化的过程，也是工业生产部门不断从农业生产部门吸收资源和劳动力的过程，往往伴随着城镇化的加速以及乡村的衰落。在这个过程中，乡村人口不断向城镇转移，乡村的边界不断缩小，城镇的边界不断扩展。据统计，20 世纪中叶，美国、英国等北美、欧洲的发达国家就已经实现了高度的城镇化，农村人口大幅减少，并在之后的半个多世纪中继续减少。北美地区农村人口的比重从 1960 年的 30.08% 下降到 2016 年的 18.19%，欧盟的农村人口比重则从 1960 年的 38.79% 下降到 2016 年的 24.97③。2017 年，美国、英国、法国、德国的农村人口的比重分别为 18%、17%、20%、24%；日本的农村人口比重更低，仅为 6%；发展中国家中，巴西农村人口比重最低，为 14%④。大量农村人口向城镇转移导致乡村土地弃耕、房屋空置，乡村产业出现空心化，乡村社会活力不足，乡村人口老龄化严重，乡村发展的动力枯竭。简言之，乡村衰落了。乡村的衰落严重制约城镇及工业等产业的发展。针对这种情况，美国、欧盟等发达经济体通过政策引导、立法保护、加强乡村基础设施建设、发展农村特色产业、增加农村教育投入等措施振兴乡村经济社会发展，很好抑制了乡村的进一步衰退。日本、韩国等亚洲国家也通过实施“造村运动”“新村建设”等促进乡村的振兴，取得了很好效果。但是，从世界范围来看，乡村衰退的问题仍然不容乐观。亚非拉广大发展中国家因对农村发展不重视或采取措施不当等原因导致乡村衰退愈演愈烈，无法为城镇以及非农产业的发展提供足够的支持，国家经济社会发展也陷入“陷阱”中无法自拔。可见，乡

---

① 中共中央马克思恩格斯列宁斯大林著作编译局编译《马克思恩格斯选集》第三卷，人民出版社，2012，第 264-265 页。

② 中共中央马克思恩格斯列宁斯大林著作编译局编译《马克思恩格斯选集》第一卷，人民出版社，2012，第 237 页。

③ 数据来源：世界银行。

④ 同上。

村振兴无论对于发达国家还是对于发展中国家都具有重大的战略意义，要引起足够的重视。

（二）我国乡村振兴的探索

我国是传统农业大国，曾经创造了发达的农耕文明，也在很长的时间里是世界上非常强大的经济体。近代，我国无论是社会生产力还是政治制度都落后于经历了资产阶级革命和工业革命的西方国家，长年的被侵略和战乱使得我国社会动荡、百业凋敝，乡村也遭到很大破坏，农业、手工业、商业、教育、社会伦理、秩序等全面崩溃。尽管梁漱溟、晏阳初、黄炎培等仁人志士从不同角度提出乡村建设的思想并身体力行去践行，国民政府也推行了所谓“农村复兴计划”，但效果并不理想。中国共产党则通过发动土地革命，解放了农民，改变了农村原有的生产关系，实现了“耕者有其田”，也促进了农村生产力的发展。

新中国成立后，我国继续探索乡村振兴的道路。新中国成立初期，我国提出了社会主义工业化的战略和目标，但并没有忽视农业农村的发展。毛泽东同志就认为“实现农村工业化是农村伟大光明的前途”[①]。为了克服当时乡村主要以个体生产为主、形不成合力的缺陷，我们党提出要“第一步实现农业集体化，第二步在农业集体化的基础上实现农业的机械化和电气化”[②]。在对农村进行社会主义改造，建立人民公社制度的过程中，毛泽东同志还指出：“人民公社的规模比农业生产合作社大得多，并且实现了工农商学兵、农林牧副渔的结合，这就有力地促进了农业生产和整个农村经济的发展。”[③]当然，为了尽快实现从落后农业国到现代工业国的转变，我国优先发展重工业，为了支持工业的发展实施了城乡分割政策。这一阶段，我国通过工农业产品“剪刀差”、农产品统购统销等措施把农业部门、农村的大量资源转移到工业部门、城市，为工业、城市的发展提供资金、物质积累。这种做法导致乡村的发展相对滞后，城乡二元经济结构逐渐形成并固化，城乡差别、工农差别日趋显现出来，成为之后我国经济发展不

---

① 中共中央文献研究室编《建国以来重要文献选编》第十二册，中央文献出版社，2011，第112页。

② 中共中央文献研究室编《建国以来重要文献选编》第十五册，中央文献出版社，2011，第510页。

③ 中共中央文献研究室编《建国以来重要文献选编》第十二册，中央文献出版社，2011，第109页。

平衡的重要因素之一。另外，人民公社制度尽管使乡村的面貌发生了一定改变，利用集体的力量推动乡村在农田水利建设等方面取得了显著成就，但人民公社的集中经营和平均主义挫伤了农民的生产主动性和积极性，严重损害了乡村经济的发展。

1978 年，我国开始改革开放。邓小平同志非常重视农村的发展，指出“中国经济能不能发展，首先要看农村能不能发展，农民生活是不是好起来”[①]。在如何推动农业农村发展上，邓小平同志认为：“农村政策的核心是，尊重和扩大生产队、农民的生产自主权，建立责任制，这就把农民的积极性调动起来了。”[②] 邓小平同志还肯定了乡镇企业、农村工业化的重要作用。他指出：“乡镇企业的发展，主要是工业，还包括其他行业，解决了占农村剩余劳动力百分之五十的人的出路问题。农民不往城市跑，而是建设大批小型新型乡镇。”[③] 另外，江泽民同志也阐述了农村发展对于国家发展的重要作用，指出：“农业上不去，整个国民经济就上不去；农村不安定，整个社会就不会安定；农村经济得不到相应发展，国民生产总值再翻一番、人民生活达到小康水平就不可能实现。”[④] 他还主张通过调整产业结构、发展乡镇企业促进农村人口向非农产业转移，进而提高农民收入。事实上，我国的改革开放也是从农业农村的改革开始的。安徽小岗村的“大包干”拉开了我国农村改革的序幕，农业农村的改革随后逐渐深入。1982 年，中央一号文件明确了包产到户、包干到户都是社会主义集体经济的生产责任制，并在此后不断巩固完善家庭联产承包责任制。同时，政府加大了对农产品的财政补贴，缩小了工农产品的价格“剪刀差”，确立了工农业产品的市场交换机制，破除了农村剩余劳动力向城镇转移的障碍，大力发展乡镇企业。通过改革，农村发展的自由空间扩大了，农民发展的权利得到保障，农民生产的积极性得到了调动，农业生产、乡村建设都获得了长足的发展。但是，与城市的飞速发展相比，乡村的发展仍旧滞后，乡村的公路、电网、通信等基础设施建设因政府投入严重不足而举步维

① 邓小平：《邓小平文选》第三卷，人民出版社，1993，第 77-78 页。

② 中共中央文献研究室编《邓小平年谱（一九七五——一九九七）》（下），中央文献出版社，2004，第 747-748 页。

③ 同上书，第 1194 页。

④ 中共中央文献研究室、国务院发展研究中心编《新时代农业和农村工作重要文献选编》，中央文献出版社，1992，第 788 页。

艰，教育、医疗卫生等公共服务也相对匮乏，大量农村劳动力奔向城市，城乡差距持续扩大。

进入21世纪，城乡发展的不平衡成为制约我国经济发展的瓶颈，我国对城乡关系也作了重点调整。胡锦涛同志认为“三农”问题是关系党和人民事业发展的全局性、根本性问题，并提出要统筹城乡发展。此时，我国经济经过改革开放以来的高速增长，经济实力显著增强，“以工补农，以城带乡”成为可能。在这种情况下，胡锦涛同志正式提出：“统筹城乡经济社会发展，实行工业反哺农业、城市支持农村和‘多予少取放活’的方针，坚持以经济建设为中心，协调推进农村社会主义经济建设、政治建设、文化建设、社会建设和党的建设，推动农村走上生产发展、生活富裕、生态良好的文明发展道路。”①2005年，党的十六届五中全会则提出要按照“生产发展、生活宽裕、乡风文明、村容整洁、管理民主”的要求，扎实推进社会主义新农村建设。这一阶段，我国政府大大增加了对农业、农村发展的投入，乡村的基础设施建设、公共服务、人居环境等均得到显著改善。

中国特色社会主义进入新时代，我国社会主要矛盾已经转化为人民日益增长的美好生活需要和不平衡不充分的发展之间的矛盾，城乡发展的不平衡成为解决我国社会主要矛盾的重要障碍。同时，我国经济进入新常态，要求推动经济高质量发展，也对城乡关系提出了新的更高要求。为此，我国提出实施乡村振兴战略，努力推动城乡的融合发展和共同繁荣，加快推进农业农村现代化，满足人民对于富裕、文明、宜居的美丽乡村的需求。到“十三五”收官时，我国现代农业建设取得了重大进展。2021年2月25日，党中央召开全国脱贫攻坚总结表彰大会，庄严宣告“经过全党全国各族人民共同努力，在迎来中国共产党成立一百周年的重要时刻，我国脱贫攻坚战取得了全面胜利，现行标准下9 899万农村贫困人口全部脱贫，832个贫困县全部摘帽，12.8万个贫困村全部出列，区域性整体贫困得到解决，完成了消除绝对贫困的艰巨任务，创造了又一个彪炳史册的人间奇迹”②，为乡村振兴提供了良好开局。

---

① 胡锦涛：《胡锦涛文选》第二卷，人民出版社，2016，第412页。

② 习近平：《在全国脱贫攻坚总结表彰大会上的讲话》，《人民日报》2021年2月26日，第2版。

三、实施乡村振兴战略的重要意义

“三农”问题是关系我国经济社会发展全局的根本性问题。我国 14 亿人口，5.5 亿在农村[①]。农村繁荣稳定，国家才能繁荣稳定；农业健康快速发展，国民经济才能健康快速发展；农民富裕，全体中国人民才能实现小康。新中国成立以来，尤其是改革开放以来，我国农业农村的发展取得了显著成绩。家庭联产承包责任制的确立以及工农产品价格剪刀差的缩小极大调动了农民的生产积极性，解放了农村的生产力。但是，我国城乡二元结构仍然存在，城乡居民的收入差距仍然很大，青壮年劳动力的长期外流导致乡村产业凋敝、人口老龄化严重、文化不兴、生态环境恶化等，城乡发展的不平衡也成为解决我国社会主要矛盾的重要障碍。提出并实施乡村振兴战略，就是要推动城乡的融合发展和共同繁荣，加快推进农业农村现代化，解决目前我国乡村发展不充分、城乡发展不平衡的问题，这对于我国解决社会主要矛盾、全面建成小康社会、全面建设社会主义现代化国家具有非常重要的意义。

（一）实施乡村振兴战略是有效解决“三农”问题的现实选择

经过新中国成立以来，尤其是改革开放以来对农业农村的改革，我国农业农村农民的面貌发生了很大改变。我国农业综合生产能力显著增强，粮食、经济作物产量大幅提高，林业、畜牧业、渔业等产业均有了长足发展；农业结构不断优化，农业生产的区域布局不断优化，农产品的品种不断增加，绿色的优质农产品快速发展；农业生产技术和科技水平显著提高，农业基础设施建设明显改善；农业生产方式发生深刻变革，规模经营快速发展，农民专业合作社、家庭农场等新兴经营主体大量涌现，设施农业、无土栽培、观光农业等新兴农业生产模式快速发展。农民收入有了显著提高，生活水平明显改善。但是，我国农业的现代化程度不高，农业的竞争力不强，农村的发展明显滞后于城市，农民的收入与城镇居民的收入仍然有很大差距。我国实施乡村振兴战略，就是要坚持农业农村优先发展，建立健全城乡融合发展体制机制和政策体系，加快推进农业农村现代化，从而从根本上解决“三农”问题，建设富裕、文明、宜居的美丽

---

① 数据来源：国家统计局。

乡村。

（二）实施乡村振兴战略是解决当前我国社会主要矛盾的内在要求

中国特色社会主义进入新时代，我国社会主要矛盾已经转化为人民日益增长的美好生活需要和不平衡不充分的发展之间的矛盾。从需求来看，在已经解决温饱的基础上，人们对农业农村的发展提出了新的更高的要求。城镇居民不仅要求充足以及更为安全绿色的农产品，还要求清洁的空气、洁净的水源、恬静的田园风光等生态产品以及可以反映农耕文化、寄托乡愁的精神文化产品①；农村居民不仅要求在农村有稳定的就业和收入，而且要求更完善的基础设施，包括教育、医疗、卫生、体育健身等更全面便捷的公共服务、更可靠的社会保障、更加优美的环境、更丰富的文化生活，要求过上更加富裕、现代化、更有尊严的生活。要解决我国社会的主要矛盾，就要解决好我国经济社会发展的不平衡不充分问题。目前，我国发展不平衡的重要表现之一就是城乡发展的不平衡。2018 年城镇居民人均可支配收入为 39 251 元，农村居民人均可支配收入为 14 617 元，城镇居民人均可支配收入是农村居民的 2.69 倍②；城镇居民人均消费支出为 26 112 元，农村居民人均消费支出为 12 124 元，城镇居民人均消费支出是农村居民的 2.15 倍③。另外，城镇、乡村在公路、通信等基础设施建设以及教育、卫生医疗、健身器材等公共服务方面均存在较大差距。根据第三次全国农业普查的统计数据，在基础设施建设方面，2016 年末我国有火车站的乡镇仅占 8.6%，有码头的占 7.7%，有高速公路出入口的占 21.5%，11.9% 的村通天然气，25.1% 的村有电子商务配送站点，73.9% 的村生活垃圾集中处理或部分集中处理，17.4% 的村生活污水集中处理或部分集中处理，53.5% 的村完成或部分完成改厕任务；在公共服务方面，2016 年末我国仅有 11.9% 的乡镇有剧场、影剧院，16.6% 的乡镇有体育场馆，59.2% 的村有体育健身场所，32.3% 的村有幼儿园、托儿所④。同时，我国发展不充分的重要表现之一就是乡村发展的不充分。在乡村，我国大量产业凋敝，房屋闲置，自然资源没有得到充分利用，前沿先进的科技文化成果没有及时

---

① 朱启臻：《科学认识乡村价值》，《人民日报》2018 年 1 月 2 日，第 20 版。

② 数据来源：国家统计局。

③ 同上。

④ 同上。

充分地与乡村实践结合，生态环境恶化等。发展的不平衡不充分要求我国推进经济的高质量发展，建设现代化经济体系。实施乡村振兴战略是建设现代化经济体系的重要组成部分，通过优先发展农业农村、推动农业农村的现代化，缩小城乡之间的差距，实现城乡的融合发展，使乡村共享我国现代化的成果，推动乡村实现人和自然的和谐发展，满足人民对美好生活的需要。

（三）实施乡村振兴战略是实现“两个一百年”奋斗目标的必然要求

党的十九大报告提出：“到建党一百年时建成经济更加发展、民主更加健全、科教更加进步、文化更加繁荣、社会更加和谐、人民生活更加殷实的小康社会，然后再奋斗三十年，到新中国成立一百年时，基本实现现代化，把我国建成社会主义现代化国家。”①“小康不小康，关键看老乡”，我国全面建成小康社会最突出的短板在“三农”，“三农”工作的成效也在很大程度上检验我国小康的成色、脱贫的质量。2019 年，我国贫困人口 551 万，主要集中在农村②。“三农”问题解决不好，没有农业的发展、农村的繁荣、农民的富裕，就无法实现高质量的小康。社会主义现代化强国要求全面实现现代化，不允许存在任何短板。没有农业、农村的现代化，我国的现代化就不完整、不全面，我国就不是真正意义上的现代化强国。客观上，作为一个大国，我国不可能也不应该消灭农业、农村和农民，我国 5.5 亿人在农村，农村、农业的现代化问题解决不好，我国的现代化也就无从实现。同时，农业是国民经济的基础，要为城镇乃至整个国家的发展提供支持，也是满足全国人民提高生活质量、农产品消费升级需求的物质保障，这就要求建立起现代化的农业生产体系，建设高度发达的乡村，否则城镇的发展也不可持续。实施乡村振兴战略，就是要补齐农业农村现代化的短板，夯实我国建设社会主义现代化的基础，实现新型工业化、信息化、城镇化、农业现代化同步发展。

（四）实施乡村振兴战略是实现全体人民共同富裕的必由之路

共同富裕是社会主义的本质要求。实现共同富裕就要消除两极分化和贫穷现象。帮助乡村摆脱落后、帮助农民摆脱贫困是实现共同富裕的必然

① 习近平：《决胜全面建成小康社会 夺取新时代中国特色社会主义伟大胜利》，人民出版社，2017，第 27 页。

② 数据来源：国家统计局。

要求。实施乡村振兴战略，就是要通过优先发展农业农村，推动城乡融合发展，缩小城乡之间的差距；通过振兴乡村产业，解决农村人口的就业问题，提高农村居民的收入；通过建设文明乡村、绿色乡村，丰富乡村的精神生活，实现乡村人和自然的和谐发展。实施乡村振兴战略，就是要加强对农业农村发展的扶持，加大对农业农村发展的投入，为农业农村发展注入强大动力，使得全体农民享有更多的获得感、幸福感、安全感，让农村、农民共享我国改革发展的成果，最终和全国人民一起实现共同富裕。

第二节 实施乡村振兴战略的总体要求、目标任务和基本原则

2018 年 1 月，党中央、国务院印发了《中共中央、国务院关于实施乡村振兴战略的意见》（以下简称《意见》），2018 年 9 月又印发了《乡村振兴战略规划（2018—2022 年）》（以下简称《规划》）。2021 年，中共中央、国务院印发了《关于全面推进乡村振兴加快农业现代化的意见》。这三个文件是当前乃至今后一段时间我国实施乡村振兴战略的基本遵循，对于我国实施乡村振兴战略的总体要求、发展目标、基本原则等作出了规定。

一、实施乡村振兴战略的总体要求

《规划》提出了实施乡村振兴战略的总体要求，即："坚持农业农村优先发展，按照产业兴旺、生态宜居、乡风文明、治理有效、生活富裕的总要求，建立健全城乡融合发展体制机制和政策体系，统筹推进农村经济建设、政治建设、文化建设、社会建设、生态文明建设和党的建设，加快推进乡村治理体系和治理能力现代化，加快推进农业农村现代化，走中国特色社会主义乡村振兴道路，让农业成为有奔头的产业，让农民成为有吸引力的职业，让农村成为安居乐业的美丽家园。"① 其中，"产业兴旺、生态宜居、乡风文明、治理有效、生活富裕"是其精髓要义，也是我国实施乡村振兴战略的指导方针。这"20 字方针"是有机联系的整体，不可分割，需

① 《中共中央 国务院印发〈乡村振兴战略规划（2018—2022 年）〉》，2018 年 9 月 26 日，http://www.gov.cn/gongbao/content/2018/content_5331958.htm。

要统筹、协调、整体推进。

（一）产业兴旺是乡村振兴的基础

产业兴旺是解放和发展农村社会生产力的重要载体，也是解决农村问题的前提和基础，为乡村振兴提供必要的物质保障。乡村产业兴旺就要推进农业的现代化，要“构建现代农业产业体系、生产体系、经营体系，不断提升我国农业综合效益和竞争力”①。乡村产业兴旺要充分利用乡村的各种资源并将其转化为乡村的产业优势，要紧紧围绕“五位一体”的总体布局，践行绿水青山就是金山银山的理念，把“质量兴农、绿色兴农”贯彻到农业供给侧结构性改革全过程中，发展优势特色产业，推广节能绿色的农业生产技术，实现农业清洁化生产，发展生态循环农业等。乡村产业兴旺要推动农业和农村产业的融合发展，延伸现代农业的产业链，发展休闲农业、乡村旅游、现代食品加工产业等新产业新业态，促进农业向二、三产业延伸，向产业链延伸要效益。

（二）生态宜居是乡村振兴的关键

优美的生态环境是农村的宝贵财富，也是农村发展的最大优势。乡村振兴要尊重自然、顺应自然、保护自然，要把农村良好的生态环境作为农村发展的重要资源要素加以充分利用，要实现人和自然的和谐发展，实现农民富裕和生态优美的统一。生态宜居既要改善人居环境，还要完善基础设施建设和公共服务。生态宜居就是要求乡村振兴贯彻新发展理念，践行绿水青山就是金山银山的理念，把农村生态文明建设摆在更加突出的地位，出台保护生态的农业政策，构建五谷丰登、六畜兴旺的绿色生态体系，发展绿色生态新产业、新业态，让农村不仅可以享受到现代化带来的联通、便捷和高效率，还要实现人、建筑、自然的“融合”和“舒适”，让农村“望得见山、看得见水、记得住乡愁”，成为人人向往的美丽家园。

（三）乡风文明是乡村振兴的灵魂

乡村振兴，乡风文明是保障，也是灵魂。文明乡风的形成，是乡村现代化的重要标志，也是乡村振兴的文化支撑。乡村振兴，“必须坚持物质文明和精神文明一起抓，提升农民精神风貌，培育文明乡风、良好家风、

---

① 习近平：《论坚持全面深化改革》，中央文献出版社，2018，第400页。

淳朴民风，不断提高乡村社会文明程度”①，要避免过去只抓经济忽视文化建设的问题。促进文明乡风的形成，就要加强农村思想道德建设，采取符合农村特点的有效方式，加强爱国主义、集体主义、社会主义教育，推进道德、诚信建设，弘扬社会主义核心价值观；要传承发展提升农村优秀传统文化，保护优秀农耕文化遗产，挖掘农耕文化蕴含的优秀思想、人文精神，推动优秀农耕文化与新时代乡村生产生活结合；要加强农村公共文化建设，规范繁荣农村文化市场，丰富农村文化业态；要开展移风易俗行动，建设良好乡风、家风，抵制各种封建迷信活动和陈规陋习。同时，乡风文明建设也有利于提高农村人口素质，降低经济活动交易成本，提高经济效益，推动农村产业发展。

（四）治理有效是乡村振兴的保障

治理有效是乡村振兴的重要保障。治理有效要求“必须把夯实基层基础作为固本之策，建立健全党委领导、政府负责、社会协同、公众参与、法治保障的现代乡村社会治理体制，坚持自治、法治、德治相结合，确保乡村社会充满活力、和谐有序”②。治理有效强调充分发挥村民、乡村组织在乡村治理中的主体作用，要求治理体现政治性、时代性，治理措施科学精准，确保良好效果。推进实现治理有效就是要构建现代化的乡村治理体系，将我国乡村治理的制度优势转化为治理效能，为乡村振兴提供制度保障。

（五）生活富裕是乡村振兴的根本

乡村振兴，生活富裕是根本。生活富裕就“要坚持人人尽责、人人享有，按照抓重点、补短板、强弱项的要求，围绕农民群众最关心最直接最现实的利益问题，一件事情接着一件事情办，一年接着一年干，把乡村建设成为幸福美丽新家园”③。生活富裕是乡村振兴的出发点和落脚点，回答了“为谁振兴”的问题，是以人民为中心发展思想的具体体现。生活富裕意味着要让亿万农民享有更多的获得感、幸福感，和全国人民一道实现共同富裕，过上更加美好的生活。

---

① 中共中央党史和文献研究院编《十九大以来重要文献选编》上，中央文献出版社，2019，第165页。

② 同上书，第167页。

③ 同上书，第169页。

二、实施乡村振兴战略的目标任务

（一）长期目标

到 2035 年，乡村振兴取得决定性进展，农业农村现代化基本实现。农业结构得到根本性改善，农民就业质量显著提高，相对贫困进一步缓解，共同富裕迈出坚实步伐；城乡基本公共服务均等化基本实现，城乡融合发展体制机制更加完善；乡风文明达到新高度，乡村治理体系更加完善；农村生态环境根本好转，美丽宜居乡村基本实现。到 2050 年，乡村全面振兴，农业强、农村美、农民富全面实现①。

（二）短期目标

2021 年，农业供给侧结构性改革深入推进，粮食播种面积保持稳定、产量达到 1.3 万亿斤以上，生猪产业平稳发展，农产品质量和食品安全水平进一步提高，农民收入增长继续快于城镇居民，脱贫攻坚成果持续巩固。农业农村现代化规划启动实施，脱贫攻坚政策体系和工作机制同乡村振兴有效衔接、平稳过渡，乡村建设行动全面启动，农村人居环境整治提升，农村改革重点任务深入推进，农村社会保持和谐稳定②。

到 2025 年，农业农村现代化取得重要进展，农业基础设施现代化迈上新台阶，农村生活设施便利化初步实现，城乡基本公共服务均等化水平明显提高。农业基础更加稳固，粮食和重要农产品供应保障更加有力，农业生产结构和区域布局明显优化，农业质量效益和竞争力明显提升，现代乡村产业体系基本形成，有条件的地区率先基本实现农业现代化。脱贫攻坚成果巩固拓展，城乡居民收入差距持续缩小。农村生产生活方式绿色转型取得积极进展，化肥农药使用量持续减少，农村生态环境得到明显改善。乡村建设行动取得明显成效，乡村面貌发生显著变化，乡村发展活力充分激发，乡村文明程度得到新提升，农村发展安全保障更加有力，农民获得感、幸福感、安全感明显提高③。

① 中共中央党史和文献研究院编《十九大以来重要文献选编》上，中央文献出版社，2019，第 159-160 页。

② 《中共中央国务院关于全面推进乡村振兴加快农业农村现代化的意见》，《人民日报》2021 年 2 月 22 日，第 1 版。

③ 同上。

三、实施乡村振兴战略的基本原则

按照《意见》《规划》的规定，我国实施乡村振兴战略的基本原则包括以下内容。

1. 坚持党管农村工作

办好中国的事情，关键在党。中国共产党是中国特色社会主义事业的领导核心。乡村振兴也要坚持党管农村工作的原则。要“毫不动摇地坚持和加强党对农村工作的领导，健全党管农村工作领导体制机制和党内法规，确保党在农村工作中始终总揽全局、协调各方，为乡村振兴提供坚强有力的政治保障”①。

2. 坚持农业农村优先发展

农业农村优先发展是解决我国城乡发展不平衡、农业农村发展不充分的必然要求。坚持农业农村优先发展，就是要“把实现乡村振兴作为全党的共同意志、共同行动，做到认识统一、步调一致，在干部配备上优先考虑，在要素配置上优先满足，在资金投入上优先保障，在公共服务上优先安排，加快补齐农业农村短板”②。

3. 坚持农民主体地位

农民是农业农村发展的主体。坚持农民主体地位，就要“充分尊重农民意愿，切实发挥农民在乡村振兴中的主体作用，调动亿万农民的积极性、主动性、创造性，把维护农民群众根本利益、促进农民共同富裕作为出发点和落脚点，促进农民持续增收，不断提升农民的获得感、幸福感、安全感”③。

4. 坚持乡村全面振兴

实施乡村振兴战略要紧紧围绕“五位一体”总体布局和“四个全面”战略布局展开。乡村振兴是乡村的全面振兴。坚持乡村全面振兴，就要“准确把握乡村振兴的科学内涵，挖掘乡村多种功能和价值，统筹谋划农村经济建设、政治建设、文化建设、社会建设、生态文明建设和党的建

---

① 中共中央党史和文献研究院编《十九大以来重要文献选编》上，中央文献出版社，2019，第160页。

② 同上。

③ 同上。

设，注重协同性、关联性，整体部署，协调推进”①。

5. 坚持城乡融合发展

城乡融合发展是消除城乡二元结构带来的诸多问题的重要途径。坚持城乡融合发展，就要“坚决破除体制机制弊端，使市场在资源配置中起决定性作用，更好发挥政府作用，推动城乡要素自由流动、平等交换，推动新型工业化、信息化、城镇化、农业现代化同步发展，加快形成工农互促、城乡互补、全面融合、共同繁荣的新型工农城乡关系”②。

6. 坚持人和自然和谐共生

乡村振兴要坚持人和自然的和谐共生，要“牢固树立和践行绿水青山就是金山银山的理念，落实节约优先、保护优先、自然恢复为主的方针，统筹山水林田湖草系统治理，严守生态保护红线，以绿色发展引领乡村振兴”③。

7. 坚持因地制宜、循序渐进

乡村振兴要坚持因地制宜、循序渐进，要“科学把握乡村的差异性和发展走势分化特征，做好顶层设计，注重规划先行、突出重点、分类施策、典型引路。既尽力而为，又量力而行，不搞层层加码，不搞一刀切，不搞形式主义，久久为功，扎实推进”④。

第三节　实施乡村振兴战略的主要举措

实施乡村振兴战略，就是要按照“产业兴旺、生态宜居、乡风文明、治理有效、生活富裕”的总要求，建立健全城乡融合发展体制机制和政策体系，加快推进农业农村现代化，实现乡村振兴的战略目标。

一、深化农村改革，强化乡村振兴制度性供给

实施乡村振兴战略，必须深化农村改革，加强乡村制度建设，强化乡

① 中共中央党史和文献研究院编《十九大以来重要文献选编》上，中央文献出版社，2019，第160页。

② 同上。

③ 同上书，第160-161页。

④ 同上书，第161页。

村振兴的制度性供给。要通过改革，建立完善乡村市场，发挥市场机制的作用，激发乡村主体创新创业的激情和积极性。要在巩固和完善农村基本经营制度的基础上，深入推进农村土地制度、集体产权制度改革，完善农业支持保护制度。

（一）巩固和完善农村基本经营制度

实施乡村振兴战略要坚持改革开放以来我国农村形成的以家庭承包经营为基础、统分结合的双层经营体制。坚持农村基本经营制度要处理好家庭承包和集体经济之间的关系，核心是制定科学的土地制度。要坚持农村土地农民集体所有，要坚持稳定的土地承包关系。目前，就是要衔接落实好第二轮土地承包到期后再延长30年的政策。实施乡村振兴战略还要完善农村承包地所有权、承包权、经营权“三权分置”制度，保护农村承包地的集体所有权、农户承包权和经营权，允许以农村承包地经营权入股从事农业产业化经营。另外，还要培育新型农业经营主体，培育发展家庭农场、合作社、龙头企业、社会化服务组织和农业产业联合体，根据科技进步和生产手段改进程度、城镇化进程和农村劳动力转移规模、农业社会化服务水平等推动农业土地经营权流转、集中，发展适度的规模经营。

（二）深化农村土地制度改革

2015年1月，我国颁布了《关于农村土地征收、集体经营性建设用地入市、宅基地制度改革试点工作的意见》，标志着我国农村土地制度改革进入试点阶段。几年来，我国在坚持不改变农村土地公有制性质、不突破耕地红线、不让农民利益受损的前提下，推进农村土地制度改革，积累了一些经验。深化农村土地制度改革，就要在总结前期改革经验的基础上，逐步扩大试点范围，及时修改并严格执行《中华人民共和国土地管理法》，完善农村土地利用管理制度体系。要完善土地征收制度，缩小土地征收范围，严格界定公共利益用地范围，规范征收程序；建立农村集体经营性建设用地入市制度，允许农村集体经营性建设用地出让、租赁、入股，明确农村集体经营性建设用地入市范围和途径，建立健全市场交易规则和服务监管制度；改革完善农村宅基地制度，探索宅基地所有权、资格权、使用权“三权分置”，适度放活宅基地使用权；深入推进土地利用规划制度改革，科学规划农村农业用地、设施用地、公益性建设用地、经营性建设用地、宅基地用地，优化农村用地布局；实行更加严格的土地监管制度，集约节约用地，严格管制土地用途，坚决制止未经批准擅自改变土地用途的行为。

（三）推进农村集体产权制度改革

农村集体资产产权归属不清晰、权责不明确、保护不严格，会侵蚀农村集体所有制的基础，影响农村社会的稳定。推进农村集体产权制度改革就是要按照“归属清晰、权责明确、保护严格、流转顺畅”的现代产权制度要求，推进农村集体经营性资产股份合作制改革，探索农村集体所有制的有效实现形式，壮大农村集体经济实力，增加农民财产性收入。要全面开展农村集体资产清产核资和集体成员身份确认，防止农村集体资产被内部少数人控制或被外部资本侵占。

（四）完善农业支持保护制度

完善农业支持保护制度，就是要从农业供给侧结构性改革、农业可持续发展、农业投入保障、农业补贴补偿、支农资金使用管理等方面深化改革，逐步构建符合国情、覆盖全面、指向明确、重点突出、措施配套、操作简便的农业支持保护制度，不断增强强农惠农富农政策的精准性、稳定性、实效性。要构建新型农业补贴政策体系，调整改进“黄箱”政策，扩大“绿箱”政策使用范围，强化绿色生态导向，提高补贴效能；深化农产品收储制度和价格形成机制改革，充分发挥市场在农产品收储、价格形成中的决定性作用；完善农业保险制度，探索稻谷、小麦、玉米完全成本保险和收入保险试点。

二、推进农业现代化，培育农业发展新动能

农业现代化是我国社会主义现代化的重要组成部分，也是我国全面建设社会主义现代化国家的基础。推进农业现代化，就是要坚持质量兴农、绿色兴农，构建现代农业产业体系、生产体系、经营体系，增强农业的创新能力和竞争力，提高农业生产效率，促进农业和第二、第三产业的融合发展，培育农业发展新动能，推动我国由农业大国向农业强国转变。

（一）构建现代农业产业体系

产业体系是现代农业的骨架。构建现代农业产业体系是要在保证粮食生产和安全的基础上优化农业产业结构，发展现代林业、畜牧业、水产

业，推动农业向第二、第三产业延伸，发展高附加值、高质量的农产品生产。首先，确保粮食生产和安全。实施好“藏粮于地、藏粮于技”战略，严守耕地红线，确保“谷物基本自给，口粮基本安全”。要保护粮食主产区，建设粮食功能区，推进农村土地整治，提升耕地质量，建设高标准农田。要加强农田水利设施建设，提高防洪抗旱排涝能力，增强病虫害防治能力。要完善中央储备粮管理制度，科学确定储备粮规模，推动中央、地方两级储备协同运作。其次，优化农业产业布局。立足各地农业资源禀赋，发挥各地比较优势，增强农业区域生产的专业化，加强粮食主产区、功能区建设。例如：东北地区重点提升粮食生产能力，华北地区重点提升粮油、蔬菜、畜产品生产保障能力，长江中下游地区重点稳定粮油生产、发展水产业，华南地区重点发展现代畜禽水产业和特色园艺产业等。形成现代农业区域布局，依据地域特色，发展农业主导产品和农产品加工业，形成支柱产业，打造知名品牌，建设一批特色鲜明、竞争能力较强、类型多样的现代化农业生产基地，推动形成农业产业区域集群。最后，优化农业产业结构。大力发展现代林业、畜牧业、水产业，促进种植业、林业、畜牧业、水产业等农业基本业态结构更为合理。推动农业产业链向生产资料供应、生产技术研发等农业产前部门和加工、流通、销售等农业产后部门延伸，将农产品的产前准备、生产、加工、流通、销售等环节有机联结，形成农业产业链体系。同时，结合本地资源环境优势，推动农业和第二、第三产业融合发展，发展休闲农业、生态农业、观光旅游、农业传统文化保护传承、农业电子商务等的新业态，形成集生产、生活、休闲、生态保护于一体的复合型农业，提高农业的经济效益。

（二）构建现代农业生产体系

生产体系是现代农业的动力支撑。构建现代农业生产体系是要用现代物质装备、科学技术武装农业，改善农业生产条件，优化生产环节，改造生产手段，改善生态环境，不断提高农业生产各环节的技术贡献率，提高农业生产的科技化、机械化、信息化、标准化水平。首先，强化农业科技创新和创新成果应用推广。建立国家农业科技创新体系，培育创新主体，制定政策鼓励农业科技创新和创新成果转化。强化农业基础研究，努力取得前瞻性基础研究的重大突破和原创性重大成果。在种子培育、农机装备、农业污染防治、重大疫病防治等方面加强研究和创新，将创新活动和农业生产活动紧密结合起来，通过合作研发、技术转让、作价投资等多种方式畅通先进农业技术进入农业生产的渠道，加强创新成果的集成应用和示范推广，健全基层农业技术推广体系，使得农业科技创新和创新成果推广成为农业生产发展的持续动力。其次，推进农业生产机械化和信息化。推动我国农机装备和农业机械化的转型升级，加快主要作物生产全程机械化，研发生产装备、高端农机装备，如适合丘陵山区农业生产的农机装备、适用于果菜茶生产以及畜禽水产养殖的农机装备等，促进人工智能、机器人等新兴技术和农业生产的结合，提高农业农机装备率，提高农业生产的机械化、自动化、智能化水平。加强农业信息化建设，实施智慧农业工程和“互联网＋”现代农业行动，大力发展数字农业，加强农业信息的监测预警和发布，提高农业综合信息化服务水平。最后，推进农业标准化生产。制定完善农业质量标准体系，加快建设专业化、规模化、标准化的农业生产基地，生产绿色质优农产品，加强农产品质量安全监管，确保农产品质量安全。

（三）构建现代农业经营体系

经营体系是现代农业的运行保障。构建现代农业经营体系是要在坚持家庭经营基础地位的基础上，培育新型农业经营主体和新型职业农民，发展多种形式适度规模经营，构建家庭经营、集体经营、合作经营、企业经营等共同发展的新型农业经营体系，提高农业经营的集约化、专业化、组织化、社会化水平，有效带动小农户发展。首先，壮大新型农业经营主体。在坚持家庭经营基础地位的基础上，培育新型农业经营主体和新型职业农民。培育发展家庭农场、合作社、龙头企业、社会化服务组织和农业产业联合体等新型农业经营主体，实施农村农业人才培养计划，鼓励大学生、退伍军人、科研工作者回农村从事农业生产，培育新型职业农民。其次，发展多种形式适度规模经营。鼓励农户以土地、资金、劳动、技术等为纽带开展多种形式的合作，扩大生产经营规模，开展规模化、标准化、集约化生产，解决因一家一户分散经营、粗放经营导致的土地碎片化、资源和技术利用不充分、生产效率不高的问题。要因地制宜确定经营规模，不能贪大求全。鼓励农民通过土地入股、联户经营、组建合作社联合社等形式开展多种形式的规模经营。最后，促进小农户生产与现代农业发展的有机衔接。改善小农户生产设施条件，引导小农户采用先进农业技术，提高小农户组织化程度和生产的专业化，鼓励小农户之间以及与新型农业经营主体间开展多种形式的合作，健全农业社会化服务体系，维护小农户利益，提高小农户抵御自然风险的能力。

三、建设富裕文明宜居美丽乡村，塑造乡村新风貌

建设生态宜居、乡风文明、生活富裕的美丽乡村是乡村振兴的应有之义，也是现代化国家的乡村应该有的风貌，是满足人民对美好生活向往的必然要求。

（一）推进乡村绿色发展，建设生态宜居乡村

建设生态宜居乡村就要尊重自然、顺应自然、保护自然，实现人和自然的和谐发展。一是坚持绿色发展，在乡村振兴中践行绿水青山就是金山银山的理念。要强化资源保护和节约利用，实施国家农业节水行动，严格控制未利用地的开垦，实施农用地分类管理，降低耕地开发利用强度，推进动植物种质资源的鉴定、保护和利用，强化渔业资源的管控和养护；要推进农业清洁生产，加强农业投入品的规范化管理，减少化肥农药的使用，严格饲料安全管控，推进农村有机废弃物的收集、转化、利用，推行水产健康养殖，探索农林牧渔融合循环发展模式，修复完善生态链，建设健康稳定的田园生态系统；要集中整治农业环境突出问题，加强病虫害绿色防控，防治土壤污染，推进重金属污染耕地的防控和修复，严禁工业和城镇污染向农业农村转移等；要统筹山水林田湖草系统治理，健全耕地草原森林河流湖泊休养生息制度，开展河湖水系连通和农村河塘清淤整治，开展国土绿化行动，完善天然林保护制度等；要建立市场化多元化生态补偿机制，完善重点领域生态保护补偿机制，推动市场化多元化生态补偿；增加农业生态产品和服务供给，发展生态旅游、观光农业、生态教育等产业，打造绿色产业链。二是完善乡村基础设施和公共服务。要让农村通路、通水、通电、通网，加快通信、物流、广播电视、天然气等基础设施建设，推动城乡基础设施互联互通；提高农村教育水平，普及农村义务教育，改善薄弱学校基本办学条件，发展农村学前教育，推进农村普及高中阶段教育，帮助更多农村劳动力接受高等教育，建好建强农村教师队伍；改善农村医疗卫生条件，加强妇幼、老人、残疾人等重点人群健康服务，

加强慢性病、重大传染病综合防控。三是持续改善农村人居环境。加快补齐突出短板，推进农村生活垃圾治理，梯次推进农村生活污水治理，加强农村饮用水源地保护，实施厕所革命；提升村容村貌，科学规划村庄建筑布局，保留乡村风貌，促进村庄形态与自然环境相得益彰，加快推进农村道路建设，全面推进乡村绿化，完善乡村照明设施，继续推进城乡环境卫生整洁行动，持续推进宜居宜业的美丽乡村建设。

（二）繁荣兴盛乡村文化，建设文明乡风

乡村振兴既要进行物质文明建设，还要进行精神文明建设，繁荣兴盛乡村文化，建设文明乡风。一是加强农村思想道德建设。践行社会主义核心价值观，采取符合农村特点的有效方式，加强爱国主义、集体主义、社会主义教育，大力弘扬民族精神、时代精神，彰显社会主流价值；巩固农村思想文化阵地，加强农村群众思想政治工作，加强人文关怀和心理疏导，培育自尊自信、理性平和、积极向上的农村社会心态；加强道德建设，推进社会公德、职业道德、家庭美德、个人品德建设，树立劳动光荣的观念，弘扬中华孝道，深入宣传道德模范；推进诚信建设，建立健全农村信用体系。二是传承发展提升农村优秀传统文化。保护优秀农耕文化遗产，挖掘农耕文化蕴含的优秀思想、人文精神并利用其凝聚人心、教化群众、淳化民风，推动优秀农耕文化与新时代乡村生产生活结合；保护传统村落、传统建筑、文物古迹，传承传统建筑文化；传承发展农村优秀戏曲曲艺、少数民族文化、民间文化等，保护非物质文化遗产；发展乡村特色文化产业，推动农村传统工艺振兴，发展民间艺术、民俗表演。三是要丰富乡村文化生活。加强农村公共文化建设，健全公共文化服务体系；深入推进文化惠农，增加公共文化产品和服务供给；广泛开展群众文化活动，鼓励农村地区自办文化，传承和发展民族民间传统文艺体育，鼓励开展群众性节日民俗活动，规范繁荣农村文化市场。四是开展移风易俗行动。创建文明家庭、文明村镇，建设良好乡风、家风，抵制各种封建迷信活动和陈规陋习。

（三）提高农民收入水平，建设富裕乡村

生活富裕是乡村振兴的出发点和落脚点，是以人民为中心发展思想的具体体现。生活富裕意味着要让亿万农民享有更多的获得感、幸福感，和全国人民一道实现共同富裕，过上更加美好的生活。一是促进农村劳动力转移就业和农民增收。建立健全覆盖城乡的公共就业服务体系，促进农村劳动力多渠道转移就业，提高就业质量；深化户籍制度改革，推进有条件有意愿的农业转移人口有序落户城镇，依法平等享受城镇公共服务；推动乡村经济多元化，提供更多就业岗位；拓宽农民增收渠道，鼓励农民依法勤劳致富。二是加强农村社会保障体系建设。完善城乡居民基本医疗保险制度、大病保险制度、基本养老保险制度，统筹城乡社会救助体系，完善最低生活保障制度，加强和改善农村残疾人服务。

四、加强农村基层基础工作，健全现代乡村治理体系

治理有效是乡村振兴的重要保障。推进实现治理有效，就要加强农村基层基础工作，健全现代化乡村治理体系，将我国乡村治理的制度优势转化为治理效能。

（一）坚持和完善党对“三农”工作的领导

党政军民学，党是领导一切的。中国共产党的领导，是中国特色社会主义最大的政治优势，也是中国特色社会主义事业取得成功的关键。乡村振兴，也要把党管农村工作的要求落到实处。要完善党的农村工作领导体制机制，各级党委和政府既要抓工业生产，又要抓农业生产，既要抓城市发展，又要抓农村发展，要坚持农业农村优先发展的原则，健全党委统一领导、政府负责、党委农村工作部门统筹协调的农村工作领导体制。要在党的领导下，研究制定中国共产党农村工作条例，把党领导农村工作的传统、要求、政策以党内法规的形式确定下来，明确党领导农村工作的指导思想、原则、领导体制、工作机制、工作任务等。要强化乡村振兴规划引领，明确不同阶段乡村振兴的重点任务和主要抓手，有序推进乡村振兴。要在党的领导下，强化乡村振兴的法治保障，加强“三农”工作队伍建设，营造乡村振兴良好氛围。

（二）加强农村基层党组织建设

农村基层党组织是推进乡村治理的基本力量。只有建立起科学高效的农村基层党组织体系，党领导的乡村治理才会坚强有力。要扎实推进抓党建促乡村振兴，把农村基层党组织建设成坚强的战斗堡垒。要强化农村基层党组织的领导核心地位，健全组织机构，创新活动方式，整顿软弱涣散

的党组织，发挥农村党员先锋模范作用。实施农村带头人队伍整体优化提升行动，建立选派第一书记工作长效机制，吸引优秀大学生、机关企事业单位优秀共产党员到乡村任职。提高农村党员素质，建立农村党员定期培训制度，推进“两学一做”学习教育常态化制度化，全面落实“三会一课”、主题党日、谈心谈话等制度，稳妥有序处置不合格党员。

（三）深化村民自治实践

坚持村民自治，加强农村群众性自治组织建设，完善和提升村民自我管理的机制和能力。规范村民委员会等自治组织的选举，健全农村基层民主决策程序，创新村民议事形式，保障村民的知情权和决策权。充分发挥村民自治章程和村规民约在农村基层治理中的积极作用，弘扬公序良俗。健全务实管用的村务监督机制，推行村务公开。加强农村社区治理创新，整合优化公共服务和行政审批职责，打造便捷“一站式服务”综合服务平台，广泛建立网上服务站点，形成较为完善的乡村便民服务体系。

（四）建设法治乡村、德治乡村、平安乡村

建设法治乡村，将依法治国的理念贯彻到乡村治理中，强化法律在维护农民合法权益、解决纷争、化解矛盾、规范市场运行等农村各项工作中的权威地位，将农村涉农的各项工作纳入法治化轨道，通过加大普法力度让村民知法、懂法、守法，增强村民法治观念，通过健全农村公共法律服务体系加强对农民的法律援助和司法救助。建设德治乡村，挖掘乡村熟人社会蕴含的道德规范，强化道德教化作用，引导农民尊老爱幼、勤俭持家、重义守信、向好向善，充分发挥新乡贤示范引领作用，深入推进移风易俗，破除封建陋习。建设平安乡村，群防群治，健全农村社会治安防控体系；深入开展扫黑除恶专项斗争，严厉打击农村黑恶势力、宗族恶势力以及黄赌毒盗拐骗等违法犯罪；严厉打击非法宗教、邪教活动，严防境外渗透活动；健全农村公共安全体系，消除农村安全隐患，坚决遏制重特大安全事故发生。

五、凝聚力量，强化乡村振兴人才支撑

人才是支撑发展的第一资源。实施乡村振兴战略，必须破除人才瓶颈制约，要汇聚全社会力量推动乡村振兴。一是要大力培育新型职业农民。

全面建立职业农民制度，优化农业从业者结构，吸引大学生、退伍军人、科研工作者从事农业生产，培养爱农业、懂技术、善经营、创新能力强的新型职业农民；加强教育培训，创新培训方式，推动新型职业农民不断学习新思想、新知识、新技术；完善新型职业农民的养老、医疗等社会保障制度。二是要加强农村专业人才队伍建设。培育“三农”领域实用专业人才，提高农村专业人才服务保障能力，做好边疆地区、革命老区等的人才支持工作；发挥科技人才支撑作用，加强涉农专业学科建设，大力培育农业科技、科普人才，加强农技推广人才队伍建设，实施农业科研杰出人才计划，鼓励高校、科研院所等事业单位专业技术人员到乡村、企业挂职、兼职并保障其合法的权益，允许农业科技人才通过提供服务合理取酬。三是鼓励社会各界投身乡村建设。以乡情乡愁为纽带，引导和支持党政干部、企业家、科技工作者、专家学者、建筑师等各种社会人才通过担任志愿者、投资兴业、提供服务、捐资捐物等方式参与到乡村建设中；出台并实施融资贷款、税费减免、定向补助等方面的扶持政策，引导工商资本投入乡村建设；调动各种群团组织和民主党派、无党派人士等社会各界力量投入乡村振兴事业；鼓励城乡、区域、校地之间联合培养人才，加强人才交流。

第五章　实施区域协调发展战略

党的十九大报告指出，我国社会主要矛盾已经转化为人民日益增长的美好生活需要和不平衡不充分的发展之间的矛盾。其中，发展的不平衡首先表现为区域发展的不平衡。实施区域协调发展战略是解决发展不平衡尤其是区域发展不平衡的重要举措，是践行新发展理念的现实要求，是建设现代化经济体系的重要组成部分。《“十四五”规划和2035年远景目标纲要》提出要“深入实施区域重大战略、区域协调发展战略、主体功能区战略，健全区域协调发展体制机制，构建高质量发展的区域经济布局和国土空间支撑体系”①。

第一节　实施区域协调发展战略的理论和历史溯源

推动区域协调发展是世界性的重大课题。我国疆域辽阔，各地自然资源禀赋、民族特点、人文环境等各不相同，导致各地发展存在差异，发展不平衡。推动区域协调发展一直是我国发展经济、全面建设社会主义现代化国家过程中关注的重大问题。理解我国实施区域协调发展战略的理论基础，总结国内外探索区域协调发展的宝贵经验，有助于更好推进区域协调发展。

一、马克思主义政治经济学关于区域经济发展的理论是我国实施区域协调发展战略的重要理论依据

（一）区域分工理论

关于区域分工，马克思、恩格斯认为，随着社会生产的发展，产业部门之间、城乡之间、地域经济之间必然出现分工和协作。马克思、恩格斯曾指出，“各民族之间的相互关系取决于每一个民族的生产力、分工和内

---

① 《中华人民共和国国民经济和社会发展第十四个五年规划和2035年远景目标纲要》，2021年3月13日，http://www.xinhuanet.com/2021-03/13/c_1127205564.htm。

部交往的发展程度。……而且这个民族本身的整个内部结构也取决于自己的生产以及自己内部和外部的交往的发展程度”[①]，“一个民族内部的分工，首先引起工商业劳动同农业劳动的分离，从而也引起城乡的分离和城乡利益的对立。分工的进一步发展导致商业劳动同工业劳动的分离。同时，由于这些不同部门内部的分工，共同从事某种劳动的个人之间又形成不同的分工。……在交往比较发达的条件下，同样的情况也会在各民族间的相互关系中出现”[②]。他们还认为：“一个民族的生产力发展的水平，最明显地表现于该民族分工的发展程度。任何新的生产力，只要它不是迄今已知的生产力单纯的量的扩大（例如，开垦土地），都会引起分工的进一步发展。”[③]这里的“分工”，也包含了区域分工。马克思、恩格斯认为区域分工可以推进社会生产力的发展。马克思指出，“把一定生产部门固定在国家一定地区的地域分工，由于利用各种特点的工场手工业生产的出现，获得了新的推动力”[④]，可见，建立在发挥区域自然条件优势基础上的分工和相互之间的协作，能极大地提高劳动生产率，解放和发展生产力。

（二）平衡生产力布局理论

马克思、恩格斯认为区域经济发展不平衡是资本主义不平衡发展规律在空间上的表现形式，社会主义社会应当实现生产力的平衡布局，消除区域间的发展差异。针对资本主义制度下工业过度集中在大城市、城乡发展严重不平衡导致的种种弊端，恩格斯提出了在社会主义社会要平衡社会生产力布局的思想。在《反杜林论》中，他指出：“从大工业在全国的尽可能均衡的分布是消灭城市和乡村分离的条件这方面来说，消灭城市和乡村的分离也不是什么空想。的确，文明在大城市中给我们留下了一种需要花费许多时间和力量才能消除的遗产。但是这种遗产必须被消除而且必将被消除。”[⑤]恩格斯还认为，随着社会生产力的发展，科学技术水平显著提高，交通条件得到很大改善，生产逐渐摆脱了原料产地的限制，这也为平衡生

① 中共中央马克思恩格斯列宁斯大林著作编译局编译《马克思恩格斯选集》第一卷，人民出版社，2012，第147页。

② 同上书，第147-148页。

③ 同上书，第147页。

④ 马克思：《资本论》第一卷，人民出版社，1975，第392页。

⑤ 中共中央马克思恩格斯列宁斯大林著作编译局编译《马克思恩格斯选集》第三卷，人民出版社，2012，第684页。

产力布局提供了现实可能性。正如他所说："纺织工业所加工的原料大部分是进口的。西班牙的铁矿石在英国和德国加工；西班牙和南美的铜矿石在英国加工。每个煤矿区都把燃料远销本地区以外的逐年扩大的工业地区。在欧洲的整个沿海地区，蒸汽机用英国的煤，有的地方用德国的和比利时的煤来发动。摆脱了资本主义生产的局限性的社会可以更大踏步地前进。"① 需要注意的是，马克思、恩格斯倡导的生产力的平衡分布，并不是生产力的平均分布，而是在承认地区差别、充分发挥不同地区在自然环境、资源禀赋等方面优势的基础上尽可能地消除地区差别。恩格斯在写给奥·倍倍尔的信中明确提出："在国和国、省和省、甚至地方和地方之间总会有生活条件方面的某种不平等存在，这种不平等可以减少到最低限度，但是永远不可能完全消除。阿尔卑斯山的居民和平原上的居民的生活条件总是不同的。"②

马克思、恩格斯认为，要实现社会生产力的平衡布局，需要遵循以下几个原则。一是按统一计划协调配置生产力。在《反杜林论》中，恩格斯提出："只有按照一个统一的大的计划协调地配置自己的生产力的社会，才能使工业在全国分布得最适合于它自身的发展和其他生产要素的保持或发展。"③ 二是工业生产要尽可能接近原料产地、消费市场、交通枢纽。马克思、恩格斯认为，生产力的空间布局必须有利于降低生产费用、增加产出，能够提高整个社会的劳动生产率，这就要求工业生产要尽可能接近原料产地、消费市场、交通枢纽。马克思在《资本论》中分析了工业生产要接近原料产地的原因，他指出，"资本主义生产越发达，因而，由机器等组成的不变资本部分突然增加和持续增加的手段越多，积累越快（特别是在繁荣时期），机器和其他固定资本的相对生产过剩也就越严重，植物性原料和动物性原料的相对生产不足也就越频繁"④，原料的相对生产不足导致原料价格提高，"如果由于这些原料价格的提高一方面引起了需求的减少，另一方面既引起了当地生产的扩大，又使人们从遥远的一向很少利用或者根本不利用的生产地区去取得供给，而这两方面加在一起使原料的供

① 中共中央马克思恩格斯列宁斯大林著作编译局编译《马克思恩格斯选集》第三卷，人民出版社，2012，第 684 页。

② 同上书，第 349 页。

③ 同上书，第 683-684 页。

④ 马克思：《资本论》第三卷，人民出版社，2004，第 135 页。

给超过需求（而且是在原来的高价下超过需求），以致这种高价现在发生暴跌”①。可见，工业生产要尽可能接近原料产地、消费市场、交通枢纽，才能降低生产费用，避免因原料价格上涨导致产品价格波动进而对生产产生不利影响。三是要促进城乡融合。马克思、恩格斯认为："物质劳动和精神劳动的最大的一次分工，就是城市和乡村的分离。城乡之间的对立是随着野蛮向文明的过渡、部落制度向国家的过渡、地域局限性向民族的过渡而开始的，它贯穿着文明的全部历史直至现在。”②但是，城市和乡村的分离和对立、工业向大城市集中导致环境问题、先进地区和落后地区的利益冲突等一系列问题。因此，无产阶级在掌握政权后，应该“按照共同的计划增加国家工厂和生产工具，开垦荒地和改良土壤。……把农业和工业结合起来，促使城乡对立逐步消灭”③。同时，马克思、恩格斯还指出:“只有使人口尽可能地平均分布于全国，只有使工业生产和农业生产发生紧密的联系，并适应这一要求使交通工具也扩充起来……才能使农村人口从他们数千年来几乎一成不变地在其中受煎熬的那种与世隔绝的和愚昧无知的状态中挣脱出来。”④

（三）社会再生产协调发展理论

马克思分析了资本主义社会再生产过程，提出了社会再生产协调发展理论。一是社会生产要供求平衡。马克思认为："在需求方面有一定量的社会需要，而在供给方面则有不同生产部门的一定量的社会生产与之相适应。”⑤马克思把社会生产分为两大部类，认为社会再生产要顺利进行，第一部类生产的生产资料要满足两大部类对于生产资料的需求，第二部类生产的消费资料要满足两大部类对于消费资料的需求。二是社会生产按比例进行。马克思认为，社会再生产要顺利进行，要求两大部类内部各产业部

---

① 中共中央马克思恩格斯列宁斯大林著作编译局编译《马克思恩格斯文集》第七卷，人民出版社，2009，第135页。

② 中共中央马克思恩格斯列宁斯大林著作编译局编译《马克思恩格斯文集》第一卷，人民出版社，2009，第556页。

③ 中共中央马克思恩格斯列宁斯大林著作编译局编译《马克思恩格斯选集》第一卷，人民出版社，2012，第422页。

④ 中共中央马克思恩格斯列宁斯大林著作编译局编译《马克思恩格斯选集》第三卷，人民出版社，2012，第265页。

⑤ 中共中央马克思恩格斯列宁斯大林著作编译局编译《马克思恩格斯文集》第七卷，人民出版社，2009，第209页。

门之间和两大部类之间保持一定的比例关系。同时，他还提出社会劳动要按比例分配，指出："要想得到与各种不同的需要量相适应的产品量，就要付出各种不同的和一定量的社会总劳动量。这种按一定比例分配社会劳动的必要性，决不可能被社会生产的一定形式所取消，而可能改变的只是它的表现形式，这是不言而喻的。"① 马克思关于社会再生产协调发展的理论可以指导市场实现供求平衡，可以指导产业、部门的协调发展，同样可以指导区域经济的协调发展。整个社会生产力的发展，需要国民经济各部门按比例组织生产，需要区域协调发展；区域内部的经济发展同样需要各产业、部门按比例组织生产。

二、国外推进区域协调发展的历史经验

推进区域协调发展是世界各国经济发展中的重大问题。美国、欧盟、日本等为了消除区域差异，都在推进区域协调发展方面进行了一些探索，积累了非常宝贵的经验。

（一）美国推进区域协调发展的经验

美国是目前世界上最发达的国家，科技发达，产品门类齐全，生产集约化程度很高。但是，因自然资源条件、历史原因等因素的影响，美国曾经也是一个区域发展很不平衡的国家。为了消除区域发展差异，美国进行了艰苦的探索，并取得了很大成就。比较典型的是，19 世纪中期到 20 世纪末期，美国为了推动西部落后地区的发展，实施了"西进运动"。"西进运动"的第一个阶段，是从美国独立战争结束到美国南北战争时期，主要以农业为主对美国西部进行初步开发。美国政府通过在西部建州、让居民获得土地、移民、加强基础设施建设、扶持教育发展等政策推动了西部开发以及西部农业的发展，缩小了其与东部的发展差距。"西进运动"的第二个阶段，是从美国南北战争结束到第二次世界大战结束，主要以工业为主对西部进行开发。美国政府通过吸引外商投资基础设施、吸引国外优秀劳动力、重视环境保护和科技应用、重视东西部工矿业均衡发展、增加对西部的投入等政策推动了西部的工业发展，美国在由农业国向工业国转化的同时经济重心也逐渐向西部转移，东西部经济发展逐渐达到平衡。"西

① 中共中央马克思恩格斯列宁斯大林著作编译局编译《马克思恩格斯选集》第四卷，人民出版社，2012，第 473 页。

进运动”的第三个阶段，是从第二次世界大战结束到20世纪末，主要以开发高新技术为主发展西部。美国政府通过建立高科技园区、加强区域经济管理、充分发挥市场的力量等政策极大发展了西部地区的经济，也促进了整个美国的经济繁荣，更实现了东西部地区的均衡发展。

（二）欧盟国家推进区域协调发展的经验

欧盟各国的地区间发展不平衡问题一直是困扰欧洲一体化的重要障碍。比如：希腊、意大利、西班牙、荷兰北部、法国西北部等以农业为主要产业，发展较慢，相对落后；德国鲁尔工业区、法国北部和东部等是纺织、钢铁、煤炭等传统工业比较集中的地区，现在随着产业的衰落比较萧条；英国伦敦、法国巴黎等地区则人口稠密、交通拥挤、环境恶化，社会问题突出；芬兰、瑞典北部北极圈地区因气候、环境等问题发展缓慢，成为欧洲边缘地区；等等。为了缩小地区间的发展差距，欧盟通过成立协调地区发展的机构、设立专门用于实施区域发展政策的地区发展基金、协调成员国区域经济政策等措施促进欧盟内部落后成员国及落后地区经济的发展，取得了良好效果。各成员国也采取切实有效措施推进本国内部区域协调发展。例如：德国在1990年统一之后，原东德地区比较落后，德国通过对原东德地区进行大规模投资和财政援助、利用国家信贷银行向原东德地区中小企业提供投资补贴、税收减免等措施推动了原东德地区经济的发展，缩小了东西部地区的发展差距。再比如，20世纪50年代法国东西部地区发展不平衡，东部工业发达，西部以农业为主，东西部地区发展差距很大。法国政府通过设立专门机构协调各区域资源配置、实施“增长极”发展战略、开展区域规划和国土整治、实行地方分权等措施推动了东西部地区的协调发展。

（三）日本推进区域协调发展的经验

第二次世界大战结束后，日本区域经济发展不平衡，出现了东京、大阪、名古屋等人口稠密、经济发达的“过密区”以及北海道等人口稀疏、经济衰退的“过疏区”。为了缩小地区的发展差距，日本通过制定并出台《国土综合开发法》《国土利用开发法》等法律为开发落后地区提供法律依据，根据落后地区的资源禀赋条件制订有针对性的振兴计划，制订不同层次、针对性强的开发计划，为落后地区设立专门行政管理机构指导开发工作，设立专门金融机构针对落后地区实施税收优惠和贷款优惠政策，加大落后地区基础设施建设，重视教育质量均等化，重视科学技术的研究和创新，注重保护生态等。这些措施推动了落后地区的经济发展，促进了区域协调发展。

三、我国推进区域协调发展的探索

由于自然资源禀赋、地理位置、人文环境、历史因素等方面的差异，我国区域发展的不平衡问题由来已久。为了推进区域协调发展，我国进行了艰苦卓绝的探索，取得了显著的成效。

（一）区域均衡发展（新中国成立至改革开放前）

新中国成立初期，我国生产力水平低下，工业基础孱弱，区域发展极不平衡。有限的工业大部分集中在东部沿海地区，尤其是集中在以上海为中心的长江三角洲地区，此外主要分布在以沈阳为中心的东北南部地区、京津唐地区等，西南、西北地区的近代工业则很少。为了推动社会生产力的均衡发展，同时考虑到当时的国际政治形势，我国加大了对中西部地区的投资力度，大力推进中西部地区铁路交通等基础设施建设，促进工业布局向内陆地区推进，大大推动了内陆地区经济的发展，初步实现了社会生产力的均衡布局。正如毛泽东同志 1956 年在《论十大关系》中所提出的："我国全部轻工业和重工业，都有约百分之七十在沿海，只有百分之三十在内地。这是历史上形成的一种不合理的状况。沿海的工业基地必须充分利用，但是，为了平衡工业发展的布局，内地工业必须大力发展。"[①] 可见，这一时期我国实际上实行的是区域均衡发展的战略，推动工业在全国范围内的合理布局，改变了过去工业主要集中在东部沿海地区的面貌，不仅实现了我国工业的合理布局，推动了内陆地区的经济发展，而且还具有非常重要的政治意义。但是，由于这一时期的投资主要集中在内陆地区，导致东部沿海地区、华北等老工业基地的发展相对缓慢，应有的作用没有得到有效发挥。

（二）区域非均衡发展（改革开放初期至 20 世纪 90 年代中后期）

绝对的平衡发展是无法实现的，也是不科学的、无效率的，是违背马克思主义政治经济学基本原理和历史唯物主义的。正如恩格斯所说："在

---

① 中共中央文献研究室编《建国以来重要文献选编》第八册，中央文献出版社，2011，第 208 页。

国和国、省和省、甚至地方和地方之间总会有生活条件方面的某种不平等存在，这种不平等可以减少到最低限度，但是永远不可能完全消除。阿尔卑斯山的居民和平原上的居民的生活条件总是不同的。”[①]改革开放后，人们开始反思牺牲效率的绝对的区域均衡发展。同时，受当时国际盛行的梯度推移理论的影响，我国对区域发展战略进行了调整。区域发展把效率和效益放在第一位，兼顾公平，实行非均衡发展。“六五”（1981—1985年）计划提出了要利用沿海地区现有基础，发挥其优势带动内地经济发展的计划。“七五”（1986—1990年）计划则提出，要按照东部—中部—西部的顺序，加快发展东部，有重点地发展中部，做好进一步开发西部的准备。其间，1988年，邓小平同志提出了“两个大局”的战略思想，指出：“沿海地区要加快对外开放，使这个拥有两亿人口的广大地带较快地先发展起来，从而带动内地更好地发展，这是一个事关大局的问题。内地要顾全这个大局。反过来，发展到一定的时候，又要求沿海拿出更多力量来帮助内地发展，这也是个大局。那时沿海也要服从这个大局。”[②]区域非均衡发展战略在实践中取得了很大成功，东部沿海地区在原有的基础上迅猛发展，为我国的改革开放和社会主义市场经济体制的建立积累了宝贵的经验，同时还吸收了大量农村劳动力，拉动了中西部地区的发展，为全国经济注入了活力。但是，这在客观上也拉大了东部和中西部地区的发展差距。20世纪90年代后，我国区域发展方面在注重效率的基础上，更加强调公平。“八五”（1991—1995年）计划提出了“统筹规划、合理分工、优势互补、协调发展、利益兼顾、共同富裕”[③]的生产力布局原则，调整过分向东部沿海地区倾斜的区域发展战略，扩大开放沿海、沿江、沿边地区，建立各种类型的经济开发区，加强中西部地区的基础产业发展和基础设施建设，为中西部地区的发展创造良好的条件。

（三）区域发展总体推进（20世纪90年代中后期至党的十八大前）

20世纪90年代中后期，针对我国东部地区和中西部地区发展差距扩大的现实，我国在鼓励东部率先发展的同时，开始更加重视中西部地区的

① 中共中央马克思恩格斯列宁斯大林著作编译局编译《马克思恩格斯选集》第三卷，人民出版社，2012，第349页。

② 邓小平：《邓小平文选》第三卷，人民出版社，1993，第277-278页。

③ 中共中央文献研究室编《十三大以来重要文献选编》下，中央文献出版社，2011，第56页。

发展，积极缩小区域间的发展差距。党的十四大报告明确指出："解决地区发展差距，坚持区域经济协调发展，是今后改革和发展的一项战略任务。"[①]1999年，我国提出"西部大开发"战略，开始推进青藏铁路、国道主干线西部路段、西气东输、西电东送等一系列重点工程，西部基础设施建设得到明显改善，对外开放水平得到提高，经济获得长足发展，人民生活水平提高。2003年，我国实施了东北地区等老工业基地振兴战略，东北地区等老工业基地产业结构得到升级，创新能力得到增强，对外开放水平得到提高。2004年，十六届四中全会提出"促进中部地区崛起"。"十一五"规划对中部地区发展提出了要求。2006年《中共中央 国务院关于促进中部地区崛起的若干意见》发布。通过实施"中部崛起"战略，中部地区工业化和城镇化步伐加快，承接了大量海外以及沿海地区转移过来的产业，经济获得明显发展。2006年，胡锦涛同志提出："继续推进西部大开发，振兴东北地区等老工业基地，促进中部地区崛起，鼓励东部地区率先发展。"[②]至此，我国形成了以西部大开发、东北地区等老工业基地振兴、中部地区崛起、东部地区率先发展"四大板块"为支撑的区域发展总体战略，区域发展的协调性大大增强。

（四）区域协调发展（党的十八大至今）

党的十八大以来，以习近平同志为核心的党中央围绕推进区域经济的协调发展进行了一系列决策部署，取得了良好效果。《中共中央关于制定国民经济和社会发展第十三个五年规划的建议》（以下简称《"十三五"规划建议》）提出了创新、协调、绿色、开放、共享的发展理念。习近平总书记在《关于〈中共中央关于制定国民经济和社会发展第十三个五年规划的建议〉的说明》中指出："谋划'十三五'时期经济社会发展，必须全力做好补齐短板这篇大文章，着力提高发展的协调性和平衡性。"[③]《"十三五"规划建议》明确提出推动区域协调发展，就要"塑造要素有序自由流动、主体功能约束有效、基本公共服务均等、资源环境可承载的区域协调

① 中共中央文献研究室编《江泽民论有中国特色社会主义（专题摘编）》，中央文献出版社，2002，第171页。

② 中共中央党校教务部编《十一届三中全会以来党和国家重要文献选编》，中共中央党校出版社，2008，第708页。

③ 中共中央文献研究室编《十八大以来重要文献选编》中，中央文献出版社，2016，第775页。

发展新格局”[①]，要“深入实施西部大开发，支持西部地区改善基础设施，发展特色优势产业，强化生态环境保护。推动东北地区等老工业基地振兴，促进中部地区崛起，加大国家支持力度，加快市场取向改革。支持东部地区率先发展，更好辐射带动其他地区。支持革命老区、民族地区、边疆地区、贫困地区加快发展，加大对资源枯竭、产业衰退、生态严重退化等困难地区的支持力度”[②]。党的十九大报告进一步明确提出“实施区域协调发展战略”[③]。2018 年，我国出台了《中共中央 国务院关于建立更加有效的区域协调发展新机制的意见》，对推进区域协调发展提出了具体的明确要求。区域协调发展战略的实施，推动了我国区域协调发展向更高水平和更高质量迈进。《中华人民共和国国民经济和社会发展第十四个五年规划和 2035 年远景目标纲要》提出了深入实施区域协调发展战略，要“深入推进西部大开发、东北全面振兴、中部地区崛起、东部率先发展，支持特殊类型地区加快发展，在发展中促进相对平衡”[④]。

第二节　实施区域协调发展战略的重大意义

目前，我国区域发展的协调性明显增强，但区域发展不平衡不充分的问题仍然突出。实施区域协调发展战略是解决区域发展不平衡不充分问题的现实需要，是建设现代化经济体系的重要组成部分，也是全面建设社会主义现代化国家、实现第二个百年奋斗目标的必然要求，具有非常重要的意义。

一、当前我国区域发展存在的主要问题

目前，我国区域发展的协调性明显增强。区域发展的短板弱项明显改善。比如：京津冀发展协同性明显增强，粤港澳合作进一步深化，等等。区域发展的差距逐渐缩小。西部地区基础设施、生态环境明显改善，中部

① 中共中央文献研究室编《十八大以来重要文献选编》中，中央文献出版社，2016，第 800 页。

② 同上书，第 801 页。

③ 习近平：《决胜全面建成小康社会 夺取新时代中国特色社会主义伟大胜利》，人民出版社，2017，第 32 页。

④ 《中华人民共和国国民经济和社会发展第十四个五年规划和 2035 年远景目标纲要》，2021 年 3 月 13 日，http://www.xinhuanet.com/2021-03/13/c_1127205564.htm。

地区新型城镇化、先进制造业快速发展，东北地区等老工业基地产业结构优化，都大大缩小了与东部沿海地区的发展差距。功能平台示范效应持续显现。国家级新区、自由贸易试验区等功能平台的建设发挥了很好的示范效应，也为所在区域的发展注入新的动力。海洋强国建设初现成效。我国海洋科技水平不断提高，海洋资源开发能力不断提升，海洋产业不断壮大，海洋经济实力大幅提升。

但要清醒地看到，我国区域发展仍然不平衡，存在诸多亟须解决的问题，主要包括以下问题。

（1）地区间人均 GDP 和劳动生产率差异显著。2011 年以来，尽管我国中西部地区经济增长速度快于东部地区，中西部地区人均 GDP 的增速也快于东部地区，但从绝对值上看，我国地区间人均 GDP 的差距还很大。据统计，2018 年我国人均 GDP 最高的省份是最低省份的 4.47 倍[①]。地区间劳动生产率的差异也很显著。据统计，劳动生产率最高的省份是最低省份的 3.8 倍[②]。

（2）地区间居民收入和福利水平差异显著。2019 年，上海市人均可支配收入最高，为 69 442 元，甘肃省人均可支配收入最低，为 19 139 元。上海市人均可支配收入是甘肃省人均可支配收入的 3.6 倍。经济发展水平的差异导致不同地区在教育、医疗、文化、公共服务、社会保障等方面的财政支出存在很大差距，地区间居民的福利水平差距显著。

（3）地区间发展机会不均等。由于地理位置、生态环境、自然资源、交通运输条件、人文素质等因素的限制，中西部、东北等地区的发展机会还是比东部沿海地区少。尽管近年来我国增加了对中西部、东北等地区的投资，改善了这些地区的基础设施环境和投资环境，但是与东部沿海地区还存在显著差异。例如：2017 年，广东、上海、北京等发达地区的互联网普及率超过了 70%，云南、甘肃、贵州等地区的互联网普及率仅为 40% 左右[③]。新增企业单位的分布数据也显示，中西部、东北等地区的发展机会少于东部沿海地区。据统计，超过 30% 的新增企业单位集中在江苏、广

---

① 数据来源：国家统计局。

② 孙志燕、侯永志：《对我国区域不平衡发展的多视角观察和政策应对》，《管理世界》2019 年第 8 期。

③ 同上。

东和山东等发展相对领先的东部地区，而西部 12 个省份新增企业单位之和所占比重不到 20%[①]。

（4）地区间人口、资本等要素流动不平衡。部分地区“未富先老”现象严重。据统计，2017 年，重庆是我国老年人口抚养比最高的城市，达到 20.6%，广东最低，为 10.2%[②]。2005—2017 年，人口抚养比最高省份与最低省份之比扩大了将近 1 倍[③]。从资本的流向看，资本向发达地区聚集的趋势加强。据统计，2010—2017 年，全社会固定资产投资新增部分，将近 25% 的比例流向了山东、江苏和河南等省份，而辽宁、山西两地全社会固定资产投资均出现了绝对量的下降[④]。从各地新增全社会固定资产投资占全国的比重来看，排名后 10 位的省份所占比重之和低于 10%[⑤]。

二、实施区域协调发展战略的时代价值

实施区域协调发展战略是解决区域发展不平衡不充分问题的现实需要，是贯彻新发展理念的内在要求，是建设现代化经济体系的重要组成部分，也是实现第二个百年奋斗目标的必然要求，具有非常重要的意义。

（一）实施区域协调发展战略是解决我国社会主要矛盾的现实需要

中国特色社会主义进入新时代，我国社会主要矛盾已经转化为人民日益增长的美好生活需要和不平衡不充分的发展之间的矛盾。区域发展不平衡、部分区域发展不充分是发展不平衡不充分的主要表现之一，也是解决当前我国社会主要矛盾的主要障碍之一。目前，我国中西部地区在人均 GDP、居民人均收入、基础设施、公共服务、社会保障、生态环境等方面均和东部地区存在很大差距。现在的情况显然很难满足人们对于美好生活的需要。实施区域协调发展战略，继续推进西部大开发、中部崛起、东北地区等老工业基地振兴，充分发挥东部地区率先发展的示范引领作用，加大对革命老区、边疆地区发展的支持力度，可以很好推动这些地区升级优化产业结构、改善基础设施建设、保护生态环境，提高当地居民的收入水

① 孙志燕、侯永志：《对我国区域不平衡发展的多视角观察和政策应对》，《管理世界》2019 年第 8 期。

② 同上。

③ 同上。

④ 同上。

⑤ 同上。

平和生活水平，促进当地经济社会的发展，缩小与东部地区的发展差距，满足人们对于美好生活的需要。

（二）实施区域协调发展战略是贯彻新发展理念的内在要求

党的十八大以来，以习近平同志为核心的党中央提出了创新、协调、绿色、开放、共享的发展理念，这是当前乃至今后一段时间推进我国经济社会发展的重要遵循。坚持协调发展，“必须坚持区域协同、城乡一体、物质文明精神文明并重、经济建设国防建设融合，在协调发展中拓宽发展空间，在加强薄弱领域中增强发展后劲”[①]。实施区域协调发展战略是贯彻新发展理念的内在要求，旨在促进我国东中西部地区间的平衡发展，缩小相对落后地区与经济发达地区的发展差距，维护生态平衡，拓宽发展空间，最终“塑造要素有序自由流动、主体功能约束有效、基本公共服务均等、资源环境可承载的区域协调发展新格局”[②]，增强经济社会发展的整体性和协调性。

（三）实施区域协调发展战略是推动经济高质量发展的重要保障

新时代我国经济发展进入新常态，经济由高速增长阶段进入高质量发展阶段。推动经济高质量发展，要求转变经济发展方式、推动经济结构优化升级、转换经济增长动力等。区域经济的发展影响国民经济的整体发展、国民经济的结构、国民经济的整体效率、经济社会发展的公平性以及人和自然的关系等，具有非常重要的作用。目前，我国欠发达地区产业落后、资源配置效率不高、经济发展缺乏活力，严重制约了我国经济的发展。但是同时，欠发达地区也是我国经济发展的潜力所在。推动经济高质量发展，需要建立现代化经济体系，需要推动区域协调发展。实施区域协调发展战略，是建立现代化经济体系的重要组成部分，通过加大对欠发达地区的扶持力度，转变经济增长方式，促进传统产业的优化升级，淘汰落后产能，积极发展绿色低碳、高新技术等产业，推动区域互动、城乡融合、陆海统筹，提高生产要素的空间配置效率，释放新动能，拓展发展新空间，实现人与自然的和谐发展，最终推动经济实现高质量发展。

（四）实施区域协调发展战略是实现第二个百年奋斗目标的必然要求

党的十九大报告提出了“两个一百年”的奋斗目标。全面建成小康社

---

① 中共中央文献研究室编《十八大以来重要文献选编》中，中央文献出版社，2016，第 800 页。

② 同上。

会最重要、最难做到的是“全面”，要求我国经济发展具有平衡性、包容性，要求工业化、农业现代化、信息化、新型城镇化同步发展，要求均等地提高教育、医疗卫生、文化、社会保障等方面的服务水平，要求全面地消除贫困等。实施区域协调发展战略，通过推动西部大开发、中部崛起、东北地区等老工业基地振兴、东部沿海地区率先发展增强地区间的协调互动和发展的平衡性、包容性，以城市群为主体构建大中城市与小城镇协调发展新格局推动新型城镇化，通过加大对落后地区的扶持力度推动这些地区的工业化、农业现代化、信息化以及教育、医疗卫生、文化、社会保障等方面的均等化，消除落后地区的贫困现象，正是如此，我国才能在2020年全面建成小康社会。建成社会主义现代化强国需要分两个阶段来实现，第一阶段基本实现社会主义现代化。人民更加富裕、城乡区域发展差距和居民生活水平差距显著缩小、基本公共服务均等化基本实现等是其重要的标准；第二阶段把我国建成富强民主文明和谐美丽的社会主义现代化强国。全体人民共同富裕基本实现是其重要的标准。显然，区域发展的不平衡与我国建成社会主义现代化强国的目标格格不入。实施区域协调发展战略，就是要通过加大对欠发达地区的扶持力度推动其发展，消除其与发达地区发展差距、居民生活水平差距，实现基本公共服务均等化，实现共同富裕，为建成社会主义现代化强国打下坚实基础。

第三节 实施区域协调发展战略的目标和思路

实施区域协调发展战略要围绕推进区域协调发展的目标，统筹有序地推进各项政策措施的实施。

一、推进区域协调发展的目标

2017年中央经济工作会议上，习近平总书记提出了推进区域协调发展的三大目标，分别是：基本公共服务均等化、基础设施通达程度比较均衡、人民生活水平大体相当。

（一）基本公共服务均等化

基本公共服务是维持人们基本的生存和发展、基本的社会正义、基本的社会经济稳定所需要的基本社会条件。主要包括：满足人们生存基本需要的基本生活保障、基本住房保障、基本就业保障、基本养老保障、残疾人服务，满足人们健康基本需要的基本医疗卫生服务，满足人们基本能力需要的公共教育、文化体育等。目前，我国地区间基本公共服务不均衡问题依然较为突出，尤其是中西部地区在教育、医疗、社会保障、文化体育等方面与东部地区存在很大差距。推进区域协调发展就要实现地区间基本公共服务的均等化，缩小基本公共服务的地区差距。

（二）基础设施通达程度比较均衡

基础设施对于一个地区吸引投资、降低企业生产成本、提高企业生产效率、营造良好运营环境、促进产业升级、推动经济发展有着非常重要的影响。目前，我国欠发达地区和发达地区在基础设施建设方面的差距还很明显。推进区域协调发展，就要通过大力推进高速铁路网、高速公路网、通信网等基础设施建设以及区域性枢纽建设，促进东中西部、南北部地区间的互联互通，实现各地区基础设施通达程度比较均衡，为构建东西南北纵横联动区域发展新格局创造条件。

（三）人民生活水平大体相当

目前，我国中西部地区和东部地区、欠发达地区和发达地区居民人均GDP、人均可支配收入都有很大差距。推进区域协调发展，要贯彻以人民为中心的发展思想，让广大人民群众共享改革发展的成果，增强人民群众的获得感、幸福感，要缩小各地区间人民的收入差距，努力实现共同富裕。

二、实施区域协调发展战略的思路

实施区域协调发展战略要围绕推进区域协调发展的目标，统筹有序推进区域协调发展。

（一）统筹推进区域协调发展

统筹推进区域协调发展可以充分合理有效地利用有限的资源推动不同区域发展战略的实施，形成区域发展的合力。一是推动国家重大区域战略融合发展。当前，我国正在实施“一带一路”倡议、京津冀协同发展战略、长江经济带发展战略、粤港澳大湾区建设战略、西部大开发战略、中部崛起战略、东北地区等老工业基地振兴战略、东部沿海地区率先发展战略等，这些国家重大区域战略之间在内容上有交叉，要推动这些战略的融合发展，形成区域发展的合力。二是统筹发达地区和欠发达地区的发展。要加强对欠发达地区的扶持力度，补齐基础设施、公共服务等方面的短板，在推进传统产业转型升级的同时深化东部沿海等发达地区的改革创新、动能转换，在充分发挥发达地区示范引领作用的同时发挥欠发达地区对发达地区在资源、劳动力等方面的支持作用，促进发达地区和欠发达地区协调互动、共同发展。三是统筹陆海发展。统筹陆海的产业布局和结构、基础设施建设、资源开发等，促进陆海一体化、协同发展。

（二）推动区域市场一体化建设

推进区域协调发展要充分发挥市场的决定性作用。要实施全国统一的市场准入负面清单制度，消除区域市场壁垒，打破行政性垄断，促进区域间要素的自由流动。要推动区域市场一体化建设，形成全国统一开放、竞争有序的大市场，完善区域交易平台和制度建设，通过充分发挥市场作用将资源配置到最有需要的地方，提高资源利用效率，促进经济发展。

（三）加强区域间的合作互助

推进区域协调发展需要加强区域间的合作互助。加强区域间的合作，就要取长补短、优势互补，通过合作实现互利共赢。比如：加强城市群内部城市间的合作，加强流域上下游的合作，加强省际交界地区的合作，积极开展国际区域合作等。加强区域间的互助，就是要加强发达地区对欠发达地区的支援和帮扶，最终实现由单方受益向双方受益转变。比如：加强东西部扶贫协作，开展好对口支援等。同时，为了促进区域间合作互助的顺利开展，还要健全区域间的利益补偿机制。要完善多元化横向生态补偿机制，鼓励生态受益地区通过资金补偿、对口协作、产业转移等方式补偿生态受损地区或需要在生态保护中付出更多成本的地区；鼓励粮食主销区通过在粮食主产区建设加工园区、建立优质商品粮基地以及提供资金、技术服务、人才等方式对粮食主产区进行利益补偿，共同维护国家粮食安全；鼓励资源输入地通过与资源输出地共建园区、进行产业合作等形式对资源输出地进行利益补偿。

第四节 实施区域协调发展战略的主要举措

实施区域协调发展战略要统筹推进区域发展战略的实施，缩小地区间的发展差距，补齐短板，激发经济发展动能，增强经济发展后劲，提高区域经济发展的效率，提高区域发展的整体性、协调性、平衡性。具体来说，就是要落实《“十四五”规划和2035年远景目标纲要》的要求，深入实施区域重大战略、区域协调发展战略、主体功能区战略，健全区域协调发展体制机制，构建高质量发展的区域经济布局和国土空间支撑体系。优化国土空间开发保护格局，就是“立足资源环境承载能力，发挥各地区比较优势，促进各类要素合理流动和高效集聚，推动形成主体功能明显、优势互补、高质量发展的国土空间开发保护新格局”①。深入实施区域重大战略，就是“聚焦实现战略目标和提升引领带动能力，推动区域重大战略取得新的突破性进展，促进区域间融合互动、融通补充”②。深入实施区域协调发展战略，就是“深入推进西部大开发、东北全面振兴、中部地区崛起、东部率先发展，支持特殊类型地区加快发展，在发展中促进相对平衡”③。另外，还要积极拓展海洋经济发展空间，“坚持陆海统筹、人海和谐、合作共赢，协同推进海洋生态保护、海洋经济发展和海洋权益维护，加快建设海洋强国”④。

一、实施“一带一路”倡议、京津冀协同发展战略和长江经济带发展战略

实施习近平总书记提出的建设“新丝绸之路经济带”和“21世纪海上丝绸之路”的倡议是推动区域协调发展的重要举措。“一带一路”倡议旨在利用我国和“一带一路”沿线国家既有的双边、多边机制以及区域合作平台推动沿线国家更大范围、更高水平、更深层次的经济合作，立足国际

---

① 《中华人民共和国国民经济和社会发展第十四个五年规划和2035年远景目标纲要》，2021年3月13日，http://www.xinhuanet.com/2021-03/13/c_1127205564.htm。

② 同上。

③ 同上。

④ 同上。

国内两种资源和两种市场促进市场的深度融合以及资源要素的自由流动和高效配置，共同打造政治互信、开放包容、互惠互利的利益共同体。共建“一带一路”推动沿线欧亚非大陆和附近海洋构建立体互联互通网络，促进沿线国家建立起全方位的伙伴关系，实现发展战略的对接和耦合，深化人文交流和文明互鉴，在合作中求得共赢。对于我国经济发展来说，通过建设“新丝绸之路经济带”把我国中西部地区建设成承东启西、贯通南北的开放枢纽，把新疆、广西、云南等地区打造成开放的前沿阵地，推动当地的贸易繁荣、技术交流引进、产业升级，拉动当地经济发展，为以后的赶超发展创造条件；通过建设“21 世纪海上丝绸之路”推动上海、福建、广东、浙江、海南等沿海地区的港口、码头建设，对接海上丝绸之路的需求，促进自由贸易试验区的建设，构建陆海联动、双向开放的新格局，在开放中融合互动、互利共赢，推动国内经济的发展。实施“一带一路”倡议要与我国重大区域发展战略统筹对接，明确不同区域在建设“一带一路”中的角色定位和建设重点，在保证“一带一路”倡议顺利实施的同时推动重点区域实现内外开放的良性互动以及自身经济的发展。

实施京津冀协同发展战略就是要将京津冀三地作为一个整体协同发展，着眼于解决“大城市病”和同质竞争问题，以疏解北京非首都功能为“牛鼻子”，推动城市布局和空间结构的合理化。2018 年发布的《中共中央 国务院关于建立更加有效的区域协调发展新机制的意见》提出：“以疏解北京非首都功能为‘牛鼻子’推动京津冀协同发展，调整区域经济结构和空间结构，推动河北雄安新区和北京城市副中心建设，探索超大城市、特大城市等人口经济密集地区有序疏解功能、有效治理‘大城市病’的优化开发模式。”①实施京津冀协同发展战略要结合北京、天津、河北三地的区域特点和功能定位，“着力推进产业升级转移，着力推动公共服务共建共享，着力加快市场一体化进程，加快打造现代化新型首都圈，努力形成京津冀目标同向、措施一体、优势互补、互利共赢的协同发展新格局”②。要疏解北京的非首都功能，高起点规划、高标准建设雄安新区，推进北京

① 中共中央党史和文献研究院编《十九大以来重要文献选编》上，中央文献出版社，2019，第 692–693 页。

② 《京津冀协同发展目标：到 2030 年一体化格局基本形成》，2015 年 8 月 23 日，http://www.xinhuanet.com/politics/2015-08/23/c_1116342995.htm。

城市副中心建设，有效治理“大城市病”。要加强京津冀地区交通互联互通、产业分工协作、生态共同治理，优化城市布局和空间结构，创新经济人口密集区域开发新模式。

长江经济带覆盖上海、江苏、浙江等11个省市，是我国人口、产业、经济最为密集的经济带。长江经济带的发展关系国家发展的全局。近年来，随着开发强度的增大，长江经济带的生态环境遭到严重破坏，严重制约了经济的发展，对当地人民群众的生活也造成了不利影响。2016年，习近平总书记指出，“长江是中华民族的母亲河，也是中华民族发展的重要支撑。推动长江经济带发展必须从中华民族长远利益考虑，走生态优先、绿色发展之路，使绿水青山产生巨大生态效益、经济效益、社会效益，使母亲河永葆生机活力”[①]，“当前和今后相当长一个时期，要把修复长江生态环境摆在压倒性位置，共抓大保护，不搞大开发”[②]。实施长江经济带发展战略，要把保护、修复长江经济带的生态环境摆在压倒性的位置，“以共抓大保护、不搞大开发为导向，以生态优先、绿色发展为引领，依托长江黄金水道，推动长江上中下游地区协调发展和沿江地区高质量发展”[③]。2016年颁布的《长江经济带发展规划纲要》确立了“一轴、两翼、三极、多点”的发展新格局。“一轴”是以长江黄金水道为依托，发挥上海、武汉、重庆的核心作用，构建沿江绿色发展轴，推动经济由沿海溯江而上梯度发展；“两翼”分别指沪瑞和沪蓉南北两大运输通道，通过促进交通的互联互通，增强南北两侧腹地重要节点城市人口和产业集聚能力；“三极”指的是长江三角洲、长江中游和成渝三个城市群，充分发挥中心城市的辐射作用，打造长江经济带的三大增长极；“多点”是指发挥三大城市群以外地级城市的支撑作用，加强与中心城市的经济联系与互动，带动地区经济发展[④]。在具体实施过程中，要保护和修复长江经济带的生态环境，建立起综合立体交通走廊，推动产业的转型升级和新型城镇化，深化

---

① 习近平：《走生态优先绿色发展之路 让中华民族母亲河永葆生机活力》，2016年1月7日，http://www.xinhuanet.com/politics/2016-01/07/c_1117704361.htm。

② 同上。

③ 中共中央党史和文献研究院编《十九大以来重要文献选编》上，中央文献出版社，2019，第693页。

④ 《〈长江经济带发展规划纲要〉正式发布》，江汉大学网站，2016年9月12日，转引自《湖北日报》，2016年9月12日。

向东开放，加快向西开放，统筹陆海开放，推动长江经济带的协调发展。

二、统筹推进西部大开发、东北地区等老工业基地振兴、中部地区崛起、东部地区率先发展战略实施

实施区域协调发展战略，要统筹推进欠发达地区和发达地区的发展，要推进西部大开发、东北地区等老工业基地振兴、中部地区崛起、东部地区率先发展。党的十九大报告明确要求："强化举措推进西部大开发形成新格局，深化改革加快东北等老工业基地振兴，发挥优势推动中部地区崛起，创新引领率先实现东部地区优先发展。"①

实施西部大开发战略要强化举措，形成发展新格局。要在之前推进西部大开发所取得的成果的基础上，推动西部大开发战略与"一带一路"建设、长江经济带发展战略的对接和融合，充分发挥"一带一路"建设、长江经济带发展的引领作用，拓展西部地区的对外开放空间，努力形成发展的新格局。要继续巩固和加强西部地区的基础设施建设，加快建设铁路、公路等交通设施，推进西电东送、西气东输等重点工程，打造区域性枢纽；要根据西部地区特点发展特色产业，形成优势产业，发展先进制造业、高新技术产业、清洁能源与优势矿产资源开发加工等产业，提升内生发展动力；要抓住"一带一路"建设的机遇，提高对外开放水平，加强边境口岸设施建设，加强与毗邻国家的技术交流和经济合作，发展边境贸易；要加强生态环境建设，保护生态，治理污染，为国家筑牢生态安全屏障；要继续加强和改善公共服务，普及义务教育，发展职业教育，改善医疗卫生条件，实现公共服务的均等化，缩小与东部地区的差距。

振兴东北地区等老工业基地要更加注重深化改革。要充分发挥市场在资源配置中的决定性作用，加快转变政府职能，减少政府对市场主体的不合理干预，营造开放、公平、透明的营商环境；要深化国有企业改革，真正让国有企业参与到市场竞争中，提高其生产经营效率，增强竞争力；要优化产业结构，促进传统产业的转型升级，在充分利用原有工业基础的同时适应现代新经济、新业态的需要发展先进装备制造业和汽车、船舶等产

① 习近平：《决胜全面建成小康社会 夺取新时代中国特色社会主义伟大胜利》，人民出版社，2017，第33页。

业，发展高新技术产业；要发展现代化农业，发挥好粮食主产区的功能，强化粮食生产基地建设，贯彻科技兴农理念，提高农业生产的机械化、标准化、规模化水平，推动农业产业化经营，提高生产经营效益；要加强基础设施建设，加快铁路、公路等交通运输通道建设；要加强与毗邻国家的经济技术合作，扩展开放空间，发展边境贸易；要加强文化建设，转变人民思想观念，把开放、竞争、公平、法治等市场经济理念融入人们日常生活中。

推进中部地区崛起要发挥中部地区承东启西、贯通南北的区位优势和产业体系较为完整的产业优势。要依托区位优势增强中心城市和重点城市群的集聚功能，带动周边经济发展；要推进现代综合交通运输体系和物流体系的建设，加快干线铁路、公路、内河港口、客运货运机场建设，建设交通运输枢纽和物流中心；要建设现代化产业体系，充分利用现有产业基础和创新优势，推动现有钢铁、化工、建材等产业的转型升级，承接东部转移的产业，支持发展机械装备、汽车、机车车辆等装备制造业以及新材料、生物工程等新兴产业，推动工业现代化，充分发挥粮食主产区功能，加大农业生产投入，发展现代化农业；要全面融入“一带一路”建设，开展国际经济技术合作，发展开放型经济。

鼓励东部地区率先发展要强化创新引领。要充分发挥东部地区率先发展的示范引领作用，创新体制机制，探索完善社会主义市场经济体制，探索自由贸易试验区的建设和运营，探索现代化经济体系的建设，为其他地区的发展提供指引借鉴；要增强自主创新能力，加大对教育、研发的投入力度，力争在关键领域的基础研究和应用研究中取得突破，形成一批拥有自主知识产权的核心技术，打造知名品牌；要率先推动产业结构的优化升级，转变增长方式，发展新能源、新材料、生物工程、新兴信息产业、高端装备制造业等新兴产业和现代服务业，打造全球先进制造业基地；要加强生态环境保护，坚持绿色发展，提高可持续发展能力；要继续加强经济特区、上海浦东新区等国家级新区建设，带动周边区域经济发展；要继续扩大开放，推进更高水平、更高层次的国际交流和合作；要继续坚持对中西部地区等欠发达地区的帮助和扶持，从制度、技术、经营模式等各方面引领其他地区的发展。

三、建立以中心城市引领城市群发展、城市群带动区域发展新模式

伴随着工业化，我国的城镇化的进程也在加快。随着城镇化进程的加快，大城市群作为增长极对于区域乃至全国经济发展的带动作用日益明显。以中心城市引领城市群发展、以城市群带动区域发展的区域发展趋势正在不断加强。目前，我国形成了以北京、天津为中心城市的京津冀城市群，并带动环渤海地区的协同发展；形成了以上海为中心城市的长三角城市群，带动长江经济带的发展；形成了以郑州为中心城市的中原城市群，带动中原地区的发展；形成了以成都、重庆为中心城市的成渝城市群，带动长江中游地区的发展；以哈尔滨、长春为中心城市的哈长城市群，带动东北地区的发展；形成了以香港、澳门、广州、深圳为中心城市的粤港澳大湾区，带动珠江—西江经济带创新绿色发展；等等。建立以中心城市引领城市群发展、城市群带动区域发展新模式，就要加强对城市群发展的规划和引导，根据不同城市群所在区域的特点和自然禀赋进行合理的产业布局和空间布局，确定城市群的合理边界，防止盲目扩大范围；要明确城市群中不同城市的功能定位和分工，强化城市间在资金、技术、产业、人才等方面的优势互补；要加强城市群内部的交通、信息、电力等基础设施网络建设，实现互联互通；要在城市群内部形成统一、开放、竞争、有序的市场，减少壁垒，促进生产要素的自由流动，提高资源配置效率和生产效率；要健全城市群内部城市间的跨行政区划沟通协作机制，降低交易成本；要在城市群中形成保护生态的合力，完善生态补偿机制，促进城市群绿色可持续发展。

四、加大力度支持革命老区、民族地区、边疆地区的发展

老少边穷地区是我国特殊类型困难地区，经济落后，基础设施薄弱，公共服务水平低，人民生活水平亟待提高，与发达地区存在很大差距。加大力度支持老少边穷地区的发展是缩小欠发达地区与发达地区差距、解决地域发展不平衡问题的重要举措。加大力度支持老少边穷地区的发展要加大财政转移支付和财政投资的力度，推动乡村振兴、兴边富民的顺利开

展；要加强老少边穷地区交通、通信、网络、电力等基础设施建设，打造立体化综合运输体系，改善基础设施条件，为地区经济发展创造条件；要保护生态环境，培育发展红色旅游、乡村旅游、民族特色产业等优势产业和特色经济，增强地区发展的内生动力；要提高公共服务水平，普及义务教育，发展职业教育，加强民族地区的高等教育，大力发展医疗卫生、科技服务、民族地区传统文化等公共服务；以“一带一路”建设为契机，提高民族地区、边疆地区的开放水平，加快民族地区、边疆地区的发展，巩固边疆、边境安全。

五、支持资源型地区经济转型发展

资源型地区是以本地区矿产、森林等自然资源开采、加工为主导产业的地区。经过长期的开采，资源型地区的自然资源趋于枯竭，当地经济随之陷入衰退，民生问题严重，生态环境保护的压力巨大。况且，资源型地区的经济往往受世界资源市场需求变化、资源价格变化的影响较大，凸显出资源依赖型经济的脆弱性。推动资源型地区经济发展要把经济的转型升级摆在突出的地位。要摒弃过去过分依赖资源、增长优先等观念，制定资源型地区发展的长期规划，确定经济增长目标、生态环境目标以及促进经济可持续发展的措施，通过制定并实施经济转型补偿制度，加强财政、金融等政策支持，推动经济转型顺利推进，实现地区经济发展与生态环境的和谐。以创新驱动经济发展，促进资源型地区新旧动能转换，推进产业结构优化升级，推动资源的节约化开发，提高资源采选回收水平，加强废弃物综合利用，推动资源产业向下游延伸，大力发展纳米材料、高性能稀土材料等新材料产业，鼓励发展可再生能源和清洁能源，推动光伏发电、生物质能等新能源产业的发展，结合地区特点发展自然风光旅游、休闲度假旅游、资源产业托管服务、工程和管理咨询等产业。高起点、高标准建设转型发展综合配套改革试验区，积累推动资源型地区经济转型发展的经验并加以推广，推进全国资源型地区经济转型发展的有效开展。贯彻绿色发展理念，加强生态环境建设，加强矿山地质环境恢复治理，强化重点污染物防治，大力推进节能减排，推进重点地区生态环境保护和经济发展的平衡发展，尤其要统筹新疆、内蒙古等资源富集但是生态脆弱地区的资源开发与生态保护，走可持续发展之路。

六、坚持陆海统筹，加快建设海洋强国

我国是海洋大国，海洋对于我国经济的发展和对外开放具有非常重要的意义。坚持陆海统筹，加快建设海洋强国，是增强我国综合国力和国际竞争力的重要举措和必然要求。要转变我国传统的“重陆轻海”观念，培育陆海并重的文化，增强国民的海洋意识，形成理性的“海洋观”，为推动我国建设海洋强国夯实思想基础。要从国家战略的高度将陆地和海洋的发展看作一个有机整体，统筹陆海发展，实现陆海资源互补，陆海发展相互支援、相互促进。要大力发展海洋经济，建设现代海洋产业体系，坚持创新驱动，推进海洋科技创新体系建设，优化海洋产业结构，实现海洋产业的合理布局，推动海洋产业成为国家支柱产业，为建设海洋强国奠定坚实的经济基础。要打造可持续海洋生态环境，加强海洋生态保护，探索建立沿海、流域、海域协同一体的综合治理体系，尤其要加强对海岸带、沿海滩涂的开发、保护和综合利用。要以推进“一带一路”建设为契机，加强与周边国家的陆海合作，求同存异，追求共同利益，实现互利共赢。要统筹运用各种手段坚决维护和拓展国家的海洋权益，维护好我国管辖海域的海上航行自由和海洋通道安全。要深度参与全球海洋治理，积极发展蓝色伙伴关系，深度参与国际海洋治理机制和相关规则制定与实施，推动建设公正合理的国际海洋秩序，推动构建海洋命运共同体。

七、建立更加有效的区域协调发展新机制①

区域治理的现代化是推进国家治理体系和治理能力现代化的重要组成部分。推进区域协调发展要建立更加有效的区域协调发展新机制，增强区域发展的协同性、联动性和整体性。建立更加有效的区域协调发展新机制，要坚持市场主导与政府引导相结合、中央统筹与地方负责相结合、区别对待和公平竞争相结合、继承创新与改革完善相结合、目标导向与问题导向相结合的原则，“立足发挥各地区比较优势和缩小区域发展差距，围

① 中共中央党史和文献研究院编《十九大以来重要文献选编》上，中央文献出版社，2019，第690-702页。

绕努力实现基本公共服务均等化、基础设施通达程度比较均衡、人民基本生活保障水平大体相当的目标，深化改革开放，坚决破除地区之间利益藩篱和政策壁垒，加快形成统筹有力、竞争有序、绿色协调、共享共赢的区域协调发展新机制，促进区域协调发展”[①]。要建立区域战略统筹机制，推动“一带一路”倡议、京津冀协同发展战略、长江经济带发展战略、粤港澳大湾区建设战略、西部大开发战略、中部崛起战略、东北地区等老工业基地振兴战略、东部沿海地区率先发展战略等国家重大区域战略的融合发展，统筹发达地区和欠发达地区发展，推动陆海统筹发展。要健全市场一体化发展机制，促进城乡区域间要素自由流动，推动区域市场一体化建设，完善区域交易平台和制度。要深化区域合作机制，推动京津冀地区、中西部地区、长江经济带、粤港澳大湾区等区域间的合作，加强城市群内部城市间的合作，促进流域上下游合作发展，加强省际交界地区合作，积极开展国际区域合作。优化区域互助机制，深入实施东西部扶贫协作，深入开展对口支援，新开展对口协作（合作）。要健全区际利益补偿机制，完善多元化横向生态补偿机制，建立粮食主产区与主销区之间利益补偿机制，健全资源输出地与输入地之间利益补偿机制。要完善基本公共服务均等化机制，提升基本公共服务保障能力，提高基本公共服务统筹层次，推动城乡区域间基本公共服务衔接。创新区域政策调控机制，实行差别化的区域政策，建立区域均衡的财政转移支付制度，建立健全区域政策与其他宏观调控政策联动机制。健全区域发展保障机制，规范区域规划编制管理，建立区域发展监测评估预警体系，建立健全区域协调发展法律法规体系。

---

① 中共中央党史和文献研究院编《十九大以来重要文献选编》上，中央文献出版社，2019，第690-691页。

第六章　加快完善社会主义市场经济体制

新中国成立以来，我国对社会主义经济的形式进行了艰苦的探索和改革。从20世纪50年代初期逐渐形成并在当时的历史条件下对我国国民经济的恢复和发展发挥过重要作用同时存在严重弊端的高度集中的计划经济体制逐渐转向市场经济体制，在不断深化对社会主义和市场经济的认识过程中建立起了中国特色社会主义市场经济体制，实现了社会主义和市场经济、市场作用和政府作用的有机结合，增强了国民经济活力，提高了经济运行效率，促进了经济健康持续发展。

第一节　市场与政府关系是经济学研究的基本问题

几百年来，市场与政府的关系一直是经济学理论与实践中争论不休但却无法回避的基本问题。作为两种基本的资源配置方式，市场与政府在推动经济发展过程中均发挥着非常重要的作用；同时，二者又都存在缺陷。为了克服缺陷，市场与政府只有相互配合，相互补充，共同作用于经济发展，才能促进经济健康、稳定、可持续发展。事实上，市场与政府共同调节经济运行已经成为现代市场经济的一个基本特征。正如美国著名学者罗伯特·吉尔平（Robert Gilpin）在其著作《国际关系政治经济学》中所说："两种对立的社会组织形式——国家与市场——交织在一起，贯穿着数百年来的历史，它们的相互作用日益增强。"① 正确认识二者之间的关系，对于我们深刻理解包括中国在内的当今世界各国的基本经济制度有着非常重要的意义。

一、古典经济学的市场决定理论

古典经济学派是最早对市场机制、市场与政府关系作出系统分析的学派。早在18世纪，亚当·斯密就提出了"看不见的手"理论，认为通过

---

① 罗伯特·吉尔平：《国际关系政治经济学》，经济科学出版社，1989，第9页。

市场的作用，资源就可以得到优化配置，政府没有必要介入市场运行，只需要发挥“守夜人”的作用即可。李嘉图对亚当·斯密的理论进行了继承和发展。他在论述劳动价值论和分配理论时，提出收入分配应该由市场来决定，市场决定工人的工资水平，政府不应干预和控制经济运行中形成的分配结果。萨伊提出了“萨伊定律”，认为供给创造其自身的需求，市场的作用可以使产品的供给和需求自动达到平衡，生产出来的产品都可以卖出去，市场不会出现普遍过剩，也不会发生经济危机，即使个别部门出现了供求失衡的现象，也是暂时的，市场的力量会改变这种状况，使得供给和需求重新回到平衡状态。约翰·穆勒则认为“一国的生产物总是按照该国的全部输出品适足抵偿该国的全部输入品所必需的价值， 与其他国家的生产物相交换。 这一国际价值法则只是更为一般的价值法则，即我们称之为供给和需求方程式的延伸”①，市场的力量可以保证国际贸易领域的供求平衡。

总的来说，古典经济学派关于市场与政府关系的基本观点是：在自由市场上，人都是理性经济人，每个人都有生产什么、消费什么的自由，并在生产消费过程中追求自身利益的最大化；市场的竞争机制迫使企业生产满足消费者需求的产品，从而客观上促进公共利益的实现；政府不应干预市场运行，只制定规则保证市场正常运行以及提供国防用品等私人部门无法提供的物品即可；市场经济具有内在稳定性，在市场作用下，供给和需求可以自行达到均衡。

古典经济学派关于市场与政府关系的观点有其合理的成分，主要表现在：首先，古典经济学派承认并尊重市场主体的“经济人”本质，市场主体对于自身利益的追求是任何社会经济增长的动力和源泉；其次，古典经济学派始终坚持市场在资源配置中的基础作用，认为在市场的调节下，资源可以得到最优的配置，主张政府不应过多干预经济。同时，古典经济学派关于市场与政府关系的观点也存在明显的缺陷，主要表现在：首先，古典经济学派片面夸大了市场在资源配置中的作用，对于市场失灵的问题重视不足；其次，古典经济学派一直奉行“大市场，小政府”的原则，认为政府没有必要深入介入到经济运行中，只要做好“守夜人”的角色就可以了。但在现实经济运行中，由于存在市场失灵的问题，政府需要科学调控

① 约翰·穆勒：《政治经济学原理》下卷，商务印书馆，1991，第 137 页。

经济运行，才能保障市场作用的有效发挥，保证经济的健康运行。

二、凯恩斯主义经济学对于完全自由市场决定的反思

1929 年至 1933 年，西方国家爆发了严重的经济危机。为了化解危机，凯恩斯在深入分析市场缺陷和不完全性的基础上，提出政府应该从宏观上干预经济的思想。凯恩斯的经济思想在罗斯福新政中得到了贯彻，并取得了巨大成功，美国经济迅速从危机中走了出来。之后，更多的经济学者认识到了政府干预经济的合理性和可能性，形成了凯恩斯主义经济学。凯恩斯主义经济学把经济危机、失业归结为有效需求不足，认为“一个充足的总需求是使经济保持健康状态的关键因素”①，只要政府通过调控解决私人部门有效需求不足的问题，增加社会有效需求，就可以增加就业，摆脱经济危机。

凯恩斯主义经济学重视政府在经济运行中的重要作用。这一点与古典经济学派的主张有着很大的不同。在 20 世纪三四十年代后相当长的时间里，凯恩斯主义经济学关于市场与政府关系的观点被证明是符合实际的，在市场对资源配置起基础性作用的前提下，充分发挥政府的作用也是有利于经济发展的。而且这种观点突破了传统经济学的框架，促进了现代经济学的产生。在这种观点的影响下，现代市场经济充分吸收了政府调控的有益成分，在很长时间里促进了整个西方国家经济的快速发展。但是，凯恩斯主义经济学过分强调了政府干预的作用，把政府干预看作任何时候经济运行所必需的。现实生活中，由于政府部门存在决策成本、部门利益、腐败等问题，过多的政府干预会导致资源的浪费以及经济运行的无效率。20 世纪 70 年代西方国家出现的滞胀现象就是政府过度干预的消极后果。

三、新自由主义经济学：回归市场决定理论

20 世纪 70 年代西方国家出现滞胀现象后，西方理论界对凯恩斯主义经济学进行了反思，新自由主义经济学兴起。新自由主义经济学是指当代西方经济理论中强调自由放任理论与反对政府干预市场的经济学体系和流派，其主要观点是：主张非调控化，推崇“市场原教旨主义”，反对政府

① 查尔斯·K. 威尔伯：《经济学的贫困》，北京经济学院出版社，1993，第 45 页。

干预；主张私有化，宣扬“私有产权神话”的永恒作用，反对公有制；主张全球自由化，维护美国主导下的自由经济，反对建立国际经济新秩序；主张福利个人化，强调保障的责任由政府向个人转移，反对福利提升。新自由主义具体实施的经济政策主要包括紧缩货币供给、压低工资、抑制通货膨胀、 解除政府部门对私人企业的管制、减税刺激投资、削减社会福利支出和打击工会。在拉美、亚非地区的发展中国家和东欧的社会主义国家，新自由主义推行的经济政策主要是私有化、自由化和非调控化。在国际贸易和国际金融领域，新自由主义最主要的观点是主张解除对国际商品贸易、服务和资本流动的一切障碍，实现国际垄断资本控制下的全球自由贸易和自由资本流动，以便实现与商品、资本和一般服务等输出并存的知识产权输出（作为当代国家垄断资本主义的新特征之一）[①]。

新自由主义经济学奉行市场决定理论，其主要思想与古典经济学派几乎相同，但比古典经济学派更为彻底，大肆宣扬自由化、私有化、市场化，完全否定政府干预的合理性。新自由主义经济学的主张必然因资本的逐利性和经济运行缺乏必要的管制而导致经济畸形发展，资本从利润率低的部门无限制地向利润率高的部门流动，造成产业的空洞化和经济的虚拟化，经济发展的稳定性减弱，经济危机爆发的可能性增加。2008 年国际金融危机以及之后的欧洲债务危机就是新自由主义经济政策导致的不良后果的反映。

四、马克思主义经济学关于市场与政府关系的观点

马克思主义经济学从经济运行的效率、社会公正两个方面批判了资本主义的市场经济，认为资本主义市场经济是导致经济危机、失业、贫困、不道德的根源，“由竞争关系所造成的价格永远摇摆不定的状况，使商业丧失了道德的最后一点痕迹”[②]，危机像过去的大瘟疫一样按期来临，而且它所造成的悲惨现象和不道德的后果比瘟疫所造成的更大。只有用生产资料公有制代替私有制，消灭商品经济，由“一个社会中心”有计划地配置资源，才能消除市场经济的弊端。

---

① 程恩富：《新自由主义的起源、发展及其影响》，《求是》2005 年第 3 期。

② 中共中央马克思恩格斯列宁斯大林著作编译局编译《马克思恩格斯全集》第一卷，人民出版社，1956，第 614 页。

马克思主义经济学敏锐地觉察到了市场失灵问题，提出有计划地配置资源的合理性和可能性，是对经济学理论的一大发展。马克思主义经济学关于市场与政府关系的这种思想在苏联、东欧得到了实践，并在第二次世界大战后的二三十年里取得了巨大成功，被证明有一定的合理性。

但是，马克思主义经济学提出的消灭商品经济、完全有计划地配置资源代替市场配置资源的观点在实践中被证明至少在现阶段还是不利于经济持续发展的。在社会物质财富没有极大丰富之前，计划经济体制在调动劳动力生产积极性、满足消费需求等方面存在严重缺陷，也不利于生产力的提高，市场仍然应该在资源配置中起基础性作用。

第二节　世界主要经济发展模式中的市场与政府关系分析①

由于历史、文化、社会等因素的不同，不同经济发展模式中的市场与政府关系也不尽相同。市场的作用多一点，还是政府的作用多一点，不同的国家对于二者有不同的组合方式。每一种组合方式都不是完美无缺的，有优点，也有缺点。目前，我国正在建设中国特色社会主义市场经济，分析世界主要经济发展模式中的市场与政府关系，探索市场经济发展规律，总结经验，吸取教训，对于我国的市场经济建设具有很重要的意义。

一、世界主要经济发展模式中的市场与政府关系

由于地理位置、资源禀赋、文化传统等方面的不同，世界上不同的区域和国家逐渐形成了各自独特的经济发展模式，影响较大的有英美模式、莱茵模式、俄罗斯等转型国家发展模式、拉美模式等。这些发展模式中的市场与政府关系各具特点，代表性很强（见表 6.1）。

---

① 该部分由冯新舟、何自力以《世界主要经济发展模式中的市场与政府关系及对中国的启示》为题发表在《现代经济探讨》2016 第 10 期，第 83-87 页。

表 6.1 世界主要经济发展模式中市场与政府关系

经济发展模式	市场与政府关系特点	优势	弊端
英美模式	推崇“市场原教旨主义”，主张经济自由，反对政府干预	市场调节成本较低，灵活性较好，可以充分调动个人和企业的主动性、积极性和创造性，促进创业和企业的灵活经营	缺乏政府干预导致政府控制经济风险的能力弱化；过分强调自由竞争和个人利益导致贫富分化加剧
莱茵模式	市场自行调节为主并与政府必要干预相结合	充分发挥了市场机制的作用，调动了个人的积极性、主动性和创造性	政府对经济的过度干预，造成企业缺乏创新精神，劳动力成本过高，失业率上升，经济效率降低；完善的福利体系滋生了“福利病”，国家和企业不堪重负
俄罗斯等转型国家发展模式	强调市场在资源配置中的基础地位，但不赞成市场决定一切，仍旧重视政府对经济生活的调控作用	产权私有化打破了国有制的垄断，形成多种经济成分并存的局面，为市场竞争奠定了基础；建立完善的社会保障体系，减轻了政府负担	受欧美国家影响较多；配套制度不完善，经济缺乏必要监管，腐败严重，效率低，自主创新能力较弱
拉美模式	主张贸易自由、金融自由等，追求经济自由化发展，减少政府对经济的干预	适应经济全球化趋势，建立相对自由的商品、资本市场，大量吸收外资和引进国外技术，促进了经济发展	受欧美国家影响较大，经济不稳定；对欧美发达国家技术依赖过大，自身创新能力不足；政府对经济的干预作用被严重弱化，导致国际收支极不平衡，社会矛盾尖锐，两极分化严重，政治动荡，经济危机频发

英美模式的代表国家是英国和美国。英国是古典经济学的发源地，崇尚自由竞争；美国是践行新自由主义经济学的典型，推崇“市场原教旨主义”，反对政府干预。英美模式拥有完善的市场体系，通过市场发挥价格

机制、供求机制、竞争机制的作用来配置资源；主张私有化；强调企业的自由经营，自主决策；要求放松管制，削减赋税；等等。在政府干预方面，英美模式侧重于运用以税收、利率等为工具的间接调控政策，反对直接的经济计划和产业政策。英美模式中市场与政府关系的优势在于充分发挥市场竞争对经济的指挥和推动作用，成本较低，灵活性较好，可以充分调动个人和企业的主动性、积极性和创造性，促进创业和企业的灵活经营；弊端在于市场自动调节的自发性、盲目性、滞后性容易引起经济的波动，政府控制经济风险的能力弱化，对自由竞争和个人利益的过分强调不利于社会长远利益的实现，加剧贫富分化，损害社会公平。

莱茵模式的代表是德国。德国的社会市场经济模式具备私有制、契约自由、竞争自由等自由市场经济的特征，同时还吸纳了公平、公正、共同富裕等社会主义的先进因素。莱茵模式强调市场自行调节为主并与政府必要干预相结合。经济体制上，维护私有制的基础地位，但在某些重要经济部门则允许少量国有企业存在；企业由股东和雇员代表共同管理，注重企业目标与雇员目标的一致。政府干预方面，政府通过制定相关经济政策和规章条例的方式调控经济，实现经济发展中效率、自由和社会秩序的协调统一。社会保障方面，政府承担大量的社会责任，通过建立惠及全民、标准统一的涵盖医疗保险、养老保险、失业保险、家庭保险等内容的完善的社会福利体系，保证社会公平。莱茵模式中市场与政府关系的优势在于兼顾了自由竞争与政府调控，通过充分发挥市场机制的作用调动市场主体的积极性，通过政府的必要干预以及建立完善的社会福利体系，保证经济稳定，缓解社会矛盾，缩小贫富差距，促进社会公平。弊端在于，政府对经济存在过度干预的现象，特别是对劳务市场和产品市场的较多限制，导致企业缺乏创新精神、劳动力成本过高、失业率上升，经济效率降低等；完善的福利体系滋生了“福利病”，一部分劳动者宁愿领国家救济生活也不去工作，高昂的社会福利支出也使国家和企业不堪重负。

俄罗斯等转型国家强调市场在资源配置中的基础地位，但不赞成市场决定一切；重视政府对经济生活的调控作用；重视惠及社会绝大多数人群的社会保障体系建设，关注社会弱势群体的利益，维护社会公平，努力缩小两极分化。俄罗斯等转型国家在体制转型过程中形成的市场与政府关系取得了很大成效：产权私有化打破了国有制垄断，为市场竞争奠定了基础，促进经济好转；政府放弃以前大包大揽的做法，通过建立完善的社会保障体系，兼顾公平，减轻了负担。但是，俄罗斯等转型国家过分效仿欧美国家经济模式，受欧美国家影响较多，缺乏自身特色，自主创新能力较弱；由于处于体制转型过程中，对经济运行中一些投机行为缺乏必要监管，腐败严重，降低了经济效率。

拉美模式追求经济自由化发展，减少政府对经济的干预。主张贸易自由化，放松外资管制，推动国有企业全面私有化和金融自由化[①]。拉美模式中的市场与政府关系有助于拉美国家适应经济全球化趋势，从内向型经济向外向型经济转变。通过建立相对自由的商品、资本市场，增加出口，大量吸收外资和引进国外技术，促进经济发展。但是，拉美模式在经济体制上更多地模仿英美模式，自身特色较少，经济受欧美国家影响较大，对欧美发达国家技术依赖也过大，自身创新能力不足，经济不稳定因素较多。另外，政府对经济的干预作用被严重弱化，导致拉美国家国际收支极不平衡，社会矛盾尖锐，两极分化严重，整个政治、经济、社会体系非常脆弱，危机频发。

二、“大市场、小政府”——世界主要经济发展模式中市场与政府关系的实质

分析世界主要经济发展模式中市场与政府的关系可以发现，它们实质上都实行了“大市场、小政府”的市场经济模式。这种市场经济模式充分发挥市场在资源配置中的决定作用，相对弱化政府的作用。这种模式要实现资源有效配置和经济均衡发展，内在制度基础是生产资料私有制，动力是个人、企业等市场主体作为理性经济人对利益最大化的追求，前提是消费者和企业的自主决策以及市场主体间的平等、自由交换。

世界主要经济发展模式普遍奉行“大市场、小政府”市场经济模式是由相关国家的经济制度、政治制度、意识形态等因素决定的。首先，这些国家普遍实行生产资料私有制的基本经济制度。这种制度要求自由竞争、自由放任的市场秩序，因为私人资本只有在这种市场秩序下才能实现对经

① 吴季松：《中国经济发展模式：摸着科学与知识的石头过河》，北京航空航天大学出版社，2012，第 5-18 页。

济资源的支配，才能肆意地追求利润最大化，它天然地反对任何对其追逐利益进行限制的制度安排。其次，这些国家普遍实行以三权分立和权力制衡为基础的政治制度。无论是美国、德国、法国等国家实行的民主共和制，还是英国、意大利等国家实行的君主立宪制，其基础实质上都是立法权、行政权、司法权的独立和相互制衡。这种政治制度安排避免了行政权力的滥用和独裁政府的出现，但也导致政府权力弱化，无法及时、高效地应对经济中出现的问题。在三权分立的制度安排中，立法机关实质上是最高的决策机构，政府是执行机构。理想状态下，立法机关通过投票的方式把可以代表社会大多数人利益的诉求集中起来形成法案，并由政府来执行。现实的情况却是，立法机关被少数私人利益集团操纵，多党制下不同党派为了各自代表的利益集团的利益相互掣肘、拆台，立法机关很难形成可以代表社会大多数人利益的法案，也很难在重大经济社会问题上形成一致意见，更无法在经济发展出现重大问题时及时地形成解决问题的法案。作为执行机关，政府的地位和作用被严重弱化。这样，市场的作用得以加强，并在经济运行的各个方面发挥着决定性的作用。最后，这些国家的主流意识形态是自由主义。作为资产阶级反对君权神授、世袭制度等封建专制制度的重要思想武器，自由主义一直是西方国家的主流意识形态。无论是古典自由主义，还是新自由主义，都强调个人至上的原则，强调保护私有制，保护自由竞争，反对政府干预。新自由主义代表人物哈耶克认为，“一个人不受其他某人或某些人武断意志的强制，这种状态常常被看作是个人的或人身的自由”①，“私有制是自由最重要的保障，这不单是对有产者，而且对无产者也是一样。只是由于生产资料掌握在许多独立行动的人手里，才没有人有控制我们的全权，我们才能够以个人的身份来决定我们要做的事情。如果所有的生产资料都落到一个人手里，不管它在名义上是属于整个‘社会’的，还是属于独裁者的，谁行使这个管理权，谁就有全权控制我们”②。他反对任何形式的集体主义，特别是社会主义，认为“社会主义意味着废除私有企业，废除生产资料私有制；创造一种计划经济体制，在这种体制中，中央的计划机构取代了为利润而工作的企业家”③，导

① 哈耶克：《自由宪章》，中国社会科学出版社，1998，第 27 页。

② 哈耶克：《通往奴役之路》，中国社会科学出版社，1997，第 21 页。

③ 同上。

致的后果则是人们无条件地服从政府的安排，自由将会被奴役取代。在自由主义意识形态的影响下，这些国家大力加强市场调节，削弱政府干预，逐渐形成“大市场、小政府”的市场经济模式。

“大市场、小政府”的市场经济模式过度迷信市场对经济的调节作用，却对政府调控对于经济的重大影响重视不足，具有天然的局限性，主要表现在以下方面。

（1）无法有效化解社会化大生产和生产资料私人占有之间的矛盾，经济增长乏力。按照马克思的观点，社会化大生产要求在全社会范围内协调资源，但是生产资料的私人占有以及资本的逐利性却导致可以带来更高利润的产品生产相对过剩，造成生产资料的浪费和经济的无效率。“大市场、小政府”的市场经济模式无法化解这一矛盾，甚至可以说是造成这一矛盾的因素之一，因为市场调节的自发性、盲目性必然导致资本、资源向高利润行业流动，使得全社会范围内资源配置比例失衡，社会化大生产和生产资料私人占有之间的矛盾愈演愈烈，社会生产资料无法物尽其用，经济增长乏力。

（2）去工业化和经济金融化现象突出。在市场的调节下，无论是欧美国家还是拉美等国的工业化都从采掘业、轻工业等劳动密集型产业发展到加工制造业为主的资本密集型产业，再发展到现在的高新技术产业，这个过程是私人资本为了追逐利益最大化而不断采用新技术，提高资本有机构成和资本积累率，用资本、技术代替劳动力的过程，也是各种生产要素由利润率较低的行业或部门不断向利润率较高的行业或部门流动的过程。现在，这些国家已基本形成了以金融、贸易、餐饮等为代表的金融服务业占主导地位的产业结构，制造业、炼钢、汽车等产业逐渐萎缩或向亚非新兴国家转移，去工业化和产业空心化现象非常严重。以制造业为例，根据世界银行公布的 2012 年的数据，美国、英国、德国制造业产值在 GDP 中的比重分别占到 13%、10%、23%，而第三产业产值在 GDP 中的比重分别高达 78.1%、78.6%、68.4%。服务业尤其是金融业本来是为第一、第二产业服务的，只有与第一、第二产业有机结合才能充分发挥其价值，现在却因为自身可以带来高利润而在国民经济中占据主导地位。经济的金融化因这些国家的去工业化致使其缺乏实体经济的支撑，进而导致这些国家的经济非常脆弱，无法抵御经济危机的侵袭。

（3）社会分配不公，两极分化严重。在“大市场、小政府”的市场经济模式下，企业为了追求利润而不择手段地利用机器、技术替代劳动力。一方面，占人口比例较小的资本家企业主把资本集中于高新技术产业获取暴利；另一方面，占人口比例较大的工人因为以制造业为代表的第二产业衰落而陷入失业或实际工资降低的窘迫境地。社会财富越来越向少数人集中，贫富差距拉大，两极分化严重。

三、世界主要经济发展模式中市场与政府关系对我国的启示

党的十八届三中全会通过的《中共中央关于全面深化改革若干重大问题的决定》中指出：“经济体制改革是全面深化改革的重点，核心问题是处理好政府和市场的关系，使市场在资源配置中起决定性作用和更好发挥政府作用。”[①] 我国要处理好政府和市场的关系，就是要在深刻理解世界主要经济发展模式中市场与政府关系实质的基础上，吸取“大市场、小政府”市场经济模式的经验教训，探索并建立起符合中国国情、具有中国特色的社会主义市场经济体制。

1. 坚持公有制的主体地位

坚持公有制的主体地位是我国正确处理市场与政府关系、建立中国特色社会主义市场经济体制的根本制度保障。坚持公有制的主体地位是由我国的社会主义性质决定的，也是化解社会化大生产与生产资料私人占有这一制约经济发展根本矛盾的必然要求。我国是社会主义国家，政府承担着制定国家经济、社会发展整体规划并引导市场实现国家战略发展目标、维护社会公平正义等职能，坚持公有制的主体地位是政府实现上述职能的前提和基础。只有坚持公有制的主体地位，政府才能在全社会范围内调配资源，才能集中有限的资源发展煤炭、钢铁等关系国计民生的战略性产业，才能克服私有制导致的高新技术产业、金融服务业等产业的畸形发展并建立起较为合理的产业结构，才能让广大人民群众分享到社会经济发展的成果，最终实现共同富裕。

2. 充分发挥市场在资源配置中的决定性作用

充分发挥市场在资源配置中的决定性作用，就是要让市场调节成为我

① 《中共中央关于全面深化改革若干重大问题的决定》，《人民日报》2013 年 11 月 16 日，第 1 版。

国国民经济中大部分竞争性行业和部门以及经济运行中微观层面的主要调节机制。市场通过价格机制为企业、劳动者等市场主体传递商品和要素稀缺性程度的信息，通过竞争机制刺激企业加强技术创新并采取成本最低的生产方法，通过供求变化实现生产要素的重新组合，实现供给和需求的平衡。在这个过程中，市场发挥着信号传递、技术创新、物质驱动、微观均衡等功能，在市场主体根据市场情况作出决策追求自身利益最大化的同时，客观上促进资源的合理配置。在收入分配中，要让市场调节初次分配，坚持效率优先，充分利用劳动力、技术等生产要素，做大收入分配的蛋糕。在对外经济中，支持本国企业参与全球市场竞争和分工协作，倡导本国企业采用先进技术，自主创新，努力增强自身核心竞争力。

现阶段，由于我国市场经济体制还不完善，要充分发挥市场在资源配置中的决定性作用，需要不断健全市场体系，消除市场壁垒，提高企业自主决策的能力和水平。当然，市场并不是万能的，具有自发性、盲目性、滞后性等天然缺陷。因此，充分发挥市场在资源配置中的决定性作用并不是完全依靠、放任市场配置资源，而是要让市场在科学的制度框架内配置资源，最大限度地消除市场缺陷对经济发展带来的消极影响。

3. *更好发挥政府作用*

更好发挥政府作用，并不是要用政府替代市场在资源配置中的作用，也不是要弱化市场作用，而是要让政府做市场做不了或做不好的事，为市场发挥作用提供保障。

（1）政府要主导资源配置方向。目前，中国经济发展存在城乡经济发展不平衡、贫富差距增大、产业结构亟待升级、自主创新能力不足等问题，单纯依靠市场调节无法解决这些问题。这也已经被美国、欧洲国家、拉美国家的实际经济运行情况所证明。要解决这些问题，政府就要主导资源配置方向。政府利用其在收集经济发展信息、把控国民经济发展全局等方面的优势地位，从整体上规划经济发展的方向并确定重点投资领域和项目，引导市场主体的决策活动与国家的经济发展目标相一致，引导资源向关系经济发展全局的基础性、战略性产业流动，向短期内经济效益无法显现却在长远可以有效提高产业发展技术含量、增强国民经济核心竞争力的基础性研究项目流动，向有助于调整经济结构、优化生产力布局的投资领域流动；等等。

（2）政府要参与资源配置。中国的社会主义性质和现阶段社会的主要矛盾，赋予政府满足广大人民群众日益增长的物质文化需要、维护社会公平正义等价值目标。市场调节无法在生产力水平还不发达时就普遍提高广大人民群众生活水平、实现社会公平正义。奉行“大市场、小政府”的国家的经济发展情况已经证明了这一点。要实现这些价值追求，政府就要直接参与资源配置。政府要通过直接投资的方式为社会提供必要的基础设施和公共物品。政府要加强和壮大国有经济，让国有经济在诸如石油、天然气、煤炭、钢铁等关系国家安全、经济命脉的重要行业中占据主导地位；引导国有经济投资有助于提高国家综合国力、促进技术进步的前瞻性战略性产业；通过让国有经济在供给侧结构性改革中发挥示范作用，扩大有效供给，提高供给结构对需求变化的适应性和灵活性；推动国有经济切实承担起吸纳就业、让社会大众共享经济改革发展红利、促进绿色发展、维护社会公平正义等职能。

（3）政府要调节收入分配。收入分配是实现效率和公平的主要手段。“大市场、小政府”市场经济模式中的收入分配名义上强调机会平等，结果却导致严重的两极分化。目前，中国收入分配制度要充分发挥优化资源配置、提高经济运行效率的功能，也要尽可能实现过程和结果的公平，减小居民的贫富差距。政府要充分发挥市场在调节初次分配、通过合理收入差距激发劳动者积极性、优化资源配置中的重要作用；也要纠正初次分配中因现行体制、制度中的不合理规则而造成的诸如东西部地区居民收入差距过大、城乡居民收入差距过大、垄断行业职工收入明显高于非垄断行业职工收入等明显有失公平的收入差距，避免因损害社会公平而影响经济效率[①]。再分配中，政府要通过征收个人所得税、完善财产税等税收调节手段，通过不断完善失业保险制度和基本养老保险制度、建立侧重于扶助低中收入阶层并覆盖全体社会成员的社保体系等社会保障制度，通过加大对中西部地区、边远地区的财政支持力度，加大在教育方面的支出，加强对残疾人和鳏寡孤独等困难群体的救助和帮扶等转移支付手段，对收入进行“抽肥补瘦”式的调节，让全体人民共享经济改革和发展的成果，维护社

---

①　冯新舟、何自力：《中国模式中的市场与政府关系——政府主导下的社会主义市场经济》，《马克思主义研究》，2015 年第 11 期。

会公平，实现共同富裕[①]。

（4）政府要为资源配置提供制度支撑。市场要有效配置资源，需要完善的制度作为支撑，政府在提供制度支撑方面有着天然的、无法取代的责任。政府要宣扬诚实、公平、正义的社会伦理道德价值体系以及有利于市场交易顺利进行的风俗和习惯。政府要倡导和确立自由竞争、维护产权、履行契约的市场运行机制。在社会主义市场经济体制下，倡导自由竞争要尽量避免无序竞争、恶性竞争和过度竞争；维护产权不仅要维护私有产权，还要明晰和维护公有产权。政府要制定国家经济发展整体规划，要提供必要的、科学的货币政策、财政政策等弥补市场失灵的政策制度，要加强旨在强化政府公共服务、社会管理、环境保护等职能的制度建设。政府要建立完善的社会主义市场法律制度体系，坚持法治思维和底线思维，加强立法，严格执法，严厉打击腐败及其他破坏社会主义正常市场秩序的行为。

四、小结

作为两种基本的资源配置方式，市场与政府的关系一直是世界各国经济发展需要处理的根本问题。由于地理位置、资源禀赋、文化传统等因素的不同，世界上主要形成了英美模式、莱茵模式、俄罗斯等转型国家发展模式、拉美模式等主要经济发展模式，这些发展模式中的市场与政府关系尽管各具特点，但实质上它们都是“大市场、小政府”的市场经济模式。“大市场、小政府”的市场经济模式过度迷信市场对于经济的调节作用，却对政府调控对于经济的重大影响重视不足，具有天然的局限性，表现在：无法有效化解社会化大生产和生产资料私人占有之间的矛盾，经济增长乏力；去工业化和经济金融化现象突出；社会分配不公，两极分化严重；等等。中国要建立中国特色社会主义市场经济体制，就要在深刻理解世界主要经济发展模式中的市场与政府关系实质的基础上，吸取“大市场、小政府”市场经济模式的经验教训，处理好市场与政府的关系。中国要坚持公有制的主体地位，作为建立中国特色社会主义市场经济体制的根本制度保障；要充分发挥市场在资源配置中的决定性作用，让市场调节成

① 冯新舟、何自力：《中国模式中的市场与政府关系——政府主导下的社会主义市场经济》，《马克思主义研究》，2015 年第 11 期。

为我国国民经济中大部分竞争性行业和部门以及经济运行中微观层面的主要调节机制；要更好发挥政府作用，要让政府主导资源配置的方向，参与资源配置过程，调节收入分配，为资源配置提供制度支撑。

第三节　我国社会主义市场经济理论与实践探索

一、改革开放前理论与实践探索

新中国成立初期，面对西方国家在经济上对我国的全面封锁和禁运，我国为了迅速恢复饱受战争创伤的国民经济并建立起独立的工业体系，在马克思主义理论的指导下，学习借鉴苏联的经验，逐步形成了高度集中的计划经济体制。随着我国国民经济的恢复和发展以及经济体系的日臻完善，计划经济体制在 20 世纪 50 年代中期后越来越表现出无法适应社会生产力发展要求的问题。基于此，改革开放前的理论界在计划经济理论的框架内对商品经济进行了艰苦的探索，取得了丰硕的成果，丰富和发展了社会主义商品经济思想，为中国特色社会主义市场经济理论的产生提供了思想准备。

（一）计划经济体制的形成与改革问题的提出

1. 新中国成立初期建立计划经济体制是马克思主义关于社会主义计划经济的构想在中国的实践

马克思、恩格斯在批判资本主义制度的基础上，对未来社会进行了构想，认为商品经济与私有制共存亡，在社会主义社会中商品经济必然消亡，并预见性地对计划经济进行了科学分析和阐述。在《政治经济学批判大纲》中，恩格斯就设想在“一个和人类本性相称的社会制度下”，“社会那时就应当考虑，靠它所掌握的资料能够生产些什么，并根据这种生产力和广大消费者之间的关系来确定，应该把生产提高多少或缩减多少，应该允许生产或限制生产多少奢侈品”[①]。1845 年 2 月，恩格斯在爱北斐特集会上的两次演说中提出：“在共产主义社会里无论生产和消费都很容易估计。既然知道每一个人平均需要多少物品，那就容易算出一定数量的人需要多

① 中共中央马克思恩格斯列宁斯大林著作编译局编译《马克思恩格斯全集》第一卷，人民出版社，1956，第 615 页。

少物品；既然那时生产已经不掌握在个别私人企业主的手里，而是掌握在公社及其管理机构的手里，那也就不难按照需求来调节生产了。”[①] 在《德意志意识形态》和《共产党宣言》中，马克思、恩格斯开始将计划经济作为共产主义社会的一个重要特征，提出在新的社会里将实行“自由联合起来的个人的共同计划”[②]。在《资本论》《哥达纲领批判》《反杜林论》《自然辩证法》等著作中，马克思、恩格斯更为深入地阐述了计划经济的思想。在《资本论》中，马克思认为在未来社会里，“社会生活过程即物质生产过程的形态，作为自由结合的人的产物，处于人的有意识有计划的控制之下”[③]。在《哥达纲领批判》中，马克思批判了拉萨尔的“劳动所得”，并提出：“在一个集体的、以生产资料公有制为基础的社会中，生产者不交换自己的产品；用在产品上的劳动，在这里也不表现为这些产品的价值，不表现为这些产品所具有的某种物的属性，因为这时，同资本主义社会相反，个人的劳动不再经过迂回曲折的道路，而是直接作为总劳动的组成部分存在着。”[④] 同时他还对按劳分配进行了阐述，指出：“每一个生产者，在作了各项扣除以后，从社会领回的，正好是他给予社会的。他给予社会的，就是他个人的劳动量。例如，社会劳动日是由全部个人劳动小时构成的；各个生产者的个人劳动时间就是社会劳动日中他所提供的部分，就是社会劳动日中他的一份。他从社会领得一张凭证，证明他提供了多少劳动（扣除他为公共基金而进行的劳动），他根据这张凭证从社会储存中领得一份耗费同等劳动量的消费资料。”[⑤] 在《反杜林论》的“社会主义”一编中，恩格斯指出：“一旦社会占有了生产资料，商品生产就将被消除，而产品对生产者的统治也将随之消除。社会生产内部的无政府状态将为有计划的

① 中共中央马克思恩格斯列宁斯大林著作编译局编译《马克思恩格斯全集》第二卷，人民出版社，1957，第 605 页。

② 中共中央马克思恩格斯列宁斯大林著作编译局编译《马克思恩格斯全集》第三卷，人民出版社，1960，第 81 页。

③ 中共中央马克思恩格斯列宁斯大林著作编译局编译《马克思恩格斯全集》第二十三卷，人民出版社，1972，第 97 页。

④ 中共中央马克思恩格斯列宁斯大林著作编译局编译《马克思恩格斯选集》第三卷，人民出版社，2012，第 363 页。

⑤ 同上。

自觉的组织所替代。”[①] 在《自然辩证法》中，恩格斯认为有计划地分配各种资源是社会化大生产条件下生产社会化程度的提高以及各生产部门间的相互联系、依存度不断增强的必然要求，指出：“人离开动物越远，他们对自然界的影响就越带有经过事先思考的、有计划的、以事先知道的一定目标为取向的行为的特征。”[②] 总的来说，按照马克思、恩格斯的构想，未来社会生产力高度发达，社会是一个统一的生产和分配单位，社会直接占有生产资料并有计划地配置，社会进行直接的、有计划的生产，社会遵循按劳分配的原则对个人消费品进行分配。马克思、恩格斯对计划经济的预见性阐述也成为苏联、中国在相应时期选择建立高度集中计划经济体制的重要理论基础。

列宁继承和发展了马克思、恩格斯的计划经济思想。在《俄国资本主义的发展》中，列宁提出：“大机器工业和以前各个阶段不同，它坚决要求有计划地调节生产和对生产实行社会监督。”[③] 在《俄国社会民主党中的倒退倾向》中，列宁指出：“社会主义的目的（和实质）是：把土地、工厂等等即全部生产资料变为全社会的财产，取消资本主义生产，代之以按照总的计划进行有利于社会全体成员的生产。”[④]1905 年，列宁进一步指出：“社会主义要求消灭货币的权力、资本的权力，消灭一切生产资料私有制，消灭商品经济。”[⑤]1906 年，列宁在《土地问题和争取自由的斗争》一文中第一次明确提出“计划经济”的概念，指出：“只要还存在着市场经济，只要还保持着货币权力和资本力量，世界上任何法律都无法消灭不平等和剥削。只有建立起大规模的社会化的计划经济，一切土地、工厂、工具都转归工人阶级所有，才可能消灭一切剥削。”[⑥] 十月革命后，列宁将

① 中共中央马克思恩格斯列宁斯大林著作编译局编《马克思恩格斯选集》第三卷，人民出版社，2012，第 671 页。

② 同上书，第 996 页。

③ 中共中央马克思恩格斯列宁斯大林著作编译局编译《列宁全集》第三卷，人民出版社，1984，第 500 页。

④ 中共中央马克思恩格斯列宁斯大林著作编译局编译《列宁全集》第四卷，人民出版社，1984，第 229 页。

⑤ 中共中央马克思恩格斯列宁斯大林著作编译局编译《列宁全集》第十二卷，人民出版社，1987，第 75 页。

⑥ 中共中央马克思恩格斯列宁斯大林著作编译局编译《列宁全集》第十三卷，人民出版社，1987，第 124 页。

其关于计划经济的设想应用于社会主义建设的实践，强调对工业企业的高度集中管理，强调国家应该对社会的生产量、劳动量以及消费量进行计算和监督。1918 年，在列宁思想的指导下，苏俄实施了以高度集中的计划经济管理为鲜明特征，以国内贸易国有化、余粮收集制、实物配给制、劳动义务制、全部工业国有化为主要内容的“战时共产主义”政策。在这种体制下，苏维埃政府成为调节全社会生产的机构，“对产品的生产和分配组织全民的无所不包的计算和监督”①，并认为“没有一个使千百万人在产品的生产和分配中严格遵守统一标准的有计划的国家组织，社会主义就无从设想”②，“只有按照一个总的大计划进行的、力求合理地利用经济资源的建设，才配称为社会主义的建设”③。“战时共产主义”政策对于凝聚全国力量抵御外国武装干涉、结束国内革命战争起到了非常重要的作用，但在国民经济恢复和发展时期却暴露出脱离当时苏俄经济发展水平实际、导致商品经济极度萧条、降低国民福利水平、严重损害人们生产积极性等诸多严重弊端，导致苏俄经济社会陷入困境。为了改变这种局面，列宁于 1921 年提出用以集中调节、分散管理为内核的新经济政策代替“战时共产主义”政策，强调国家对国民经济实行全面指导和调节，在宏观范围内负责制定计划，不干预企业的具体经济活动，企业在生产、销售、投资等方面拥有广泛的自主权。但是新经济政策并不是要超出计划的范围，而只是列宁为了克服当时经济困难的暂时退却，这种退却是有限度的，“现在已经有一些迹象可以使人看到退却的终点了，可以使人看到在不很久的将来停止这种退却的可能性了”④。可见，列宁并没有从根本上认识到商品经济、市场机制在社会主义建设中的重要作用。

列宁逝世后，斯大林于 20 世纪 20 年代末迅速结束了新经济政策这种所谓“退却”，逐渐建立起以只有国家所有制和集体农庄所有制两种形式的单一社会主义公有制、按劳分配、决策权高度集中、用行政手段管理经

① 中共中央马克思恩格斯列宁斯大林著作编译局编译《列宁全集》第三十四卷，人民出版社，1985，第 258 页。

② 中共中央马克思恩格斯列宁斯大林著作编译局编译《列宁全集》第四十一卷，人民出版社，1986，第 199 页。

③ 中共中央马克思恩格斯列宁斯大林著作编译局编译《列宁全集》第三十五卷，人民出版社，1985，第 18 页。

④ 中共中央马克思恩格斯列宁斯大林著作编译局编译《列宁全集》第四十二卷，人民出版社，1987，第 252 页。

济、政府行政职能和经济职能合二为一等为显著特征的高度集中的计划经济体制，巩固了苏维埃政权，建立起了庞大的工业体系和国防体系，取得了巨大成就。之后，斯大林尽管承认社会主义条件下存在商品生产和交换，但将之限制在全民经济和集体经济之间以及仅限于消费资料，认为全民经济内部和集体经济内部以及生产资料不存在商品货币关系，因此无法实现社会主义与市场的结合。

2. 中国计划经济体制的形成及特征

新中国成立初期，中国选择建立计划经济体制是由当时我国的经济社会发展状况及所处的国际环境所决定的。新中国成立之初，经过长期的战乱，我国国民经济遭到严重破坏，经济发展水平低下，百废待兴。粮、棉、油等农产品严重短缺。据统计，1949 年我国粮食的亩产量仅为 127 斤，同期世界粮食平均亩产量则为 154 斤，美国达到 218 斤，日本则达到 399 斤；人均占有粮食 418 斤，生猪 0.11 头，棉花 1.6 斤，油料 8.6 斤，大量农产品都需要进口。工业基础薄弱，技术水平低，工业体系尚未建立，门类短缺，布局极不合理。1949 年，我国的生铁产量 25.2 万吨，达不到英国 1835 年产量的 1/4；铁路里程总长 2.2 万千米，尚不及英国 1880 年拥有的铁路里程数；可以通车的公路里程只有 8.07 万千米；重工业产品极缺；70% 以上的工业集中在沿海地区。国内匪患严重，国民党的残余势力还未完全消除。国际上，西方发达国家拒绝承认并阻挠其他国家承认新中国的独立地位，在经济上对新中国进行全面封锁和禁运；同时，苏联、东欧国家的社会主义建设获得巨大进展，高度集中的计划经济体制帮助这些国家战后经济迅速恢复，为中国的经济建设提供了借鉴。在这种背景下，新中国恢复国民经济、发展工业、建立独立完整的工业体系只能自力更生，无法走西方资本主义工业化道路。建立高度集中的计划经济体制则可以借鉴苏联、东欧国家的有益经验，实现低消费高积累，克服资源短缺的困难，集中有限的社会资源支持有重大战略意义的重点建设项目，优先发展煤、钢铁、电、交通运输等关系国计民生的亟待发展的行业，建立起独立完整的工业体系，迅速重构国民经济体系。20 世纪 50 年代中期，我国完成了对农业、手工业、资本主义工商业的社会主义改造，逐步建立起高度集中的计划经济体制。

中国的计划经济体制呈现出鲜明的特征，具体表现在以下方面。

（1）以公有制经济特别是全民所有制经济为基础。生产资料公有制是社会主义的基础，也是社会主义经济制度的基本内容。随着生产力水平的提高，社会主义国家必然追求单一的全民所有制经济。新中国成立初期，我国生产力水平不高，公有制经济包括全民所有制和集体所有制两种基本形式，其中全民所有制经济是计划经济体制的基础，居于主导地位。

（2）企业从属于政府。企业不再是独立从事生产经营活动的微观经济主体，而成为中央及各级政府的附属。企业不以营利为目的，也没有独立的经营发展目标，产品的生产、销售、定价都按照国家的规定进行，预算约束软化；企业没有生产经营的决策权，企业资产的使用、处置等权力掌握在政府手中，企业在政府的指令、命令下从事相关的生产经营活动；政企不分，“企业内部的科室式官僚组织构成了整个社会官僚科层体制中最基层的部分”①，企业领导人更多的是行政官员身份而不是企业家；政府为企业承担无限责任，企业无破产之忧，企业为职工提供养老、医疗、住房等福利保障。

（3）政府按计划配置资源。政府按照社会需求以及生产需要以计划配额、指令性指标等方式配置资源和社会总劳动，力求使国民经济各部门按比例发展，从而实现社会生产与社会需求的协调。

（4）强制增长。为了实现国民经济的快速发展，迅速实现工业化并建立起较为完整的工业体系，以牺牲消费为代价进行高积累、高投资，片面追求经济增长速度而忽视经济发展质量的提升。

（5）分配中的平均主义。尽管名义上按照按劳分配的原则分配消费资料，但现实中由于生产力发展水平的限制，很难准确核算每位劳动者的劳动贡献，只能以劳动者的学历、工作年限、年龄、所处的行业、地区等来确定其工资水平，不可避免地出现平均主义倾向，吃“大锅饭”，干好干坏一个样，无法发挥工资的激励作用。

（6）短缺经济。政府控制生产资料和消费资料的价格，使得价格无法真实反映产品、资源的稀缺性，价值规律失效，供给和需求无法达到平衡，投资和消费无法形成合适的比例。公共部门基于追求政绩、预算约束较软等原因往往具有强烈的投资欲望，企业为了政府的目标而非经济目标

① 雅诺什·科尔奈：《社会主义体制——共产主义政治经济学》，中央编译出版社，2007，第68页。

组织生产且缺乏利润激励，这些因素使得资源、产品、服务在生产、流通、分配各个环节都无法满足需要，出现行政配给中的纵向短缺、横向交换中的短缺、企业内部完成计划所需投入品的短缺以及社会生产能力接近资源“瓶颈”的短缺，短缺经济形成。“社会主义体制陷入了短缺经济陷阱。一旦处于短缺，短缺会不断复制自身，更为重要的是，这会成为一种习惯性力量并具有相当大的惰性，很难一时改变。”①

（7）自我封闭。作为政治的附庸，计划经济往往在行政权力的边界内运行。在国内，基于经济部门划分形成的“条条”和基于行政区划形成的“块块”把国民经济分割开来，“条条”之间、“块块”之间以及“条块”之间因行政权力的边界而缺乏联系和交流，处于相对封闭之中。国际交往，因国家行政权力的边界无法扩展到其他国家、意识形态的对立以及资本主义国家的封锁禁运等，也处于封闭状态。

3. 反思计划经济与改革问题的提出

应当承认，我国在新中国成立初期特殊的历史发展条件下建立起的计划经济体制对于当时我国国民经济的恢复和发展以及工业体系的建立等发挥了非常重要的作用。据统计，从 1953 年到 1978 年，我国的年均积累率达到 30% 左右，投入 7 000 多亿元建设了 3 000 多个大中型工业项目，国内生产总值、工业总产值和农业总产值的年均增长率分别达到 6%、11.4% 和 2.7%。我国国民经济迅速恢复并发展，农业生产条件得到显著改善，煤炭、石油、化工、钢铁等工业部门得到加强，国防工业、汽车等工业部门从无到有并不断发展壮大，较为完整的工业体系初步建立，教育、科技事业获得长足发展。

遗憾的是，随着我国经济的发展，计划经济体制的弊端日益凸显出来，并严重阻碍经济的进一步发展。计划经济体制的弊端具体表现在以下方面。

（1）无法合理配置资源。通过计划实现资源的合理配置要求政府及时、准确掌握资源要素供求、生产、交换、消费等各方面的信息并及时作出资源配给、生产经营等相关决策。现实中，扭曲的价格体系无法真实反映资源稀缺性、产品供求等方面的真实信息，经济信息在等级森严的科层

① 雅诺什·科尔奈：《社会主义体制——共产主义政治经济学》，中央编译出版社，2007，第 274 页。

行政机构中传递的过程中也会面临失真、信息量减损等问题，政府据此作出的计划必然会与现实脱节，资源无法被配置到最需要的地方，无法得到科学合理利用。

（2）无法实现供求平衡。在计划经济体制下，企业为了实现政府的目标而非经济目标从事生产经营活动，预算约束较软，主要通过向政府要更多计划指标的方式扩大生产，以完成政府计划的情况为标准来衡量经营的状况。在这种情况下，企业对市场需求的变化反应迟钝，企业无须按照市场需求来安排生产，无须通过购买的方式获得生产资料，也无须担心产品卖不出去、积压带来的不利后果，最终往往导致部分行业过度扩张，产品因不符合市场需求长期积压，浪费严重，部分市场急需的产品尽管紧缺却迟迟无法扩大生产。

（3）存在信息获取难题。及时、全面、准确掌握社会生产中的信息是计划经济体制有效运行的基础。新中国成立初期，我国经济规模较小，经济关系较为简单，政府可以相对容易地掌握相关经济信息，也可以通过计划较为合理地配置资源。随着我国经济规模的扩大和技术水平的提高，社会分工日益精细，经济关系日益复杂，政府要及时、全面、准确掌握相关经济信息的难度加大。同时，行政导向下的企业为了完成并获得更多的计划指标刻意隐瞒不利经营信息，信息在臃肿的官僚机构中传递也会失真，这些因素都增大了政府及时获取真实、有效信息的难度。况且，现实经济社会瞬息万变，不确定性较高，政府客观上更无法获取完全信息。

（4）缺乏有效的激励。企业以完成计划指标为目标，没有提高绩效的动力，也没有破产的顾虑，一切生产经营在政府的指令下进行，缺乏有效激励。分配中的平均主义倾向使得劳动者干好干坏一个样，吃“大锅饭”，无法调动劳动者的积极性。

（5）缺乏技术创新的动力。在计划经济体制下，企业在承担技术创新成本的同时却不能把技术创新带来的生产成本降低、产量增加、质量提高等转化为可以自由支配的利润，因此缺乏技术创新的动力。同时，政府工作人员也因技术创新会使相关经济变量发生改变、额外增加计划平衡的工作量而抵触技术创新。

计划经济体制的诸多弊端使得我国经济发展中出现了经济结构比例失调、农业和轻工业产品短缺与部分商品严重积压并存、经济效率低下、资源浪费严重等问题，经济持续增长的动力减弱。面对这种情况，人们开始反思计划经济。实际上，按照马克思、恩格斯的构想，全社会范围内有计划地配置资源、组织生产、按劳分配生活资料是有前提的，即人类已经进入共产主义社会，社会生产力高度发达，机器大工业、社会化生产已经实现，全社会实行单一的全民所有制的生产资料公有制形式，计划机构能够充分了解全体社会成员的需求并能够对社会生产进行及时、准确、无误的调节，劳动者与劳动资料可以实现无差别的直接结合，社会经济行为主体不存在任何经济利益差别和冲突。但是，现实中包括中国在内的社会主义国家大多处于欠发达状态，社会生产力较发达资本主义国家低，更达不到共产主义社会的标准，生产资料公有制存在全民所有制和集体所有制之分，计划机构无法全面、及时、准确地获取经济信息，计划相对滞后并可能存在失误，劳动者的劳动也无法抽象为无差别的社会劳动，不同地区、部门、企业、个人有着自身特殊的利益追求。理想和现实的差距，使得计划经济体制在运行中并没有像马克思、恩格斯描述得那样美好、顺畅，运行效率低下，各种弊端凸显，经济发展也随之陷入困境，经济体制的改革势在必行。

早在1956年，毛泽东同志在《论十大关系》一文中就对计划经济体制进行了反思，认为决策权力过于集中，中央管得过多、统得过死，强调要调动中央和地方的积极性。1958年第一次郑州会议上，毛泽东同志提出社会主义时期必须发展商品生产，否则就是违背经济规律的，并强调要利用价值规律建设社会主义。此后，1958年至1978年，我国尝试对计划经济体制进行改革，但由于在诸如社会主义的本质等重大理论问题探索上未取得实质性进展，这一阶段的改革重点主要集中在对各级行政机关以及“条块”之间的权力划分和利益调整上，基本没有涉及所有制结构、政企关系等，单一的指令性计划机制没有改变甚至因受“文化大革命”极左思想等因素的影响而得以加强。令人欣喜的是，尽管没有突破计划经济体制的框架，但我国开始对社会主义国家发展商品经济进行探索。

（二）对商品经济理论的探索和争鸣

理论是实践的先导。从20世纪50年代中期开始到改革开放前，我国理论界针对社会主义建设和计划经济体制运行中出现的诸多问题，开始了对社会主义国家发展商品经济的艰难探索，尽管没有动摇计划经济理论的统治地位，但形成了许多有着广泛和深刻影响的思想和理论成果，推动了我国经济体制改革，促进了我国社会主义市场经济思想的孕育和产生。

1956年，我国社会主义改造基本完成，计划经济体制的弊端逐渐暴露，理论界展开了对社会主义发展商品经济的第一次大讨论。此次讨论主要围绕如下几个问题展开。

（1）社会主义商品生产存在的原因。主流的观点受斯大林所著的《苏联社会主义经济问题》一书的影响，认为社会主义存在商品生产是由社会主义存在全民所有制和集体所有制两种所有制决定的。骆耕漠则认为社会主义存在商品生产是为了贯彻“按劳取酬”、实行“经济核算”、适应“集体农庄的经济要求”[①]。顾准则把社会主义存在商品生产归因于经济核算制度[②]。南冰、索真尝试摆脱意识形态及所有制形式的束缚，揭示出社会主义存在商品生产的根本原因是存在社会分工[③]。

（2）价值规律在社会主义条件下的调节作用。1956年陈云同志在党的八大上提出利用市场弥补计划经济不足的主张。薛暮桥在《再论计划经济与价值规律》一文中提出，社会主义经济“是受有计划按比例发展的规律支配的，价值规律只可能起辅助作用”，“用直接计划来管理的经济活动不利用价值规律来调节，价值规律仅仅被利用来作为经济核算的工具；用间接计划来管理的经济活动国家还需要在一定的范围内利用价值规律来进行调节；在国家计划管理范围之外的经济活动则主要让价值规律自发地调节，国家只能给予一定程度的限制”[④]。孙冶方则提出“把计划和统计放在价值规律的基础上”[⑤]。顾准认为，“价值规律通过经济计划调节全部经济生活”[⑥]。

（3）商品经济和个体经济的地位。陈云同志提出“三个主体，三个补充”的思想，即工商经营方面以国家和集体经营为主体，以个体经营为补充；生产计划方面以计划生产为主体，以计划许可范围内的自由生产为补

① 骆耕漠：《论社会主义商品生产的必要性和它的“消亡”过程——关于斯大林论社会主义商品生产问题的研究》，《经济研究》1956年第5期。

② 顾准：《试论社会主义制度下的商品生产和价值规律》，《经济研究》1957年第3期。

③ 南冰、索真：《论社会主义制度下生产资料的价值和价值规律的作用问题》，《经济研究》1957年第1期。

④ 薛暮桥：《薛暮桥学术论著自选集》，北京师范学院出版社，1992，第194-203页。

⑤ 孙冶方：《把计划和统计放在价值规律的基础上》，《经济研究》1956年第6期。

⑥ 顾准：《试论社会主义制度下的商品生产和价值规律》，《经济研究》1957年第3期。

充；社会主义统一市场里以国家市场为主体，以一定范围内国家领导的自由市场为补充。薛暮桥则认为个体经济在有些行业具有优势并还将长期存在[①]。

1958年后，我国相继开展了“人民公社化”“大跃进”等运动，运动中“一平二调”、共产风等做法的实践效果并不好，社会生产力遭到严重破坏。理论界分别于1958—1959年、1960—1964年展开了对社会主义发展商品经济的第二次、第三次大讨论。这两次讨论探索的问题主要如下。

（1）价值规律的概念。苏联《政治经济学教科书》对价值规律的表述为：“价值规律是商品生产的经济规律，按照这一规律，商品的交换同生产商品所消耗的社会必要劳动量是相适应的。”[②]仲津认为：“商品（或者更广泛一点说产品）的价值量由生产这个商品（或产品）时所消耗的社会必要劳动量来决定。”[③]孙冶方认为：“价值规律应该就是‘形成价值实体’的社会必要劳动的存在和运动的规律。”[④]骆耕漠则认为价值规律就是“商品按价值交换或等价交换的规律”[⑤]。

（2）价值规律在社会主义条件下的作用。毛泽东同志在批转山西省委的一个文件时曾提出“价值法则是一个伟大的学校”，只有利用价值法则才能建设社会主义和共产主义。王亚南认为，“价值规律和计划经济并不是势不两立的。它是社会主义基本经济规律和国民经济有计划按比例发展规律的一个好助手；它是从属于前者来发挥作用的。定计划，执行计划，都不能不认真考虑到价值规律的作用”[⑥]。这种观点代表了当时很多经济学者的观点。李功豪认为，“在社会主义制度下，生产是在社会主义公有制的基础上有计划进行的，国民经济有计划按比例发展的规律起着作用，因而价值规律的作用就受到很大的限制”，“在全民所有制的生产部门，生产必须按照计划进行，价值规律只能起影响作用，不能起调节作用”，在集

---

① 薛暮桥：《薛暮桥选集》，山西财经出版社，1985，第29页。

② 苏联科学院经济研究所编《政治经济学教科书》，人民出版社，1955，第82页。

③ 仲津：《社会主义制度下价值规律的作用问题》，《经济研究》1958年第2期。

④ 孙冶方：《论价值——并试论“价值”在社会主义以至于共产主义政治经济学体系中的地位》，《经济研究》1959年第9期。

⑤ 骆耕漠：《价值规律和国民经济有计划按比例发展规律对生产的作用问题及其相互关系问题》，《江汉论坛》1959年第5期。

⑥ 王亚南：《充分发挥价值规律在我国社会主义经济中的积极作用》，《人民日报》1959年5月15日，第7版。

体所有制的生产部门“价值规律在一定的有限的范围内仍有调节作用。但这种调节作用不是盲目的、自发的，而是在国家计划管理和价格政策的严格限制下发生作用的，并已为国家在国民经济计划的实践中所认识、估计和利用”①。孙冶方则强调价值规律在社会主义经济建设中的重要作用，鲜明提出：“千规律，万规律，价值规律第一条。”这种观点得到薛暮桥、郑经青等人的赞同。

（3）商品经济与社会主义经济的关系。卓炯创新性地提出“社会主义经济是有计划的商品经济”的观点②。沈以宏则在《关于目前我国商品生产的两个问题》一文中较为深入地阐述了发展社会主义商品生产不会导致资本主义的原理③。

1964 年起，我国经济理论界开始开展反修正主义斗争，“左”的思想盛行，新中国成立以来对于社会主义条件下发展商品经济相关问题的探讨被批判，社会主义发展商品经济的必要性被否定，相关的探索也进入停滞阶段。毛泽东同志的认识也发生改变，提出要在人民民主专政条件下对社会主义商品生产和货币交换加以限制。“四人帮”则把商品生产、货币交换看成旧社会的剥削残余，会导致资本主义，认为价值规律与社会主义不相容，因此要“割资本主义尾巴”，批判利润挂帅等，给我国经济建设造成了重大损失。1976 年粉碎“四人帮”后，经济理论界批判了“四人帮”的经济主张，拨乱反正，肯定了价值规律的作用，但理论进展不大。

二、改革开放新时期理论与实践探索（1978—2012 年）

1978 年，党的十一届三中全会召开，恢复了党实事求是的思想路线，在政治经济上拨乱反正，作出改革开放的历史性决策，党的工作重心从以阶级斗争为纲转移到以经济建设为中心。在对社会主义经济形式的探索过程中，解放思想，逐渐突破了把社会主义与商品经济对立起来的传统观念，探索计划与市场的关系，从“计划经济为主，市场调节为辅”到“有计划的商品经济”，再到建立和完善社会主义市场经济体制，对社会主义和市场经济的本质、社会主义国家发展市场经济等重大基础理论问题的认

① 李功豪：《关于人民公社化以后价值规律的作用问题》，《学术月刊》1959 年第 1 期。

② 卓炯：《论社会主义商品经济》，广东省人民出版社，1981，第 140 页。

③ 沈以宏：《关于目前我国商品生产的两个问题》，《江汉论坛》1959 年第 1 期。

识不断深化，形成了许多有价值的、富有创造性的思想和理论，指引着我国社会主义市场经济建设的实践不断前进。

（一）提出“计划经济为主，市场调节为辅”阶段

改革开放初期，计划经济仍然被看作社会主义的基本特征，“市场经济”这一提法因长期被认为与资本主义休戚相关而仍然是比较敏感的概念。实践中，人们经常用“市场调节”来取代“市场经济”这一提法。“计划经济为主，市场调节为辅”的思想是1979年3月陈云同志第一次提出的，他认为：“整个社会主义时期经济必须有两个部分：（1）计划经济部分（有计划按比例的部分）；（2）市场调节部分（即不作计划，让它根据市场供求的变化进行生产，即带有“盲目”调节的部分）。第一部分是基本的主要的；第二部分是从属的次要的，但又是必需的。”[①]陈云同志的这一思想在社会各界产生了非常大的影响。1981年，党的十一届六中全会首次以党中央决议的形式提出了“计划经济为主，市场调节为辅”的方针。1982年，党的十二大报告中提出：“我国在公有制基础上实行计划经济。有计划的生产和流通，是我国国民经济的主体。同时，允许对于部分产品的生产和流通不作计划，由市场来调节。”[②]同时，这一时期的理论界也对价值规律的作用、商品经济的地位、企业改革等关于市场调节的问题进行了探讨。例如：胡乔木同志认为要按经济规律办事，“首先是要遵守有计划按比例的规律，其次是遵守价值规律，第三是保证国家、企业和个人利益的统一”[③]；孙冶方再次提到“千规律，万规律，价值规律第一条”的观点；薛暮桥、骆耕漠、刘国光等人均认为在我国要发展商品经济，并提出各自的主张；马洪在《论充分发挥企业的主动性》一文中提出经济管理体制改革要充分发挥企业的主动性，蒋一韦则进一步提出了“企业本位论”；等等。

总之，“计划经济为主，市场调节为辅”的经济思想坚持把计划经济作为国民经济的主体，但引入市场调节作为补充，从而保证我国社会主义经济形式的灵活多样。这一思想较好地反映了我国社会主义经济建设的客

① 中共中央文献研究室编《三中全会以来重要文献选编》上，中央文献出版社，2011，第63页。

② 胡耀邦：《全面开创社会主义现代化建设的新局面——在中国共产党第十二次全国代表大会上的报告》，人民出版社，1982，第22页。

③ 胡乔木：《按客观经济规律办事，加快实现四个现代化》，《人民日报》1978年10月6日，第1版。

观需要，得到社会各界的广泛认可，是市场取向改革的重要进展，也是我国探索社会主义经济形式的重要成果。但是，这一思想囿于提出时所处的政治经济社会环境，没有突破传统的计划经济体制框架，存在历史局限性，需要在以后的经济建设实践和理论探索中不断发展完善。

（二）提出“有计划的商品经济”阶段

1984 年 10 月，党的十二届三中全会通过的《中共中央关于经济体制改革的决定》（以下简称《决定》）提出了社会主义有计划商品经济的理论。《决定》指出，中国的经济体制改革“首先要突破把计划经济同商品经济对立起来的传统观念，明确认识社会主义计划经济必须自觉依据和运用价值规律，是在公有制基础上的有计划的商品经济”①。1987 年 10 月，党的十三大报告对社会主义有计划的商品经济理论进行了发展，进一步提高了市场的地位，提出了“国家调节市场，市场引导企业”的思想，指出：“社会主义有计划商品经济的体制，应该是计划与市场内在统一的体制。在这个问题上，需要明确几个基本观念：第一，社会主义商品经济和资本主义商品经济的本质区别，在于所有制基础不同。建立在公有制基础上的社会主义商品经济为在全社会自觉保持国民经济的协调发展提供了可能，我们的任务就是要善于运用计划调节和市场调节这两种形式和手段，把这种可能变为现实。社会主义商品经济的发展离不开市场的发育和完善，利用市场调节决不等于搞资本主义。第二，必须把计划工作建立在商品交换和价值规律的基础上。……第三，计划和市场的作用范围都是覆盖全社会的。”② 同时，还提出“加快建立和培育社会主义市场体系”，“社会主义的市场体系，不仅包括消费品和生产资料等商品市场，而且应当包括资金、劳务、技术、信息和房地产等生产要素市场”③。社会主义有计划的商品经济理论得到于光远、马洪等大多数经济学家的肯定。经济理论界就关于有计划商品经济的重大理论问题进行了研究探索，形成了许多有价值的理论成果。例如：于光远、蒋学模等人对有计划商品经济的属性进行了探讨，认为商品经济是社会主义经济的重要特征；谷书堂等人探讨了生产资料公有制与商品经济的融合问题并得到可以融合的结论；等等。

---

① 中共中央文献研究室编《十二大以来重要文献选编》中，人民出版社，1986，第 568 页。

② 中共中央文献研究室编《十三大以来重要文献选编》上，人民出版社，1991，第 26–27 页。

③ 同上书，第 29 页。

1989 年，我国经济体制改革出现回潮现象，有人主张重回计划经济体制的老路，并产生了一定社会影响。面对改革的困境和挫折，邓小平同志明确提出："继续坚持计划经济与市场调节相结合，这个不能改。实际工作中，在调整时期，我们可以加强或者多一点计划性，而在另一个时候多一点市场调节，搞得更灵活一些。以后还是计划经济与市场调节相结合。……绝不能重复回到过去那样，把经济搞得死死的。"[①] 江泽民同志也提出："我们的社会主义经济，是公有制基础上的有计划的商品经济。这种商品经济，同私有制基础上基本由市场自发调节的资本主义商品经济，有着本质的区别。在总体上自觉实行有计划、按比例地发展国民经济，是社会主义制度优越性的体现，是社会主义经济的一个基本特征。"[②]1989 年 11 月召开的党的十三届五中全会为市场经济思想的发展指明了方向，提出："逐步建立符合计划经济与市场调节相结合原则的，经济、行政、法律手段综合运用的宏观调控体系。"[③]

社会主义有计划的商品经济理论承认社会主义经济是商品经济，但是是有计划的商品经济，要坚持计划和市场的内在统一，不能单纯依靠市场调节。我国的经济体制仍然是计划经济体制，不仅要强调指令性计划的作用，同时也要重视指导性计划的作用，计划调节要借助价值规律，要更关注国民经济长远发展目标的实现；商品经济能够灵活适应社会需求的变化，在部分农副产品、日用小商品等产品的生产、交换中以市场调节为主，甚至生产要素市场也要引入市场调节。总体是要做到"大的方面管住管好、小的方面放开放活，保证重大比例关系比较适当，国民经济大体按比例地协调发展"[④]，通过计划调节克服商品经济的自发、盲目倾向，通过发展商品经济满足瞬息万变的社会需求。社会主义有计划的商品经济理论是对"计划经济为主，市场调节为辅"经济思想的进一步发展，是对把计划经济同商品经济对立起来的传统观念的突破，推动了我国的市场化改革。同样，该理论也有其自身的历史局限性，它尽管承认社会主义经济是商品经济，提出利用市场调节绝不等于搞资本主义，但没有厘清资源配置

① 邓小平：《邓小平文选》第三卷，人民出版社，1993，第 306-307 页。

② 中共中央文献研究室编《十三大以来重要文献选编》中，人民出版社，1991，第 620 页。

③ 同上书，第 686 页。

④ 中共中央文献研究室编《十二大以来重要文献选编》中，人民出版社，1986，第 568 页。

的基础或主要方式到底是计划还是市场从而造成人们对计划与市场关系认识上的分歧，未从根本上突破计划经济体制的框架，拒绝承认市场经济，仍把市场经济看作资本主义特有的特征，对政府在经济发展中的定位也有待进一步深化认识，也未能明确我国经济体制改革的目标，使得改革无法进一步深入。随着我国社会主义经济建设实践的发展以及人们对社会主义经济建设规律的认识的不断深化，该理论也需要进一步发展完善。

总的来说，改革开放后，我国经济体制改革尽管历经曲折，但市场化改革的方向没有变，经济实践中不断缩小了指令性计划的比重和范围，扩大了指导性计划和市场调节的比重和范围，人们对社会主义商品经济、市场调节的规律的认识不断深化，相关的思想、理论成果不断积累，为以后我国社会主义市场经济思想的发展以及社会主义市场经济体制的建立奠定了基础。

（三）建立社会主义市场经济体制阶段

1992 年春天，邓小平同志在南方谈话中就发展社会主义市场经济作了精辟论述，他指出："计划多一点还是市场多一点，不是社会主义与资本主义的本质区别。计划经济不等于社会主义，资本主义也有计划；市场经济不等于资本主义，社会主义也有市场。计划和市场都是经济手段。"① 邓小平同志的这一论述"从根本上解除了把计划经济和市场经济看作属于社会基本制度范畴的思想束缚，使我们在计划与市场关系问题上的认识有了新的重大突破"②，是马克思主义的重大发展。邓小平同志认为市场和计划都是资源配置的基本方式，市场经济和计划经济的社会属性由社会制度的属性决定，只要有利于发展社会主义社会的生产力、有利于增强社会主义国家的综合国力、有利于提高人民的生活水平，社会主义也可以建立市场经济制度，公有制也可与市场经济兼容，市场经济并不排斥利用计划经济而是要二者有机结合起来。

1992 年 6 月，江泽民同志在中央党校省部级干部进修班上作了题为《深刻领会和全面落实邓小平同志的重要谈话精神，把经济建设和改革开放搞得更快更好》的讲话，第一次明确提出"社会主义市场经济体制"的概念，并从所有制结构、分配制度、经济运行机制等方面总结了社会主义

---

① 邓小平：《邓小平文选》第三卷，人民出版社，1993，第 373 页。

② 中共中央文献研究室编《十四大以来重要文献选编》上，人民出版社，1996，第 18 页。

市场经济体制的特征。1992 年 10 月，党的十四大报告明确提出“我国经济体制改革的目标是建立社会主义市场经济体制”[①]，“要建立的社会主义市场经济体制，就是要使市场在社会主义国家宏观调控下对资源配置起基础性作用……同时也要看到市场有其自身的弱点和消极方面，必须加强和改善国家对经济的宏观调控”[②]。社会主义市场经济体制的特征是：在所有制结构上，“以公有制包括全民所有制和集体所有制经济为主体，个体经济、私营经济、外资经济为补充，多种经济成分长期共同发展，不同经济成分还可以自愿实行多种形式的联合经营”[③]；在分配制度上，“以按劳分配为主体，其他分配方式为补充，兼顾效率和公平”[④]；在宏观调控上，“国家计划是宏观调控的重要手段之一。……重点是合理确定国民经济和社会发展的战略目标，搞好经济发展预测、总量调控、重大结构与生产力布局规划，集中必要的财力物力进行重点建设，综合运用经济杠杆，促进经济更好更快地发展”[⑤]。党的十四大关于建立社会主义市场经济的理论阐述是中国特色社会主义理论的重大发展，是对社会主义认识上的一次大飞跃，是社会主义经济思想史上的又一次重大突破，使我国找到了提高社会主义经济发展效率、增强经济活力的路径，也标志着我国改革开放进入社会主义市场经济时代。

此后，1993 年党的十四届三中全会进一步细化了建立社会主义市场经济体制的目标并作出了具体工作部署。1997 年党的十五大则再次系统阐释了社会主义市场经济理论。党的十五大后，在社会主义市场经济理论的指导下，我国形成了以分税制为核心的新的财税体制，加强了对货币供应的宏观调控，建立了基于市场供求的、单一的、有管理的浮动汇率制度，推动国家计划管理向总体上的指导性计划转变，取消了生产资料价格双轨制，进一步完善市场规则、规范市场秩序等。我国的社会主义市场经济体制已经建立并不断完善，社会主义市场经济理论也在实践中不断充实、发展。

---

① 中共中央文献研究室编《十四大以来重要文献选编》上，人民出版社，1996，第 18-19 页。

② 同上书，第 19 页。

③ 同上。

④ 同上。

⑤ 同上书，第 20 页。

（四）完善社会主义市场经济体制阶段

2002年，党的十六大报告指出，我国在21世纪头20年经济建设和改革的主要任务是“完善社会主义市场经济体制”，要“在更大程度上发挥市场在资源配置中的基础性作用，健全统一、开放、竞争、有序的现代市场体系”①。这是我国在已经加入WTO，世界经济形势日趋复杂，经济全球化、世界多极化趋势明显，以信息技术、互联网等为代表的新一轮技术革命兴起，要素流动范围加大、速度提高，市场竞争规模增大的背景下对社会主义市场经济认识的深化。

随着我国社会主义市场经济体制的建立和完善，我国经济发展迸发出前所未有的生机和活力，连续多年高速增长，经济总量不断增加。与此同时，我国经济发展中也出现了许多亟待解决的问题。例如：长期粗放式增长带来的资源枯竭、生态危机等问题日益突出，城乡之间、东西部地区之间发展失衡，经济结构亟待升级调整，贫富差距加大，市场秩序混乱，社会公共产品短缺，腐败现象严重等。在这种情况下，我国迫切需要转变经济发展方式，实现经济的科学发展，兼顾经济发展和社会发展，科学利用市场经济规律，规范市场作用的发挥，合理地进行宏观调控等。2007年，党的十七大报告提出，“实现未来经济发展目标，关键要在加快转变经济发展方式、完善社会主义市场经济体制方面取得重大进展”，“要深化对社会主义市场经济规律的认识，从制度上更好发挥市场在资源配置中的基础性作用，形成有利于科学发展的宏观调控体系”②，强调了科学发展，强调通过制度创新保障市场在资源配置中基础性作用的更好发挥。

完善社会主义市场经济体制是一个长期的过程，是艰巨复杂的社会系统工程，需要在坚定市场化改革方向的基础上，根据世情、国情的变化积极推进，敢于探索尝试，及时总结经验教训。总的来说，是要根据我国经济发展的实际情况从广度和深度上切实发挥好市场的作用，通过健全制度规范市场作用的发挥，构建统一开放竞争有序的现代市场体系，同时要发挥好政府作用，合理地进行宏观调控。时代在发展，社会在进步，我国经

---

① 中共中央文献研究室编《十六大以来重要文献选编》上，中央文献出版社，2005，第18-21页。

② 胡锦涛：《高举中国特色社会主义伟大旗帜 为夺取全面建设小康社会新胜利而奋斗——在中国共产党第十七次全国代表大会上的报告》，人民出版社，2007，第21页。

济在发展过程中也会不断呈现出新面貌，会面临新情况、新问题，我国的社会主义市场经济理论也需要与时俱进，在回应经济社会现实和人民群众重大关切中不断发展。

三、新时代理论与实践探索（2012 年至今）

“中国特色社会主义进入了新时代，这是我国发展新的历史方位。”① 党的十八大以来，以习近平同志为核心的党中央深入推进改革开放和社会主义现代化建设并取得历史性成就，在建设社会主义的实践中总结规律，实现理论的升华，创造性地提出一系列新思想、新观点、新论断，逐渐形成了习近平新时代中国特色社会主义思想。其中，在经济思想方面，我们党在十八届三中全会通过的《中共中央关于全面深化改革若干重大问题的决定》中围绕如何处理好政府和市场关系这一经济体制改革的核心问题历史性地提出“使市场在资源配置中起决定性作用和更好发挥政府作用”②，这一论断是对我国市场取向改革伟大历史实践经验的总结，是对改革开放以来我国社会主义市场经济理论的继承和发展，是对马克思主义政治经济学理论的创新，标志着我们党对社会主义市场经济的认识达到了新高度，也是新时代我国加快完善社会主义市场经济体制的根本遵循。全面把握该论断的科学内涵并将其运用到实践中对全面深化改革、推动我国社会主义市场经济健康有序发展具有重大的理论价值和现实意义。

第四节 新时代加快完善社会主义市场经济体制的要求

进入新时代，以习近平同志为核心的党中央继续深入探索完善社会主义市场经济体制的有效路径，历史性地提出“使市场在资源配置中起决定性作用和更好发挥政府作用”③ 的科学论断。针对市场经济体系还跟不上经济高质量发展要求的现实，党中央、国务院于 2020 年 5 月发布了《关于新时代加快完善社会主义市场经济体制的意见》，提出要“构建更加系统

---

① 习近平：《决胜全面建成小康社会 夺取新时代中国特色社会主义伟大胜利》，人民出版社，2017，第 10 页。

② 中共中央文献研究室编《十八大以来重要文献选编》上，中央文献出版社，2014，第 513 页。

③ 同上。

完备、更加成熟定型的高水平社会主义市场经济体制”[①]。2021 年 1 月，《建设高标准市场体系行动方案》颁布并提出用 5 年左右时间“基本建成统一开放、竞争有序、制度完备、治理完善的高标准市场体系”[②]，实现有效市场和有为政府的有机统一。显然，我国对于社会主义市场经济规律的认识更加系统深入，并在更高起点、更高层次、更高目标上加快完善社会主义市场经济体制。

一、推进建设有效市场，切实发挥市场在资源配置中的决定性作用

“市场决定资源配置是市场经济的一般规律，市场经济本质上就是市场决定资源配置的经济。”[③] 切实发挥市场在资源配置中的决定性作用，就是要在遵循价值规律的基础上，充分发挥市场机制的作用，把包含土地、资本、劳动力、技术等生产要素以及生存资料、发展资料、享受资料等在内的资源配置到最有效率的环节和领域。首先，市场决定价格，将错综复杂的社会偏好、产品质量及稀缺情况等信息合成起来并以简单的价格信号反映出来，动态更新，及时传导，引导企业和消费者作出最优决策和选择，实现产品的优胜劣汰和供求平衡。其次，市场决定企业的生产规模和产品结构安排。企业根据供求关系、价格等市场信号自主地从事生产经营活动，把资源配置到市场最需要的地方，生产市场最需要、可以带来最高利润的产品。消费者自主消费，以自身的消费偏好为基础，结合产品价格、质量等信息自由地作出选择。在价格机制、竞争机制、供求机制的综合作用下，企业在实现自身利益最大化这一内在激励的驱动下，不断学习、及时更新掌握的市场信息，根据市场的变化及时改变生产经营，不断创新以降低生产成本并创造出符合市场需求的产品，资源在经济部门间、地域间、企业间的不断流动中实现动态优化配置，整个经济充满活力、欣欣向荣，创造社会财富的源泉充分涌流。需要注意的是，市场在资源配置

① 《中共中央 国务院关于新时代加快完善社会主义市场经济体制的意见》，2020 年 5 月 18 日，http://www.gov.cn/zhengce/2020-05/18/content_5512696.htm。

② 《中共中央办公厅 国务院办公厅印发〈建设高标准市场体系行动方案〉》，2021 年 1 月 31 日，http://www.gov.cn/zhengce/2021-01/31/content_5583936.htm。

③ 中共中央宣传部编《习近平新时代中国特色社会主义思想三十讲》，学习出版社，2018，第 146 页。

中起决定性作用，但不是起全部作用。市场的盲目性、自发性、滞后性决定其无法决定眼前利益较小长远利益却很大，个体、部门、区域局部利益受损全局利益受益，投入产出不合理但战略意义重大的一些产业的发展，这些产业只能由政府来统筹。例如：国防军事工业、航空航天工程、基础设施建设、公共服务体系建设等需要由政府投资建设，而不是由市场决定。

建设统一开放、竞争有序、制度完备、治理完善的高标准市场体系是发挥市场决定性作用的基础。“统一开放”要求建设包含商品市场、要素市场、产权市场等子市场在内的门类齐全的市场体系，打破地域壁垒、行业壁垒，实现商品、要素自由流动，形成统一的国内市场甚至国际市场，加强市场间的联系，充分利用国内外两个市场两种资源发展我国经济。具体来说，需要着力建设城乡统一的建设用地市场，按实际服务管理人口规模合理配置公共资源，建立有序流动的劳动力市场，建立“规范、透明、开放、有活力、有韧性”[①]的资本市场，培育发展知识、技术和数据要素市场。“竞争有序”要求建立公平开放透明的市场规则，推进要素价格市场化改革。完善主要由市场决定价格的机制，把“凡是能由市场形成价格的都交由市场，政府不进行不当干预”[②]，打破市场封锁，清除妨害公平竞争的规定和做法，在更广阔领域内、更大程度上实现市场竞争有序。实践中，需要着力完善城镇建设用地价格形成机制，出台有效政策盘活利用存量用地，深化利率市场化改革，完善人民币汇率市场化形成机制，促进技术要素的有序流动和价格的合理形成。“制度完备”要求健全包括产权保护制度、市场准入制度、公平竞争制度在内的市场体系基础性制度，加强民法、反垄断法、反不正当竞争法等法律法规制度建设，完善现代市场监管机制以及可以提高市场运行效率、保障市场规则发挥效力的其他制度。“治理完善”要求通过夯实市场体系基础性制度、提高要素资源配置效率、改善提升市场环境和质量、实施高水平市场开放、完善现代化市场监管机制等构建起系统完备的市场治理体系，提高市场治理效能，推动市场体系

---

① 《中共中央 国务院关于新时代加快完善社会主义市场经济体制的意见》，2020 年 5 月 18 日，http://www.gov.cn/zhengce/2020-05/18/content_5512696.htm。

② 中共中央文献研究室编《十八大以来重要文献选编》上，中央文献出版社，2014，第 517-519 页。

高效运转。

市场不是万能的，会存在失灵现象，容易造成部分商品和要素价格扭曲、生产过剩、资源浪费等。市场在解决外部性问题、消除贫富差距、提供公共物品等方面也缺乏效率。因此，“市场设计并不是要么市场、要么政府的问题，而是市场加上政府才能解决的问题”①。

二、建设有为政府，更好发挥政府作用

习近平总书记指出：“更好发挥政府作用，不是要更多发挥政府作用，而是要在保证市场发挥决定性作用的前提下，管好那些市场管不了或管不好的事情。”②政府的作用主要体现在“保持宏观经济稳定，加强和优化公共服务，保障公平竞争，加强市场监管，维护市场秩序，推动可持续发展，促进共同富裕，弥补市场失灵”③。

政府为市场经济提供基础设施和法治保障。建设完备的市场基础设施是建设高标准市场体系的内在要求，也是政府的职责所在。政府通过完善综合立体交通网络推动市场基础设施互联互通，通过发展“智慧商店”和“智慧商圈”，引进 5G 技术、人工智能等高新技术的最新成果提高市场基础设施的技术含量、发展智能市场，引导平台企业健康发展，培育发展能源商品交易平台，不断提升市场基础设施质量，改善市场环境。市场经济是法治经济。健全的制度、市场主体较强的法治意识、尊崇规则的文化等是高标准市场体系的重要因素，也是市场高效运行的重要保障。为市场运行提供法治保障是政府的重要职能。政府通过夯实市场经济基础性制度，保障市场公平竞争。政府需要全面完善产权制度，建立现代产权制度，加强产权保护和激励；政府需要全面实施市场准入负面清单制度，加强市场准入的评估，建立市场准入负面清单并动态更新，对负面清单信息进行公开，建立并推行“全国一张清单”管理模式，落实“非禁即入”，改革生产许可制度；政府需要建立并全面落实公平竞争审查制度，通过健全竞争政策实施机制、强化公平竞争审查、畅通违反公平竞争问题反映渠道等方

① 约翰·麦克米兰：《市场演进的故事》，中信出版社，2006，第 228 页。

② 中共中央文献研究室编《习近平关于社会主义经济建设论述摘编》，中央文献出版社，2017，第 66 页。

③ 中共中央文献研究室编《十八大以来重要文献选编》上，中央文献出版社，2014，第 500 页。

式对垄断、欺行霸市、制假造假、虚假宣传、非法集资、传销等不正当市场行为进行监管，统一市场规则，维护市场秩序；政府需要通过完善民事商事、财税等经济领域法律法规、健全执法司法对市场经济运行的保障机制、建立行政权力制约和监督机制、完善发展市场经济监督制度和监督机制等，不断完善市场经济法治体系，强化法治保障；政府需要引导市场主体树立法治思维和底线思维，加强反不正当竞争执法，严厉打击破坏社会主义正常市场秩序的行为；政府需要加强尊崇法律规则的法治文化建设，倡导诚实守信、公平正义、契约精神，宣扬有利于市场交易顺利进行的风俗和习惯。

政府对宏观经济进行科学调控。政府搭建可以推动社会生产力发展、保证社会生活有序安全的总体生产力框架，加强能源、交通运输、信息通信、科研与技术服务、文化教育、医疗卫生、生态等领域的大型公共基础设施和骨干网络建设，强化国有经济在煤炭、石油、天然气、核能源等关系国民经济命脉和国家安全的重要行业以及医疗卫生、供水供电、公共健身设施等显著影响民生的重要行业中的主导地位，切实履行好在提供公务服务、加强社会管理、保护生态环境等方面的职责。政府利用投资政策、税收政策、货币政策、就业政策等营造均衡平稳的经济运行环境，积极参与国际宏观经济政策协调，减少经济的大幅波动，防范行业、区域系统性风险，稳定市场预期。政府要增强宏观调控的前瞻性、针对性、协同性，依据不断变化的世情国情制定符合我国社会主义现代化建设实际的国家发展战略和规划并坚决贯彻实施，引导市场主体作出和国民经济发展长远目标相一致的决策，引导资源流向新能源、新材料、新医药、高端装备制造等关系经济发展全局、有利于提高产业发展技术含量、可以增强国民经济核心竞争力的基础性、战略性产业以及空天海洋、信息网络、生物技术、核技术等重点投资领域和项目，引导资源流向有助于经济结构战略升级、生产力布局优化、区域协调发展的领域和产业等。政府推动技术创新，加强科技规划并完善组织实施机制，加大对基础性、战略性、前沿性科学研究和共性技术研究的支持，鼓励原始创新、集成创新、引进消化吸收再创新，增加应对重大公共事件的科研储备，构建“以企业为主体、市场为导向、产学研深度融合”[①]的技术创新体系，推动科技成果转化为现实生产力，培育科技人才。政府致力于构建自力主导型开放体系，鼓励自主创新，打造自主品牌，在提升自身实力的基础上提升在行业标准制定、产品定价等方面的发言权，通过扩大内需降低对外贸易依存度，平衡对外贸易收支，实现外汇储备多元化，促进利用外资由引进数量向引进质量转变，在涉及国家战略资源开发、国家安全的行业或部门中坚持利用自有资金独立自主谋求发展，确保经济安全。

政府调节收入分配。政府在充分发挥市场在调节初次分配、通过合理收入差距激发劳动者积极性、优化资源配置方面的重要作用的基础上，纠正初次分配中因现行制度中的不合理规则而造成的诸如东西部地区间、城乡间、垄断和非垄断行业间显失公平的收入差距，避免因损害社会公平而影响经济效率[②]。再分配中，政府通过征收个人所得税、完善财产税等税收调节手段，通过不断完善失业保险制度和基本养老保险制度、建立侧重于扶助低中收入阶层并覆盖全体社会成员的社保体系等社会保障制度，通过加大对中西部地区、边远地区的财政支持力度、加大在教育方面的支出、加强对残疾人与鳏寡孤独等困难群体的救助和帮扶等转移支付手段，对收入进行“抽肥补瘦”式的调节，让全体人民共享经济改革和发展的成果，维护社会公平，实现共同富裕[③]。在探索完善第三次分配体制机制方面，政府着力推动慈善等社会公益事业发展。

政府加强市场监管，维护市场秩序。政府加强市场监管着力解决“市场体系不完善”和“监管不到位”的问题。首先，推进综合协同监管。政府统筹行业监管和综合监管，推进部门联合“双随机、一公开”监管常态化，以鼓励创新、平等保护的原则对新业态进行包容审慎的监管。其次，加强重点领域监管。政府着重对重点商品市场价格、要素市场交易行为进行监管，加强对影响国计民生的重要商品的价格监测，规范要素交易行为。再次，推进市场诚信建设，加强社会监督。政府建立市场主体的诚信评价机制，依托信息共享平台、行业信息系统实现信用信息共享，鼓励市

① 《中共中央 国务院关于新时代加快完善社会主义市场经济体制的意见》，2020 年 5 月 18 日，http://www.gov.cn/zhengce/2020-05/18/content_5512696.htm。

② 冯新舟、何自力：《中国模式中的市场与政府关系——政府主导下的社会主义市场经济》，《马克思主义研究》2015 年第 11 期。

③ 同上。

场主体的信用承诺行为并督促其履行承诺，完善信用修复和异议处理机制，对市场主体的信用进行分级分类监管，依据其信用状况提供更加精准便利的服务；政府通过充分发挥行业协会商会、市场专业化服务组织以及公众和舆论的规约和监督作用加强对市场主体交易行为的监督。最后，维护市场安全和稳定。政府强化国家安全观，积极完善维护市场安全的体制机制，防范市场运行中的风险、外部冲击风险，妥善应对挑战，及时解决市场体系安全问题，避免市场异常波动。

三、毫不动摇地坚持社会主义初级阶段基本经济制度

毫不动摇坚持社会主义初级阶段基本经济制度是建设有效市场和有为政府的基础，也是社会主义与现代市场经济的结合点。首先，坚持公有制经济的主体地位。坚持公有制的主体地位是保证我国市场经济社会主义性质的必然要求，也是政府切实履行制定国家经济发展整体规划、引导市场实现国家发展战略目标、维护社会公平正义等经济职能的前提和基础。坚持公有制的主体地位，不仅要从公有制经济总量及其在国民经济中的比重上考察，更要从公有制经济的“质”上考察，强调国有经济的主导作用，着力增强国有经济创新力、竞争力、控制力、影响力、抗风险力。目前我国公有制经济在国民经济中的比重较之改革开放初下降了，但仍构成了国民经济和社会生活的骨架。公有制经济尤其是国有经济、国有资本牢牢控制着石油、天然气、煤炭、电力、铁路、航空、国防等关系经济命脉、影响国家安全、保障民生的重要行业、领域和关键环节，并通过稳步推进自然垄断行业改革、适度引入竞争机制提高国有经济竞争力，通过发展股份制增加国有经济的控制力、影响力、带动力，放大国有资本功能，主导引领经济结构转型升级，进而覆盖到社会经济生活的方方面面，成为“普照的光”[①]。其次，促进非公有制经济发展。个体经济、私营经济等非公有制经济规模小、经营灵活、市场反应灵敏、适应性强等特点较好契合了服装、食品、加工制造、零售等行业的需求，在丰富社会物质资源、满足消费者个性需求、为居民生活提供便利的同时促进经济增长、扩大就业、增加税收。同时，非公有制经济可以增加国民经济的多样性，成为国民经济

① 中共中央马克思恩格斯列宁斯大林著作编译局编译《马克思恩格斯文集》第八卷，人民出版社，2009，第31页。

克服不确定性、增加创新活力的重要条件。实践中，政府应从产权制度设计、平等市场规则制定、公平竞争环境营造等方面为非公有制经济发展创造条件，探索让非公有制企业进入电力、油气等领域的具体办法，消除隐性壁垒，增加中小企业的金融服务供给，鼓励民营企业参与到国家重大战略的实施中。最后，积极发展混合所有制经济。混合所有制经济因其具有马克思、恩格斯所说的“社会资本”①“许多人联合负责的生产”②的性质而与公有制经济有机融合。发展混合所有制经济，既要通过引入集体资本、非公有资本投资参股的方式放大国有资本功能，又要借鉴私营企业在自主决策、灵活经营、敏捷反应等方面的优点，建立现代企业制度，实现国有资本的保值增值，提高竞争力。

四、辩证地处理好政府和市场关系

处理好政府和市场关系要坚持辩证法，把“看得见的手”和“看不见的手”都用好。市场在有效传导信息、实现产品优胜劣汰、鼓励技术创新等方面具有优势，政府则在限制垄断、克服外部性、提供公共品、解决信息失灵问题、保障公平等方面作用突出；二者又都存在缺陷，市场存在外部性、信息失灵、导致贫富差距等失灵现象，政府则存在官僚机构低效、内部性与政府盲目扩张、寻租等缺陷。市场与政府只有相互配合，相互补充，共同作用于经济发展，才能促进经济健康可持续发展。辩证地处理好政府和市场关系并不是简单地市场作用多一点、政府作用少一点的问题，而是要科学厘清政府和市场边界。凡属市场能发挥作用的领域，要充分发挥其决定性作用；政府要简政放权，不能干预过多，更不能不当干预。凡属“市场管不了或管不好的事情”，政府应当主动补位，更好发挥作用，管到位，管出水平，在尊重市场规律的基础上通过改革、出台政策、制定规划等激发市场活力、引导市场预期、规范市场行为。辩证地处理好政府和市场关系应依据我国国情切实找准市场和政府的最佳结合点，力求充分发挥二者优势，克服各自不足。

---

① 中共中央马克思恩格斯列宁斯大林著作编译局编译《马克思恩格斯文集》第八卷，人民出版社，2009，第494-495页。

② 中共中央马克思恩格斯列宁斯大林著作编译局编译《马克思恩格斯文集》第四卷，人民出版社，2009，第410页。

第七章　推动形成全面开放的新格局

现代化经济体系是开放的经济体系。建设现代化经济体系就要立足新发展阶段，贯彻新发展理念，推动以国内大循环为主体、国内国际双循环相互促进的新发展格局的建立。2017 年，党的十九大明确指出建设现代化经济体系，要推动形成全面开放的新格局，强调要“以‘一带一路’建设为重点，坚持引进来和走出去并重，遵循共商共建共享原则，加强创新能力开放合作，形成陆海内外联动、东西双向互济的开放格局”①。新时代，推动形成全面开放的新格局对于建设现代化经济体系，促进全球经济发展具有重要意义。面对复杂的国内外经济形势，《“十四五”规划和 2035 年远景目标纲要》提出“加快构建以国内大循环为主体、国内国际双循环相互促进的新发展格局”，强调在畅通国内大循环的基础上促进国内国际双循环，提出“坚持实施更大范围、更宽领域、更深层次对外开放，依托我国超大规模市场优势，促进国际合作，实现互利共赢，推动共建‘一带一路’行稳致远，推动构建人类命运共同体”②。在庆祝中国共产党成立 100 周年大会上，习近平总书记再次强调：“新的征程上，我们必须高举和平、发展、合作、共赢旗帜，奉行独立自主的和平外交政策，坚持走和平发展道路，推动建设新型国际关系，推动构建人类命运共同体，推动共建‘一带一路’高质量发展，以中国的新发展为世界提供新机遇。”③党的二十大报告进一步提出要推进高水平对外开放，要“依托我国超大规模市场优势，以国内大循环吸引全球资源要素，增强国内国际两个市场两种资源联动效应，提升贸易投资合作质量和水平”④。

---

① 习近平：《决胜全面建成小康社会 夺取新时代中国特色社会主义伟大胜利》，人民出版社，2017，第 34-35 页。

② 《中华人民共和国国民经济和社会发展第十四个五年规划和 2035 年远景目标纲要》，2021 年 3 月 13 日，http://www.xinhuanet.com/2021-03/13/c_1127205564.htm。

③ 习近平：《在庆祝中国共产党成立 100 周年大会上的讲话》，2021 年 7 月 1 日，http://www.gov.cn/xinwen/2021-07/01/content_5621847.htm。

④ 习近平：《高举中国特色社会主义伟大旗帜 为全面建设社会主义现代化国家而团结奋斗——在中国共产党第二十次全国代表大会上的报告》，人民出版社，2022，第 32 页。

第一节　对外开放的理论和历史溯源

纵观人类社会发展史可以发现，开放是一个国家繁荣发展的必由之路，强国盛世必走开放之路。从地理大发现助推资本主义从欧洲向世界各地扩张开始，越来越多的国家被卷入经济全球化的进程中，各国在全球化中对外开放，谋求生存和发展，对国际贸易、经济全球化的研究程度也在不断深入。

一、经济全球化的出现

经济全球化，就是世界各国由于资金、技术、商品及人员的广泛流动而相互开放、相互联系、相互依赖的一体化过程[①]。主流经济学家通常把经济全球化归因于市场经济的发展。在市场经济条件下，人类作为“理性经济人”，为了追求和占有更多的财富，必然推动劳动分工的专业化以及市场规模的不断扩大，直至超越国家的界限形成统一的全球市场。亚当·斯密提出的绝对成本优势理论和大卫·李嘉图创立并由诸多学者发展的比较成本理论都论证了国际分工、国际自由贸易可以增加全球财富、增进全世界的福祉，为经济全球化的合理性和正当性提供了理论支持。

马克思和恩格斯则深刻揭示了经济全球化的本质，认为经济全球化是资本主义生产方式扩张的必然结果。在马克思和恩格斯看来，“创造世界市场的趋势已经直接包含在资本的概念本身中。任何界限都表现为必须克服的限制”[②]，“资本一方面要力求摧毁交往即交换的一切地方限制，夺得整个地球作为它的市场，另一方面，它又力求用时间去消灭空间，就是说，把商品从一个地方转移到另一个地方所花费的时间缩减到最低限度。资本越发展，从而资本借以流通的市场，构成资本空间流通道路的市场越扩大，资本同时也就越是力求在空间上更加扩大市场，力求用时间去更多地

① 何自力：《中国方案开启经济全球化新阶段》，《红旗文稿》2017 年第 3 期。

② 中共中央马克思恩格斯列宁斯大林著作编译局编译《马克思恩格斯文集》第四十六卷（上册），人民出版社，1972，第 391 页。

消灭空间”[①]。在《共产党宣言》中，马克思和恩格斯指出，“资产阶级，由于开拓了世界市场，使一切国家的生产和消费都成为世界性的了。……这些工业所加工的，已经不是本地的原料，而是来自极其遥远的地区的原料；它们的产品不仅供本国消费，而且同时供世界各地消费。旧的、靠本国产品来满足的需要，被新的、要靠极其遥远的国家和地带的产品来满足的需要所代替了。过去那种地方的和民族的自给自足和闭关自守状态，被各民族的各方面的互相往来和各方面的互相依赖所代替了。物质的生产是如此，精神的生产也是如此”[②]。实际上，资产阶级是在“按照自己的面貌为自己创造出一个世界”，“资产阶级，由于一切生产工具的迅速改进，由于交通的极其便利，把一切民族甚至最野蛮的民族都卷到文明中来了。……它迫使一切民族——如果它们不想灭亡的话——采用资产阶级的生产方式；它迫使它们在自己那里推行所谓文明，即变成资产者”[③]。可见，经济全球化是资本主义生产方式发展的必然要求，经济全球化的过程也是资本主义向全球扩张的过程。

按照经济理论的设想，经济全球化有着美好的愿景。首先，经济全球化可以增进全球的福利。随着经济全球化的深化，生产在全球范围内进行分工，资源按照市场交易的原则在全球范围内进行配置，世界各国依照自身在资源、技术、劳动力等方面的比较优势参与到国际分工中，提高了资源配置效率和生产效率，从而增加了全球的总财富和总福利，各国也因充分发挥了自身优势并借助他国的优势完成生产或获得产品成品而提高了福利整体水平。其次，经济全球化可以促进发达国家的经济结构调整和产业升级。通过向发展中国家转移轻纺、食品加工等劳动密集型产业以及钢铁、机械、化工等资本密集型产业而保留航空航天、电子计算机、通信和半导体、原子能、精密机床等技术密集型产业以及金融、教育等知识含量较高的服务业，发达国家垄断全球生产中的关键环节或关键技术并不断推动国内经济结构的调整和产业升级，从而在获取高附加价值、利润的同时长期保持在生产中的优势和核心竞争力。最后，经济全球化为发展中国家

---

① 中共中央马克思恩格斯列宁斯大林著作编译局编译《马克思恩格斯文集》第四十六卷（下册），人民出版社，1972，第33页。

② 中共中央马克思恩格斯列宁斯大林著作编译局编译《马克思恩格斯选集》第一卷，人民出版社，2012，第404页。

③ 同上。

提供了发展机遇。经济全球化可以使发展中国家利用自身在资源、劳动力方面的优势吸引外来资金，解决自身资金不足、就业等问题，建立起适合本国特点的产业体系，推动经济的持续发展；经济全球化也可以使发展中国家获得先进技术和现代管理经验，发挥后发优势，实现技术跨越，推动国内产业的技术升级和管理创新，提高生产效率；经济全球化为发展中国家提供了广阔的国际市场，使得发展中国家在获得自身发展需要的产品、技术以及销售产品的利润的同时依据市场需求推动本国产业结构的升级，从而获得更大的发展空间；经济全球化使发展中国家获得了更多的债务减免和发展援助等。第二次世界大战后，金砖国家经济腾飞和崛起的一个重要因素，就是这些国家很好地融入经济全球化并及时抓住了经济全球化带来的机遇。

二、经济全球化的挫折与深化

全球化是资本扩张性的体现，是资本主义生产方式运动和发展的必然产物。然而，2008 年国际金融危机后，经济全球化的强劲发展势头受到了猛烈冲击。

（一）逆全球化的表现

逆全球化最直观的表现就是全球贸易和投资的萎缩。20 世纪 80 年代中期以来，全球贸易一直保持着持续高速增长。其中，1991—2011 年全球贸易增长的速度约是 GDP 增长速度的 2 倍。国际金融危机后，全球贸易增速急剧下降。世界银行的数据显示，2016 年全球贸易增长率创国际金融危机以来新低，为 2.5%。与全球贸易萎缩一致，国际投资的增长也陷入停滞，按照联合国贸发会议估算，2017 年国际投资较 2016 年下降 10%~15%。全球贸易和投资的低迷，意味着经济全球化陷入了停顿。

逆全球化的另外一个显著表现是贸易保护主义的抬头。2016 年 7 月 27 日，《瑞士商报》指出，美国从 2008 年到 2016 年对其他国家采取了提高进口关税、国家扶持本国企业、制定反倾销条款、规定公司必须购买本国产品等歧视性措施，共达 600 多项，是德国、英国以及中国的 2 倍多①。美国前总统特朗普的竞选承诺中就包括对来自中国或墨西哥的商品征收高

① 《报告：美才是限制自由贸易头号国家》，2016 年 7 月 29 日，http://column.cankaoxiaoxi.com/2016/0729/1249696.shtml。

额进口关税，并威胁将对不将投资转回国内的美国大公司向美输入的产品征收惩罚性高额关税[①]。美国、日本和欧盟为了维持反倾销等非关税壁垒，无视中国严格遵循国际贸易规则和自觉履行义务的事实，不承认中国的市场经济地位。

逆全球化还表现在区域经济一体化进程受阻。2017年初，美国退出跨太平洋伙伴关系协定（TPP），对亚太地区贸易一体化造成了冲击。2016年，英国“脱欧”公投成功，使得欧洲一体化进程受到重创。《我们熟悉的全球化已经结束——英国脱欧就是最大标志》一文称，即使英国“脱欧”并不意味着欧洲或者全球经济的解体，它也是一个重要标志，表明我们所熟悉的全球化时代已经结束[②]。另外，在欧洲债务危机、难民危机的影响下，欧洲多个国家的民族主义势力崛起。可见，区域经济一体化作为经济全球化的重要组成部分和推动力量，呈现出排他性、碎片化的发展态势，阻碍了经济全球化的发展。

（二）逆全球化的原因

逆全球化浪潮的出现有着深刻的经济社会根源，主要包括以下内容。

第一，世界经济的长期低迷引发了对经济全球化的质疑。2008年国际金融危机之后，世界经济长期低迷，进入再平衡的调整期。世界银行的统计数据显示，发达经济体2014—2016年的经济增速分别为1.9%、2.1%、1.6%。其中，美国经济尽管由于长期采取量化宽松政策以及新兴产业的带动率先实现复苏，2014年和2015年经济增速分别达到2.4%和2.6%，但2016年却放缓至1.6%；欧盟因为货币政策一体化与各国主权、财政政策独立之间的制度性矛盾无法解决以及债务危机、难民危机、英国“脱欧”等因素的影响，经济依然低迷，2014—2016年的经济增速分别只有1.2%、2.0%和1.6%；日本经济在安倍经济学“新三支箭”政策的刺激下短期内有了一定的提振效果，但由于无法从根本上解决自身人口老龄化等问题，经济持续疲软，2014—2016年的经济增速分别为0.3%、1.2%和1.0%。以金砖国家为代表的新兴经济体尽管依然保持着中高速经济增长，是目前世界经济增长的主要动力，经济发展前景也比较好，但也都进入经济调整

---

① 《报告：美才是限制自由贸易头号国家》，2016年7月29日，http://column.cankaoxiaoxi.com/2016/0729/1249696.shtml。

② 李长久：《经济全球化进程仍将延续》，《经济参考报》2016年9月22日。

期。比如：中国正在推进供给侧结构性改革，印度在推进全面市场改革，巴西正在摆脱政治动荡对经济的影响等。这些国家未来的经济发展取决于各自经济改革、调整的效果，需要一定的时间。世界经济的长期低迷，使得许多国家看不到经济发展形势好转的希望，也无法从经济全球化中获得可以推动本国经济发展的动力，从而引发了对全球化的质疑。

第二，技术进步迟缓限制了经济全球化进程的深化。技术进步是经济全球化的重要推动因素，经济全球化进程往往伴随着技术上的重大变革和进步。15 世纪至 17 世纪的地理大发现和海上贸易的繁荣伴随着世界造船技术的重大突破；19 世纪至 20 世纪初以发达资本主义国家争夺商品销售市场与原料产地为主要特征的世界商品市场的初步形成伴随着以蒸汽机作为动力机被广泛使用为标志的第一次工业革命；20 世纪中叶至目前以资本输出为主要特征的世界商品、资本市场的最终形成和成熟伴随着以电器、内燃机的广泛使用为标志的第二次工业革命和信息网络技术的突飞猛进。进入 21 世纪，世界上尽管出现了量子信息、人工智能、3D 打印、虚拟现实等新技术，但这些技术还没有像之前的历次重大技术进步那样对社会生产、生活方式产生广泛而深远的影响，也无法形成对经济全球化的强有力支撑。

第三，收入不平等加剧。经济全球化虽然从整体上促进了世界财富的增长，但并不能带来财富的平均分配。在世界范围内，以美国、英国、法国、德国、日本等为代表的发达资本主义国家瓜分了全球财富中的大部分，只把一小部分留给广大发展中国家，造成发达资本主义国家与发展中国家的贫富差距越来越大。即使是发达国家内部人们的收入差距也是巨大的。资本主义生产方式的本质决定了发达国家通过经济全球化积累起来的财富并不能做到平均分配，而是集中到少数人手中。资本的逐利性使得发达国家把吸纳劳动力较多的加工制造等中低端产业转移出去，而新兴高端制造业又不能及时填补空白，形成产业的空心化。这种状况使得私人垄断资本通过对外直接投资、对外贸易、跨国金融交易等方式获得了更多的利益，以加工制造行业的工人为代表，部分普通工人甚至中等收入群体不仅没有实现财富增长，有的甚至失去了工作。根据美国劳工统计局的统计数据，1979 年美国制造业就业人数达到峰值，为 1 943 万人，此后持续下降，2010 年下降至 1 153 万人，2016 年也仅恢复到 1 235 万人。世界财富及收入数据库的数据显示，2014 年，美国最富裕的 1% 人群的收入已经占到国民总收入的 37.24%。财富的快速集聚加剧了贫富差距，使更多受冲击的群体成为美国、英国等发达国家反对经济全球化的主体力量。另外，私人垄断资本的跨国经营使得国内政府税源枯竭，只能大量举借外债，严重制约了政府救济失业、贫困人口等调节社会矛盾的能力，从而也引起普通民众对经济全球化的不满。

第四，全球经济增长缺乏包容性。理想中的经济全球化可以使世界各国实现优势互补，共享全球经济发展的积极成果。但是，现有的全球经济发展模式缺乏包容性。目前，经济全球化是西方发达国家主导的，是资本主义在全球范围内的扩张。在经济全球化过程中，发达国家发挥着主导作用，牢牢占据“中心”地位，制定国际经济交往的“游戏规则”，垄断着资金、技术等资源，控制着主要的国际经济组织，通过跨国公司建立起全球的生产经营网络并把资源和财富集中到母国，获得巨大的利益，却把资源耗费量大、严重污染环境的技术和产业转移到发展中国家，并通过直接投资控制发展中国家经济命脉，通过在提供贷款等活动中附加政治条款等方式阻碍发展中国家的自主发展。同时，广大发展中国家则处于“外围”地位，面临着被边缘化的危险。发展中国家参与到经济全球化中，意味着在发达国家制定的“游戏规则”下与包括发达国家在内的其他国家进行贸易、竞争，自身本来就比较薄弱的经济中的弱点在开放中暴露无遗，民族产业的发展失去应有的保护，逐步沦为发达国家的资源供应地和中低附加值产品的加工地，与发达国家的差距越来越大，更需要忍受经济全球化带来的不利影响，如国民经济更易受到国际经济危机侵袭、国家主权受到挑战、生态危机加重等。

从根本上说，引起逆全球化的原因是资本主导的人与人、人与社会、人与共同体、民族国家之间的交往秩序，注定其无论如何进化发展都只能满足拥有资本的少数人的需求、只能维护少数发达资本主义国家的利益。在国际交往中，发达资本主义国家打着“民主、自由、人权、平等”等所谓“普世价值”的幌子，披着“公平交易”的外衣，使发展中国家成为其原料供应地、中低附加值产品的加工地和产品的销售地并在国际交往中处于附属地位，最终目的只是为了实现剩余价值的最大化、价值的持续增值以及资产阶级对整个世界的统治。这使得发展中国家与发达资本主义国家严重对立起来，二者发展的差距越来越大，发展中国家无法从全球化中获得更多利益、无法实现自主发展和富强却还要忍受国家主权受到侵蚀、生态危机加剧等不利影响。这种情况下，逆全球化在世界范围内拥有了广泛的民众基础，长期处于贫困中的发展中国家甚至发达资本主义国家加入到反对全球化的阵营中。资本主导的经济全球化中的国家交往、社会交往秩序是为资本以及资产阶级服务的，是为了实现资产阶级在世界范围内对人类的控制，共同体中的普通民众无法获得自由和解放，这种人与人、人与社会、人与共同体、民族国家之间的对立矛盾成为逆全球化浪潮兴起的根本原因。

（三）经济全球化的深化

逆全球化浪潮的出现给经济全球化带来了挑战，反映出现阶段经济全球化进程中涌现出的全球经济增长方式缺乏包容性、发达国家产业空心化、发展中国家被边缘化、收入不平等现象严重等突出问题，增加了经济全球化进程的不确定性。然而，尽管经济全球化是引起或加剧上述问题的重要因素，但将这些问题全部归因于经济全球化却是有偏颇的。比如：发达国家与发展中国家在经济全球化中的地位是各国技术水平、经济、政治、文化、历史等因素综合作用的结果；发达国家产业空心化的根源是资本逐利以及资本主义的生产方式；收入不平等加剧更是资本主义制度内在矛盾长期发展的结果，法国著名经济学家皮凯蒂（2014）就在研究资本主义 300 多年历史进程的基础上指出资本收益率长期超过经济增长率是收入不平等的根本原因。

资本主义 500 多年的历史已经证明，尽管存在诸多不足和弊端，但资本主义生产方式在激发人们生产积极性与经济发展活力、发展社会生产力、增加社会物质财富方面具有非常显著的优势，正如马克思所说，“资本的文明面之一是，它榨取这种剩余劳动的方式和条件，同以前的奴隶制、农奴制等形式相比，都更有利于生产力的发展，有利于社会关系的发展，有利于更高级的新形态的各种要素的创造”①，“资产阶级在它的不到一百年的阶级统治中所创造的生产力，比过去一切世代创造的全部生产力还

---

① 中共中央马克思恩格斯列宁斯大林著作编译局编译《马克思恩格斯文集》第七卷，人民出版社，2009，第 927-928 页。

要多，还要大”①。全球化是资本主义生产方式在世界范围内扩张的必然产物，也是全球范围内优化配置各种生产要素、各国优势互补进而推动全球社会生产力提高的客观要求。在经济全球化进程中，市场经济规则在全球范围内占据主导地位，民族国家为了在国际竞争中获胜，必须积极参与国际分工与协作，资本、技术、劳动力等生产要素在全球范围内流动并形成世界市场体系，原本“主要适应于地区或本国市场服务的生产结构逐渐地、不平衡地而又显然是不可抗拒地由主要适应于世界市场服务的生产结构所取代”②，全球社会生产力得以显著提高；为了解决国际争端以及困扰世界各国的环境污染、贫困、跨国犯罪、国际恐怖主义等全球性问题，政府间、非政府间的合作加强，各民族国家纷纷让渡出部分主权组成联合国、世界卫生组织、欧盟等国际组织，在推动全球性问题解决的同时也使得各民族国家从中受益；作为全球化的重要组成部分，文化全球化使得资本主义发达国家宣扬的文化观、价值观、意识形态等支配着全球文化，文化的同质性趋势增强，客观上避免了因文化的多样性以及不同文化的内在差异性导致的国际交往、跨国生产经营中过高的交易成本，使得资本主义生产方式可以更为顺利地在全球范围内传播，进而推动各国社会生产力的提高；等等。可以说，经济全球化尽管无法实现人类的自由和解放，但其蕴含的秩序和制度客观上保障了资本主义生产方式在全球的传播，促进了全球社会生产力的提高和物质财富的增长。

正视逆全球化浪潮及其反映出来的问题，坚定经济全球化的信心，推动更加包容、更有活力、更加持续的经济全球化是下一阶段经济全球化的必然要求。纵观近现代世界经济发展的历史，1929—1933 年大萧条、20 世纪 70 年代资本主义国家经济滞胀、1997 年亚洲金融危机等较为严重的经济危机后，均出现了各国为了解决国内失业问题、恢复国民经济而采用贸易保护主义措施等反全球化的现象。而且，每次逆全球化浪潮消退之后，由于逆全球化中暴露出来的问题以及上一阶段经济全球化进程中积累的矛盾得到解决或缓解、新的全球化动力源泉形成等因素，之后的经济全

---

① 中共中央马克思恩格斯列宁斯大林著作编译局编译《马克思恩格斯文集》第二卷，人民出版社，2009，第 36 页。

② 苏珊·斯特兰奇：《国际政治经济学导论——国家与市场》，杨宇光等译，经济科学出版社，1992。

球化往往规模更大、更为深入。目前，逆全球化浪潮尽管愈演愈烈，但是中国推动“一带一路”、亚投行建设，为经济全球化注入活力。以中国为代表的新兴经济体已经成为全球经济增长的新引擎，也成为经济全球化新的动力源泉。以中国为代表的新兴经济体对于世界经济增长的贡献越来越大。总之，经济全球化是社会生产力发展的客观要求和必然结果。我们有理由相信，经济全球化继续深化的大趋势不会变。在以中国为代表的新兴经济体的带动下，经济全球化必将在包容、消解各种矛盾中不断前进。

基于此，面对逆全球化的侵扰，我们应该清醒地看到，在全球范围内配置资源、组织生产和销售仍然是现在和未来全球经济发展的趋势，在国际交往中搞“以邻为壑”的贸易保护主义、奉行狭隘的“本国利益至上”等不仅阻碍全球经济的复苏而且对于本国经济从长远来看也得不到丝毫好处。我们需要反思的不是该不该坚持全球化，而是应该坚持什么样的全球化。基于经济全球化中的现实，我们需要探索一条更加开放、包容、普惠、平衡、共赢的全球化之路，坚定地向着人类命运共同体的理想迈进。

三、我国对外开放的实践探索

党的十一届三中全会作出了把工作重心转移到经济建设上来、实行改革开放的历史性决策。中国经济自此腾飞，对外开放成为一个重要动力，也逐步被确立为基本国策。40 余年间，中国的对外开放沿着构建开放型经济体制、推动形成全面开放格局的主线展开，对外开放的理论认识不断深化。

在 1978 年之后的改革开放实践中，我国经济建设由封闭转向了主动地单向开放，从建立经济特区到沿海开放、沿江开放，区域不断扩大，涉外经济体制改革的重点主要是发展加工贸易，承接境外产业转移。改革开放总设计师邓小平同志对我国对外开放的战略地位、战略步骤、开放布局以及开放原则等问题作了清晰的论述，基本建立起我国开放发展的理论体系的基础和框架。他在对比中国数百年间开放与闭关锁国的历史进程中指出，“关起门来搞建设是不能成功的，中国的发展离不开世界”[①]，对外开放是关系国家前途命运的战略问题，是一项必须长期坚持的基本国策。针对

① 邓小平：《邓小平文选》第三卷，人民出版社，1993，第 78 页。

当时我国生产力水平较低的实际情况，邓小平同志在明确指出对外开放必须是全方位、多形式、宽领域的开放的同时，也明确提出了开放必须坚持社会主义道路、坚持独立自主自力更生、坚持平等互利、坚持“两手抓、两手都要硬”等四条原则，明确了积极稳妥推进改革开放的多层次格局。

1992 年之后，我国对外开放并没有因东欧剧变而放缓、改变，对外开放的范围向沿边、内陆扩展，对外开放的地域和领域不断扩大，与市场经济体制改革相适应，涉外经济体制改革不断深化，积极承接境外产业转移，积极推动加入世界贸易组织。江泽民同志继承和发展了邓小平同志的对外开放思想，以建立社会主义市场经济体制为目标提出发展开放型经济，实现国内经济与国际经济的互接互补，提出和实施了“引进来”与“走出去”相结合的对外开放战略。

21 世纪以来，随着中国成功加入世界贸易组织，对外开放从由主动单向开放转向 WTO 成员之间的双向开放，全面提高了对外开放水平。这一阶段，以大开放促进大改革，国内体制与国际经贸规则全面接轨。统筹国内发展和对外开放、实施互利共赢的开放战略、完善“内外联动、互利共赢、安全高效”的开放型经济体系、转变对外经济发展方式和提高开放型经济水平成为科学发展观的重要组成部分。

党的十八大以来，在与世界深度融合、命运与共的发展背景下，我国对外开放从顺应式参与转向了主动性引领。对内，加快推进了以上海自贸区为代表的 11 个自由贸易试验区建设，粤港澳服务贸易自由化，加快构建开放型经济新体制；对外，提出了“一带一路”倡议，倡导构建人类命运共同体，推动形成全面开放新格局。这一阶段，涉外经济体制改革的重点是构建开放型经济新体制，引领经济全球化进程。习近平总书记围绕我国对外开放发表了一系列重要论述，全面回答了新时期我国如何对外开放、如何发展开放型经济的重大问题。面对百年未有之大变局与 2020 年暴发的新冠肺炎疫情的巨大冲击，习近平总书记在多个重要场合都曾明确表示中国对经济全球化的决心不变、信心不减，绝不会走历史回头路。党的十九届五中全会更是提出了加快构建以国内大循环为主体、国内国际双循环相互促进的新发展格局。《“十四五”规划和 2035 年远景目标纲要》中明确提出建设更高水平开放型经济新体制。

改革开放 40 余年间，我国对外开放取得了巨大成就。国内生产总值年均增长约 9.5%。2020 年，我国 GDP 首次突破 100 万亿元大关，成为世界上唯一实现正增长的主要经济体，连续多年对世界经济增长贡献率超过 30%，成为世界经济增长的主要引擎。世界贸易组织的《全球贸易数据与展望》显示，中国商品贸易出口额连续数年位居世界第一位，进口位居全球第二位。2020 年，我国进出口规模和国际市场份额再创新高，成为全球唯一实现货物贸易正增长的主要经济体。我国对外直接投资规模也不断增加，人民币获得了国际主要货币地位。2018 年 4 月世界贸易组织发布的《全球贸易数据与展望》报告指出，中国的经济结构改革将对全球贸易增长产生积极影响。更为重要的是，中国经济的对外开放为广大发展中国家提供了一种可供参考的发展路径和发展模式，在全球经济治理变革中贡献了中国方案。从应对亚洲金融危机到 2008 年国际金融危机，中国都作出了重大贡献。“一带一路”、构建人类命运共同体等倡议提出以来，中国的朋友圈不断扩大，联合国大会、联合国安理会等世界性组织的重要决议中也对相关内容给予充分认可。

第二节　推动形成全面开放新格局的主要内容

回顾历史，可以发现开放带来进步，封闭必然导致落后。站在新的历史起点上，中国仍然坚持对外开放的基本国策，推动形成全面开放的新格局，开放的大门只会越开越大。这有利于推动经济高质量发展，有利于满足人民对美好生活的向往，有利于世界和平、稳定、发展。这是构建现代化经济体系、全面建设社会主义现代化国家的必经之路。

一、推动形成全面开放新格局的必然性

中国特色社会主义进入新时代，我国发展面临的国际国内形势也发生了明显变化。面对新情况，党的十九大明确提出推动形成全面开放新格局。《“十四五”规划和 2035 年远景目标纲要》明确“实行高水平对外开放　开拓合作共赢新局面”。推动形成全面开放新格局是国际形势格局巨变的现实选择，是构建新发展格局的必然要求，是推动经济高质量发展的内在需要。

（一）推动形成全面开放新格局是国际经济格局巨变的现实选择

人类社会进入机器化大生产以后，分工可以有效提高生产力、带来更多的收益。随着技术进步与交通工具的发展，远距离运输成为可能，分工的范围也开始跨越国界，走向国际化。马克思曾“以别针的生产为例，说明工人由于完成同一操作而日益熟练，因此工作得更快而且工价也更便宜”[①],“机器发明之后分工才有了巨大进步……从前结合在一个家庭里的织布工人和纺纱工人被机器分开了。由于有了机器，现在纺纱工人可以住在英国，而织布工人却住在东印度。在机器发明以前，一个国家的工业主要是用本地原料来加工。……由于机器和蒸汽的应用，分工的规模已经使脱离了本国基地的大工业完全依赖于世界市场、国际交换和国际分工”[②]。虽然近年来出现了贸易保护主义、逆全球化抬头的现象，2020 年暴发的新冠肺炎疫情对全球产业链形成巨大冲击，但是国与国之间在金融、贸易、制造业等众多领域都已经结成共同体。在科技进步的推动下，目前的国际分工已经进入产品内分工，走向精细化分工，经济全球化的深入发展趋势并没有发生根本性的改变，在曲折中向前发展。改革开放 40 年间，中国成为经济全球化的受益者。我们明白每一个国家都不可能单独发展而不受全球化影响，建设现代化经济体系必然要求有效融入世界市场，扩大对外开放。此外，近年来世界经济格局进入深度调整时期，国际秩序加速变革。与此同时，中国经济增长对世界经济增长的贡献率保持在 30% 以上，在全球经济治理体系中的制度性话语权显著提升。随着我国日益走近世界舞台中央，在国际事务中发挥更大作用，拥有更高的话语权，必然要求更加深入地、全方位地融入国际经济发展中，推动形成全面开放的新发展格局是必然选择。

（二）推动形成全面开放新格局是构建新发展格局的必然要求

在经济全球化遭遇逆流，新冠肺炎疫情导致传统的国际经济循环受阻的背景下，党的十九届五中全会提出构建以国内大循环为主体、国内国际双循环相互促进的新发展格局。我国外贸依存度自 2008 年国际金融危机后不断下降，经常项目顺差占 GDP 的比重已经降至 3% 以下。国内需求

---

① 中共中央马克思恩格斯列宁斯大林著作编译局编译《马克思恩格斯选集》第一卷，人民出版社，2012，第 248 页。

② 同上书，第 246 页。

已经成为我国经济高质量发展的内生动力，强化国内经济大循环有利于增强经济发展的韧性。这并不意味着对外开放地位的弱化与下降，而是立足国内大循环，积极融入国际大循环，更好地利用国内、国际两个市场两种资源，打造优质的营商环境，站在全球科技发展最前沿，依托国内强大市场，吸引全球优质要素资源和外商投资流向中国，实现内需与外需、进口与出口、引进外资与对外投资协调发展，实现国内循环和国际循环相互促进，共同发展。展望未来，我国外贸进出口额、利用外资规模、对外投资规模都必将持续增加，国际经济地位将持续提升，这是大国经济的重要特征之一。

（三）推动形成全面开放新格局是推动经济高质量发展的内在需要

改革开放 40 年来，中国经济取得了举世瞩目的成就，2020 年我国 GDP 首次突破了 100 万亿元大关，仍然具有人力资源丰富、市场规模庞大、基础设施比较完善、产业配套齐全、创新发展的制度环境和政策环境不断完善、国际贸易规模仍在扩大、国际金融服务能力不断提升等优势。同时，我国经济发展依然面临诸多问题。首先，表现在投资收益率下降、劳动力成本不断上升、技术引进开发成本上升等，导致开放型经济中的传统竞争优势受到削弱。其次，在改革开放 40 年历程中，沿海、沿江、沿边依次开放，地理位置因素的影响等原因，造成了我国东西部地区开放程度、经济发展水平存在显著的差异。再次，我国金融系统面临挑战。一方面人民币在跨境支付和外汇交易中占比较低，在国际经贸中降低交易成本、增强交易自主性的能力需要进一步提升。另一方面，随着人民币国际化进程不断加快、金融服务行业开放力度增加，全球性金融危机影响我国经济系统的风险在上升。最后，我国经济高质量发展需要从中国制造向中国智造、中国创造转变，不断提升产业现代化水平，提高产品供给质量。这些问题都是仅依靠国内市场无法彻底解决的。在严峻复杂的国内外环境倒逼下，以开放促发展，推动形成全面开放新格局可以加快我国产业结构升级，以高水平的对外开放，倒逼国内企业生产能力、国际化经营能力不断提升，新产品、新业态、新模式不断涌现，在激烈的国际竞争中实现质量、效率、动力的提升，实现经济高质量发展。

二、推动形成全面开放新格局的基本内涵

党的十九大报告立足国内国际两个大局，从理论和实践两个角度，系统回答了新时代要不要开放、要什么样的开放、如何更好地推动开放等重大命题，提出了推动形成全面开放新格局。《“十四五”规划和2035年远景目标纲要》的第十二篇就“实行高水平对外开放　开拓合作共赢新局面”作出战略安排。

（一）广度方面，全面开放新格局是范围和领域更宽的开放

全面开放新格局是涉及各领域、各部门的开放。改革开放之后，加工制造业是我国相对开放较早的领域，开放程度也比较高。然而，我国加工制造业长期处于国际分工产业链的下游，产品附加值相对比较低。相比之下，第一产业和第三产业开放进程相对比较缓慢，整体的国际竞争力水平也不高。全面开放新格局中，在继续加强第二产业开放的同时，将大幅放宽市场准入，扩大服务业对外开放。就是说，我国第一产业和第三产业中向全球开放的领域、部门（例如服务业、金融业）将不断增加，要素市场的开放程度也将不断增加，为我国农业和服务业的供给侧结构性改革增添新的活力。

全面开放新格局是覆盖全部区域的开放。改革开放以来，东部沿海地区因受地理位置因素、政策因素等影响，成为对外开放的先行者，也成为经济发展最快的地区。相比较而言，西部地区拥有全国72%的国土面积、27%的人口、20%的经济总量，而对外贸易仅占全国的7%，利用外资和对外投资分别占7.6%和7.7%，中西部地区的对外开放程度、速度都相对较低。党的十九大报告明确提出了“形成陆海内外联动、东西双向互济的开放格局”。这既是对我国开放布局的统筹谋划，也是对开放广度的新定义。“一带一路”倡议的提出成为促进中西部地区对外开放，优化区域协调发展的重要战略举措，让中西部地区从东部沿海地区的腹地转变成为对外开放的前沿。

全面开放新格局是扩大朋友圈的开放。改革开放之初，以学习国外先进科学、管理技术，推动经济腾飞为目的，我国的对外开放主要是面向发达国家开放，特别是出口市场和外资来源也以发达国家为主。全面开放新

格局是在继续推动与发达国家经贸关系的良性互动发展的基础上，重视面向发展中国家的对外开放与合作，积极推动建立全球伙伴关系网络，全面发展同世界各国的平等互利合作。

（二）质量方面，全面开放新格局是内涵式发展的开放

全面开放新格局是“引进来”与“走出去”相结合的开放。改革开放以来，有效利用外资是中国经济发展的因素之一。引进外资的同时，也引进了技术、管理理念等，让中国企业融入国际分工中。进入新时代，更不能关起门来发展。在坚持引资和引技引智并举，加强自主创新，提升制造业附加值的同时，作为世界第二大经济体，作为一个负责任的大国，要将“引进来”与“走出去”相结合，支持我国企业积极走出去，开拓国际市场，在激烈的国际竞争中，不断提升产品质量，提高企业的竞争力，助力国民经济提质增效升级。

全面开放新格局是不断提升对外贸易、对外投资质量的开放。虽然我国商品贸易中高技术产品的比重不断上升，但是与世界贸易强国相比还有较大差距，低技术、低附加值产品的占比仍然较高，服务贸易的国际竞争力并不强。提高贸易商品的技术含量是提升对外开放质量的重要内容。与此同时，在我国对外投资不断增加、遍布全球的同时，我国企业在对外投资中仍然遇到了投资保护主义、严苛的审查等，一些企业的海外投资理性也需要加强。提高对外投资质量也是全面开放新格局中亟须解决的问题。

全面开放新格局是多边开放与区域开放相结合的开放。WTO 代表的多边贸易体制、自由贸易区代表的区域贸易协议是经济全球化的重要组织方式。WTO 规则是经济全球化的重要制度保障。全面开放新格局是在世界性贸易组织和区域性贸易协议中，发挥更大作用的开放，要积极参与全球治理体系改革和建设，推动建设开放型的世界经济。

（三）深度方面，全面开放新格局是层次更加深入的开放

更宽领域、更高质量的开放，必然带来全面开放新格局，是更深层次的开放，以开放倒逼各个关键领域和环节的改革更为深入，为全球营造更加开放包容、公正透明的营商环境。全面开放新格局是在资本跨境流动规模扩大、全球性引资竞争日益激烈的背景下，不断对营商环境、制度保障等关键环节进行改革优化的开放。

全面开放新格局是积极参与国际规则制定的开放。工业革命以来，西

方发达国家一直是国际规则的制定者。这种情况随着国际力量对比的变化，国际经济格局的变化而开始改变。在日益走近世界舞台中央的时候，中国需要以经济实力和国际经济影响力为基础，积极参与国际事务和全球治理，提高制定国际经济规则的话语权，推动全球治理向更加公正合理的方向发展。

第三节　推动形成全面开放新格局的举措

改革开放以来，中国的经济发展取得了举世瞩目的成就，是经济全球化的受益者，也是经济全球化的重要助推力量。面对逆全球化的浪潮，中国对外开放的大门将会一直打开，将继续坚定地推动经济全球化，中国愿与世界各国人民一道构建人类命运共同体，推动经济全球化朝着更加开放、包容、普惠、平衡、共赢的方向发展，为经济全球化的不断深化贡献中国智慧。

一、坚持创新驱动发展，促进产业升级和外贸升级

创新是民族进步的灵魂，是一个国家兴旺发达的不竭动力，更是一个国家实现自主发展的关键因素。在整个世界经济体系中，各个国家所处的地位和相互关系从根本上来说是由它们具有的技术水平以及创新能力决定的。一个国家要想在国际交往中占据主动，不受制于人，就要在关键领域拥有关键性的自主技术以及持续的创新能力。

目前，中国生产能力相较以前有了很大提高，建立起了门类较为齐全、规模庞大的国民生产体系，通信设备、海洋工程装备、互联网、家用电器等产业在世界上处于领先地位，社会物质财富极大丰富，钢铁、煤炭、水泥、石油化工、有色金属、轻纺、食品等产业甚至出现了较为严重的产能过剩。与此同时，中国经济发展的总体技术水平却有待进一步提高，芯片、精密仪器和管线材、航空发动机、医疗器械等高科技产品仍需大量进口，即使是钢铁等许多出现严重产能过剩的产业也因技术水平的局限而在“高、精、尖”产品方面无法满足居民的需求。反映在对外贸易中，中国尽管长期保持贸易顺差，制造业的技术水平逐步提高，但整体还

处于全球价值链的中低端，出口的主要是机电产品、纺织品、服装、玩具等技术含量较低、能耗高、附加值低的产品，进口的多是能耗低、附加值高的高技术产品。要扭转这种局面，中国就要坚持创新驱动发展，促进产业升级和外贸升级。要强化科技基础研究并实现引领性原创成果的重大突破，突出前沿引领技术、关键共性技术、现代工程技术的研究及应用；完成《中国制造 2025》中提出的战略任务，推动制造业创新中心、智能制造、高端装备创新等工程建设；以供给侧结构性改革为主线，加快技术创新，提高经济发展质量和效率，培育新产业，打造经济发展新引擎，以质量、标准、品牌、服务等为主要内容培育产业竞争优势，推动若干关键领域中的重点产业进入全球价值链的中高端。以国内产业升级为基础，在对外贸易中提高高科技、高附加值产品在出口产品中的比例，形成“中国制造”在国外“高、精、尖”产品中的品牌效应，甚至出口标准，最终实现对外贸易的升级。当然，中国的产业升级要充分考虑中国现实情况，坚决避免出现盲目追求新兴技术产业、现代服务业的发展而损害传统加工制造业等中低端产业的发展最终形成产业空心化的现象。

二、坚持开放发展，实现互惠共赢

开放是市场经济发展到一定阶段的必然要求。随着市场经济在世界经济发展模式中主导地位的确立以及信息通信、运输等技术的迅猛发展，劳动分工、产品市场必然冲破国界的限制。目前，世界上没有任何一个国家可以低成本、高效率地提供自己生产所需要的所有生产要素，西方发达国家更是很早就在全球范围内寻找原料供应地和产品销售市场，也没有任何一个国家可以独立应对国际金融危机、大气污染、难民危机、腐败等全球性问题。实际上，资源、技术、资本、劳动力等生产要素的跨国流动早已实现，产品销售的世界市场已经形成，解决全球性问题的国际合作也已经在进行，各个国家只有充分利用自身在技术、资源、劳动力等方面的禀赋形成竞争优势并参与到国际分工和合作中才能提高经济发展效率，取得期望的效果。鉴于此，中国要坚持开放发展，实现互惠共赢。具体来说，中国要摒弃“零和博弈”式的合作理念，更不能短视地“以邻为壑”，实施贸易保护主义政策，而是要在坚持开放的基础上通过加强与世界各国在技术研发、资源提供、信息共享等方面的合作，做大经济发展的“蛋糕”，最终使得每个国家都从中受益，实现共赢；中国要加强与世界各国在抵御全球性金融风险、治理污染、解决难民危机、维护世界和平、国际反腐败等方面的合作，倡导构建国际经济政治新秩序、反腐败新秩序，促进困扰各国的全球性问题的解决。同时，中国还要促进公平、公正、合理的国际贸易、国际合作规则的建立，例如中国积极推动多哈回合“后巴厘”谈判进程、主导制定《北京反腐败宣言》和《反腐败追逃追赃高级原则》等，倡导各国平等参与国际交往，不搞“一家独大”，也不搞“赢者通吃”，共商、共建、共迎挑战、共担风险、共享利益，最终实现共赢目标。

三、坚持包容发展，推动构建人类命运共同体

构建人类命运共同体是理想的召唤和现实的选择。在《共产党宣言》中，马克思、恩格斯科学预言了资产阶级必然灭亡和无产阶级必然胜利，并向世人描述了代替资产阶级旧社会的未来理想社会是“自由人的联合体”，是人类实现解放和自由全面发展的基础。在理想的召唤下，中国倡导构建人类命运共同体，相互尊重、互利共赢、协商合作、责任共担、命运共存、开放包容等。

理想从来不能脱离现实而实现，否则就是“空中楼阁”。目前，人类社会还没有发展到社会生产力高度发达、消灭资本主义私有制、物质财富极大丰富的阶段，还无法建立“真正的共同体”，但这并不妨碍我们为未来建立“真正的共同体”创造条件。构建人类命运共同体就是当前全球化不断深化与逆全球化浪潮兴起、全球性治理难题和挑战不断涌现并存、社会主义与资本主义共存并相互竞争合作的条件下的一种现实选择。构建人类命运共同体并不是全盘摒弃现行的全球化中资本主导的“虚假的共同体”中的秩序和制度，而是要在充分发挥资本主义生产方式对社会生产力推动作用的基础上反思现有的秩序和制度，揭示现有全球治理体系掩盖起来的资本逻辑导致的剥削关系和共同体秩序的“虚假性”，克服现有全球治理体系中诸如霸权主义、发展不平衡、缺乏包容性、贫富差距扩大等缺陷。此外，尽管出现了逆全球化以及诸多全球性治理难题和挑战，但“这个世界，各国相互联系、相互依存的程度空前加深，人类生活在同一个地

球村里，生活在历史和现实交汇的同一个时空里，越来越成为你中有我、我中有你的命运共同体”[①]，人们在全球化进程中形成了普遍的共同利益。构建人类命运共同体正是以这种普遍的共同利益为基础和价值旨归，追求共同发展，追求交流互鉴，追求合作共享。

世界是多样的，不同的国家在民族文化、资源禀赋、社会性质、发展道路、经济发展水平等方面有着很大差异，世界也正是由于多样性、差异性显得丰富而美丽。随着全球化的深入，世界各国之间的联系日益密切，已经成为命运共同体，没有任何一个国家可以在国际危机、灾难中独善其身，只有增强合作才能应对人类面临的各种挑战。中国坚持包容发展，推动“构建人类命运共同体”，前提是要推动国际社会形成普遍认同的以平等、包容、可持续、共赢为核心的价值观，承认世界的多样性和差异性，尊重世界各国根据自身国情探索、选择出来的发展道路，反对以推行所谓“普世价值”为幌子干涉他国内政，反对为了谋取本国利益而牺牲他国利益，反对以强凌弱，反对国际交往中的孤立主义、单边主义，化解因地缘、宗教、文明差异等引起的区域性冲突。要坚持平衡普惠的世界经济发展模式，倡导发展机会均等、发展成果公平分配，推动区域经济一体化、国际经济交流与合作带来的经济利益惠及包括发展中国家在内的所有国家以及弱势群体在内的所有人民，积极应对经济全球化带来的地区发展不平衡加剧、欠发达国家在全球价值链中不利地位的日益固化、部分国家产业空心化加剧、收入不平等、失业、环境污染等问题，努力消除长期以来经济全球化进程中形成的世界经济“中心—外围”结构的弊端和矛盾，维护社会的公平正义。要坚持绿色发展，发展循环经济，提高经济发展效率，减少经济发展的资源消耗以及造成的环境污染问题，摒弃狭隘的“保护本国环境”的理念，推动生态文明建设，走可持续发展道路，守护全球经济发展的绿水青山，促进经济、社会、环境的和谐发展，实现人与自然的和谐。

四、推进“一带一路”建设，为经济全球化提供新动力

面对逆全球化的浪潮，中国提出了“一带一路”倡议，坚定地推动经

① 习近平 :《习近平谈治国理政》，外文出版社，2014，第 272 页。

济全球化，将中国经济深度融入全球经济中。“一带一路”建设不是基于实现个别国家利益或地缘政治而提出的倡议，它是沿线国家和地区均可参与并欢迎更多国家加入的开放平台，它倡导参与各方求同存异、兼容并包、相互尊重的发展道路，共同发展、共同繁荣，为经济全球化提供新的动力和新的模式。“一带一路”建设遵守共商、共建、共享的原则，在尊重沿线国家平等参与地位的基础上就相关合作事项进行双边或多边的沟通和磋商，力求实现沿线国家发展战略的对接以及经济优势的互补，使得合作事项最大限度地满足各方的利益追求，共同打造合作平台，共同提供合作的公共产品和设施，共担责任、共迎挑战、共享利益。“一带一路”建设的核心是实现沿线国家“政策沟通、设施联通、贸易畅通、资金融通、民心相通”①。在政策沟通方面，强调建立国家间的政治互信，构建政府间多层次的宏观经济政策协调、重大项目对接机制，最终形成建设共识；在设施联通方面，不仅要建好道路桥梁港口等，还要加强通信、信息网络建设；在贸易畅通方面，不仅要消除贸易、投资壁垒，解决贸易、投资便利化的问题，而且要以国际产能合作为载体与沿线国家共同优化各自在产业链、价值链上的分工布局，实现互补互助，提高资源利用效率；在资金融通方面，充分发挥亚投行、丝路基金、金砖国家银行的重要作用，深化金融合作，为重点项目的建设提供资金保障，并在此过程中逐步构建沿线国家的投融资体系和信用体系； 在民心相通方面，主要是增强文化认同感，广泛开展文化、学术、人才等方面的交流和合作，讲好“中国故事”，贡献“中国方案”，并取得国家的认同和支持，使得包容性发展理念深入人心，让更多的国家理解中国的主张、支持中国的发展。

五、积极参与全球治理，打造公正合理的治理模式

经济全球化目前的困境和逆全球化浪潮的兴起已经证明西方国家主导的以新自由主义为核心的全球治理理念和模式无法适应经济全球化发展的新形势。现在，经济全球化的一个显著特征就是以中国为代表的新兴经济体保持经济强劲增长，深度融入全球经济中并改变着经济全球化的整体面貌。在这种情况下，中国要积极参与到全球治理中去，具体来说，中国要

① 《推动共建丝绸之路经济带和 21 世纪海上丝绸之路的愿景与行动》，2015 年 3 月 28 日，http://www.xinhuanet.com/world/2015-03/28/c_1114793986.htm。

推动以“构建人类命运共同体”为基础的全球治理理念的形成，倡导共商、共建、共享，追求公平和正义；以G20杭州峰会为重要平台，与世界各国特别是广大发展中国家一起努力打造可以反映发达国家和发展中国家共治格局的全球治理长效机制，并在贸易投资协定的确立、贸易投资规则的制定等方面发挥更大的作用，同时要通过鼓励各方积极参与、及时吸纳各方意见建议、充分考虑各方诉求等避免治理机制的封闭化和规则的碎片化；通过“一带一路”建设、加强金砖国家间的合作等推动全球治理的转型，倡导各国平等参与国际经济合作，加强沟通和协调，照顾各方利益。

参考文献

[1] 习近平 . 决胜全面建成小康社会 夺取新时代中国特色社会主义伟大胜利 [M]. 北京：人民出版社，2017.

[2] 中共中央党史和文献研究院 . 十九大以来重要文献选编：上 [M]. 北京：中央文献出版社，2019.

[3] 习近平 . 习近平同志在省部级主要领导干部贯彻学习十八届五中全会精神专题研讨班的重要讲话 [N]. 人民日报，2016-5-10（2）.

[4] 李义平 . 深入理解我国经济发展进入新时代 [EB/OL].（2018-03-07）[2021-12-10]. https://theory.gmw.cn/2018-03/07/content_27912205.htm.

[5] 中共中央宣传部 . 习近平新时代中国特色社会主义思想三十讲 [M]. 北京：学习出版社，2018.

[6] 中共中央文献研究室 . 十八大以来重要文献选编：中 [M]. 北京：中央文献出版社，2016.

[7] 刘世锦 . 推动经济发展质量变革、效率变革、动力变革 [EB/OL].（2017-11-16）[2021-12-10]. http://theory.people.com.cn/n1/2017/1116/c40531- 29649519.html.

[8] 习近平 . 论坚持全面深化改革 [M]. 北京：中央文献出版社，2018.

[9] 吴秋余，林丽鹂，邱超奕，等 . 深化供给侧改革 八字方针指明航向 [N]. 人民日报，2018-12-22（2）.

[10] 中共中央文献研究室 . 习近平关于社会主义经济建设论述摘编 [M]. 北京：中央文献出版社，2017.

[11] 罗荣渠 . 现代化新论：世界与中国的现代化进程 [M]. 增订本 . 北京：商务印书馆，2009.

[12] 全国干部培训教材编审指导委员会 . 建设现代化经济体系 [M]. 北京：人民出版社，2019.

[13] 中共中央马克思恩格斯列宁斯大林著作编译局 . 马克思恩格斯文集：第 8 卷 [M]. 北京：人民出版社，2009.

[14] 深化供给侧结构性改革要在巩固增强提升畅通上下功夫 [N]. 人民日报，2018-12-22（1）.
[15] 中共中央马克思恩格斯列宁斯大林著作编译局 . 马克思恩格斯选集：第 1 卷 [M]. 北京：人民出版社，2012.
[16] 中共中央马克思恩格斯列宁斯大林著作编译局 . 马克思恩格斯全集：第 23 卷 [M]. 北京：人民出版社，1972.
[17] 巴萨拉 . 技术发展简史 [M]. 周光发，译 . 上海：复旦大学出版社，2000.
[18] 黄泰岩 . 补短板的政治经济学分析 [N]. 光明日报，2016-4-27（15）.
[19] 习近平 . 努力成为世界主要科学中心和创新高地 [J]. 求是，2021（6）：4-11.
[20] OECD. National innovation systems[M]. Paris：OECD Publications，1997.
[21] SOLOW R M. Technical change and the aggregate production function[J]. The review of economics and statistics，1957，39（3）：312-320.
[22] 波特 . 国家竞争优势 [M]. 李明轩，邱如美，译 . 北京：中信出版社，2007.
[23] 中共中央马克思恩格斯列宁斯大林著作编译局 . 马克思恩格斯全集：第 1 卷 [M]. 北京：人民出版社，1995.
[24] 邓小平 . 邓小平文选：第 2 卷 [M]. 北京：人民出版社，1994.
[25] 邓小平 . 邓小平文选：第 3 卷 [M]. 北京：人民出版社，1993.
[26] 两院院士大会中国科协第十次全国代表大会在京召开 [N]. 人民日报，2021-5-29（1）.
[27] 侯波 . 改革开放以来我国科技工作的历史演进及启示 [J]. 毛泽东邓小平理论研究，2018（10）：28-33.
[28] 中共中央 国务院印发《国家创新驱动发展战略纲要》[N]. 经济日报，2016-5-20（5）.
[29] 习近平 . 在科学家座谈会上的讲话 [N]. 人民日报，2020-9-12（2）.
[30] 中共中央文献研究室 . 习近平关于科技创新论述摘编 [M]. 北京：中央文献出版社，2016.
[31] 中共中央马克思恩格斯列宁斯大林著作编译局 . 马克思恩格斯文集：

第 5 卷 [M]. 北京：人民出版社，2009.
[32] 习近平 . 在深圳经济特区建立 40 周年庆祝大会上的讲话 [N]. 人民日报，2020-10-15（2）.
[33] 习近平 . 为建设世界科技强国而奋斗：在全国科技创新大会、两院院士大会、中国科协第九次全国代表大会上的讲话 [M]. 北京：人民出版社，2016.
[34] 中共中央文献研究室 . 习近平关于社会主义社会建设论述摘编 [M]. 北京：中央文献出版社，2017.
[35] 习近平 . 在中国科学院第十九次院士大会、中国工程院第十四次院士大会上的讲话 [M]. 北京：人民出版社，2018.
[36] 中共中央文献研究室 . 习近平关于社会主义生态文明建设论述摘编 [M]. 北京：中央文献出版社，2017.
[37] 王志刚 . 加快建设创新型国家和世界科技强国 [N]. 学习时报，2018-1-28（1）.
[38] 樊春良 . 国家战略科技力量的演进：世界与中国 [J]. 中国科学院院刊，2021，36（5）：533-543.
[39] 王志刚 . 矢志科技自立自强 加快建设科技强国 [J]. 求是，2021（6）：21-26.
[40] 习近平 . 瞄准世界科技前沿 引领科技发展方向 抢占先机迎难而上 建设世界科技强国 [N]. 人民日报，2018-5-29（1）.
[41] 中共中央马克思恩格斯列宁斯大林著作编译局 . 马克思恩格斯全集：第 26 卷（第 1 分册）[M]. 北京：人民出版社，1972.
[42] 马克思 . 资本论：第 3 卷 [M]. 北京：人民出版社，2004.
[43] 中共中央马克思恩格斯列宁斯大林著作编译局 . 马克思恩格斯选集：第 3 卷 [M]. 北京：人民出版社，2012.
[44] 中共中央文献研究室 . 邓小平年谱（一九七五——一九九七）：下 [M]. 北京：中央文献出版社，2004.
[45] 中共中央文献研究室，国务院发展研究中心 . 新时代农业和农村工作重要文献选编 [M]. 北京：中央文献出版社，1992.
[46] 扎扎实实规划和推进社会主义新农村建设 [J]. 决策探索，2006（2）：4.

[47] 朱启臻．科学认识乡村价值 [N]. 人民日报，2018-1-2（20）.
[48] 中共中央 国务院印发《乡村振兴战略规划（2018—2022 年）》[EB/OL].（2018-09-26）[2021-12-10]. http://www.gov.cn/gongbao/content/2018/content_5331958.htm.
[49] 中共中央马克思恩格斯列宁斯大林著作编译局．马克思恩格斯文集：第 7 卷 [M]. 北京：人民出版社，2009.
[50] 中共中央马克思恩格斯列宁斯大林著作编译局．马克思恩格斯文集：第 1 卷 [M]. 北京：人民出版社，2009.
[51] 中共中央马克思恩格斯列宁斯大林著作编译局．马克思恩格斯选集：第 4 卷 [M]. 北京：人民出版社，1995.
[52] 中共中央文献研究室．江泽民论有中国特色社会主义（专题摘编）[M]. 北京：中央文献出版社，2002.
[53] 中共中央党校教务部．十一届三中全会以来党和国家重要文献选编 [M]. 北京：中共中央党校出版社，1981.
[54] 孙志燕，侯永志．对我国区域不平衡发展的多视角观察和政策应对 [J]. 管理世界，2019，35（8）：1-8.
[55] 京津冀协同发展目标：到 2030 年一体化格局基本形成 [EB/OL].（2015-08-23）[2021-12-10]. http://www.xinhuanet.com/politics/2015-08/23/c_1116342995.htm.
[56] 习近平：走生态优先绿色发展之路 让中华民族母亲河永葆生机活力 [EB/OL].（2016-01-07）[2021-12-10]. http://www.xinhuanet.com/politics/2016-01/07/c_1117704361.htm.
[57]《长江经济带发展规划纲要》正式印发 [EB/OL].（2016-09-12）[2021-12-10]. http://www.gov.cn/xinwen/2016-09/12/content_5107501.htm.
[58] 吉尔平．国际关系政治经济学 [M]. 北京：经济科学出版社，1989.
[59] 穆勒．政治经济学原理：下卷 [M]. 北京：商务印书馆，1991.
[60] 威尔伯．经济学的贫困 [M]. 北京：北京经济学院出版社，1993.
[61] 程恩富．新自由主义的起源、发展及其影响 [J]. 求是，2005（3）：38-41.
[62] 吴季松．中国经济发展模式：摸着科学与知识的石头过河 [M]. 北京：北京航空航天大学出版社，2012.

[63] 哈耶克 . 自由宪章 [M]. 北京：中国社会科学出版社，1998.
[64] 哈耶克 . 通往奴役之路 [M]. 北京：中国社会科学出版社，1997.
[65] 中共中央关于全面深化改革若干重大问题的决定 [N]. 人民日报，2013-11-16（1）.
[66] 冯新舟，何自力 . 中国模式中的市场与政府关系：政府主导下的社会主义市场经济 [J]. 马克思主义研究，2015（11）：50-58.
[67] 中共中央马克思恩格斯列宁斯大林著作编译局 . 马克思恩格斯全集：第 2 卷 [M]. 北京：人民出版社，1957.
[68] 中共中央马克思恩格斯列宁斯大林著作编译局 . 列宁全集：第 3 卷 [M]. 北京：人民出版社，1984.
[69] 中共中央马克思恩格斯列宁斯大林著作编译局 . 列宁全集：第 4 卷 [M]. 北京：人民出版社，1984.
[70] 中共中央马克思恩格斯列宁斯大林著作编译局 . 列宁全集：第 12 卷 [M]. 北京：人民出版社，1987.
[71] 中共中央马克思恩格斯列宁斯大林著作编译局 . 列宁全集：第 13 卷 [M]. 北京：人民出版社，1987.
[72] 中共中央马克思恩格斯列宁斯大林著作编译局 . 列宁全集：第 34 卷 [M]. 北京：人民出版社，1985.
[73] 中共中央马克思恩格斯列宁斯大林著作编译局 . 列宁全集：第 41 卷 [M]. 北京：人民出版社，1986.
[74] 中共中央马克思恩格斯列宁斯大林著作编译局 . 列宁全集：第 35 卷 [M]. 北京：人民出版社，1985.
[75] 中共中央马克思恩格斯列宁斯大林著作编译局 . 列宁全集：第 42 卷 [M]. 北京：人民出版社，1987.
[76] 科尔奈 . 社会主义体制：共产主义政治经济学 [M]. 北京：中央编译出版社，2007.
[77] 骆耕漠 . 论社会主义商品生产的必要性和它的“消亡”过程：关于斯大林论社会主义商品生产问题的研究 [J]. 经济研究，1956（5）：3-11.
[78] 顾准 . 试论社会主义制度下的商品生产和价值规律 [J]. 经济研究，1957（3）：21-53.
[79] 南冰，索真 . 论社会主义制度下生产资料的价值和价值规律的作用问

题 [J]. 经济研究，1957（1）：38-51.
[80] 薛暮桥 . 薛暮桥学术论著自选集 [M]. 北京：北京师范学院出版社，1992.
[81] 孙冶方 . 把计划和统计放在价值规律的基础上 [J]. 经济研究，1956（6）：30-38.
[82] 苏联科学院经济研究所 . 政治经济学教科书 [M]. 北京：人民出版社，1955.
[83] 仲津 . 社会主义制度下价值规律的作用问题 [J]. 经济研究，1958（2）：31-43.
[84] 孙冶方 . 论价值：并试论“价值”在社会主义以至于共产主义政治经济学体系中的地位 [J]. 经济研究，1959（9）：42-69.
[85] 骆耕漠 . 价值规律和国民经济有计划按比例发展规律对生产的作用问题及其相互关系问题 [J]. 江汉论坛，1959（5）：19-23.
[86] 王亚南 . 充分发挥价值规律在我国社会主义经济中的积极作用 [N]. 人民日报，1959-5-15（7）.
[87] 卓炯 . 论社会主义商品经济 [M]. 广州：广东省人民出版社，1981.
[88] 沈以宏 . 关于目前我国商品生产的两个问题 [J]. 江汉论坛，1959（1）：20-22.
[89] 中共中央文献研究室 . 三中全会以来重要文献选编：上 [M]. 北京：中央文献出版社，2011.
[90] 胡耀邦 . 全面开创社会主义现代化建设的新局面：在中国共产党第十二次全国代表大会上的报告 [M]. 北京：人民出版社，1982.
[91] 胡乔木 . 按客观经济规律办事，加快实现四个现代化 [N]. 人民日报，1978-10-6（1）.
[92] 中共中央文献研究室 . 十二大以来重要文献选编：中 [M]. 北京：人民出版社，1986.
[93] 中共中央文献研究室 . 十三大以来重要文献选编：上 [M]. 北京：人民出版社，1991.
[94] 中共中央文献研究室 . 十三大以来重要文献选编：中 [M]. 北京：人民出版社，1991.
[95] 中共中央文献研究室 . 十三大以来重要文献选编：下 [M]. 北京：人民

出版社，1993.
[96] 中共中央文献研究室 . 十四大以来重要文献选编：中 [M]. 北京：人民出版社，1996.
[97] 中共中央文献研究室 . 十六大以来重要文献选编：上 [M]. 北京：中央文献出版社，2005.
[98] 胡锦涛 . 高举中国特色社会主义伟大旗帜 为夺取全面建设小康社会新胜利而奋斗：在中国共产党第十七次全国代表大会上的报告 [M]. 北京：人民出版社，2007.
[99] 中共中央 国务院关于新时代加快完善社会主义市场经济体制的意见 [EB/OL].（2020-05-18）[2022-03-26]. http://www.gov.cn/zhengce/2020-05/18/content_5512696.htm.
[100] 中共中央办公厅 国务院办公厅印发《建设高标准市场体系行动方案》[EB/OL].（2021-01-31）[2021-12-10]. http://www.gov.cn/zhengce/2021-01/31/content_5583936.htm.
[101] 麦克米兰 . 市场演进的故事 [M]. 北京：中信出版社，2006.
[102] 中共中央文献研究室 . 习近平关于社会主义经济建设论述摘编 [M]. 北京：中央文献出版社，2017.
[103] 中华人民共和国国民经济和社会发展第十四个五年规划和 2035 年远景目标纲要 [EB/OL].（2021-03-13）[2021-12-10]. http://www.xinhuanet.com/2021-03/13/c_1127205564.htm.
[104] 何自力 . 中国方案开启经济全球化新阶段 [J]. 红旗文稿，2017（3）：22-24.
[105] 中共中央马克思恩格斯列宁斯大林著作编译局 . 马克思恩格斯选集：第 30 卷 [M]. 北京：人民出版社，1972.
[106] 中共中央马克思恩格斯列宁斯大林著作编译局 . 马克思恩格斯选集：第 1 卷 [M]. 北京：人民出版社，1995.
[107] 报告：美才是限制自由贸易头号国家 [EB/OL].（2016-07-29）[2021-12-10]. http://column.cankaoxiaoxi.com/2016/0729/1249696.shtml.
[108] 李长久 . 经济全球化进程仍将延续 [N/OL]. 经济参考报，（2016-9-22）[2021-12-10]. http://dz.jjckb.cn/www/pages/webpage2009/html/2016-09/22/content_23685.htm.

[109] 斯特兰奇 . 国际政治经济学导论：国家与市场 [M]. 杨宇光，译 . 北京：经济科学出版社，1992.
[110] 习近平 . 习近平谈治国理政 [M]. 北京：外文出版社，2014.
[111] 推动共建丝绸之路经济带和 21 世纪海上丝绸之路的愿景与行动 [EB/OL].（2015-03-28）[2021-12-10]. http://www.xinhuanet.com/world/2015-03/28/c_1114793986.htm.
[112] 习近平 . 把握新发展阶段，贯彻新发展理念，构建新发展格局 [J]. 求是，2021（9）：4-18.
[113] 习近平：在庆祝中国共产党成立 100 周年大会上的讲话 [EB/OL].（2021-07-01）[2021-12-10]. http://www.gov.cn/xinwen/2021-07/01/content_5621847.htm.